AGILE Scrum Master no Gerenciamento AVANÇADO de Projetos

Base para certificação EXIN Agile Scrum Master

Vitor L. Massari

AGILE Scrum Master no Gerenciamento AVANÇADO de Projetos

Base para certificação EXIN Agile Scrum Master

2ª edição

BRASPORT

Rio de Janeiro
2019

Copyright© 2019 por Brasport Livros e Multimídia Ltda.
1ª edição: 2016
2ª tiragem: 2017
Reimpressão: 2018
2ª edição: 2019

Todos os direitos reservados. Nenhuma parte deste livro poderá ser reproduzida, sob qualquer meio, especialmente em fotocópia (xerox), sem a permissão, por escrito, da Editora.

Editor: Sergio Martins de Oliveira
Diretora: Rosa Maria Oliveira de Queiroz
Gerente de Produção Editorial: Marina dos Anjos Martins de Oliveira
Revisão: Maria Helena A. M. Oliveira
Editoração Eletrônica: Abreu's System
Capa: Use Design

Técnica e muita atenção foram empregadas na produção deste livro. Porém, erros de digitação e/ou impressão podem ocorrer. Qualquer dúvida, inclusive de conceito, solicitamos enviar mensagem para editorial@brasport.com.br, para que nossa equipe, juntamente com o autor, possa esclarecer. A Brasport e o(s) autor(es) não assumem qualquer responsabilidade por eventuais danos ou perdas a pessoas ou bens, originados do uso deste livro.

DADOS INTERNACIONAIS DE CATALOGAÇÃO NA PUBLICAÇÃO (CIP)

M414a   Massari, Vitor L.
            Agile Scrum Master no gerenciamento avançado de projetos : base para certificação EXIN Agile Scrum Master / Vitor L. Massari. – 2. ed. – Rio de Janeiro: Brasport, 2019.
            320 p. : il. ; 17 x 24 cm.

            Inclui bibliografia.
            ISBN 978-85-7452-939-4

            1. Agilidade. 2. Produtividade. 3. Eficiência no trabalho. 4. Gestão de equipes. 5. Planejamento. 6. Projetos. I. Título.

CDU 65.011.4

Bibliotecária responsável: Bruna Heller – CRB 10/2348

Índice para catálogo sistemático:
1. Produtividade / Eficiência / Sucesso / Etc. 65.011.4

BRASPORT Livros e Multimídia Ltda.
Rua Teodoro da Silva, 536 A – Vila Isabel
20560-005 Rio de Janeiro-RJ
Tels. Fax: (21)2568.1415/3497.2162
e-mails: marketing@brasport.com.br
vendas@brasport.com.br
editorial@brasport.com.br
www.brasport.com.br

Filial SP
Av. Paulista, 807 – conj. 915
01311-100 São Paulo-SP

Dedico este livro às minhas três grandes mulheres: minha mãe Valéria, minha amada esposa Márcia e minha filha Laura Vitória Massari; e ao meu finado pai Florivaldo Massari.

Agradecimentos

Todos os mencionados a seguir foram de vital importância para a realização deste livro.

Gostaria de agradecer:

- à editora Brasport, por todo apoio, suporte e parceria neste trabalho;
- à Milena Andrade, da EXIN Brasil, pela parceria e troca de ideias que foram as bases para a construção deste livro;
- ao Mario Juliatto Jr., grande entusiasta de gerenciamento de projetos e agilidade;
- aos meus sócios Fábio Cruz e Maurício José de Souza, pela paciência com minha mente inquieta e anárquica e por toda a nossa parceria;
- aos meus grandes mentores profissionais do presente e do passado: Fernando Vilares, Luis Ricardo Almeida, Arturo Sangiovanni, Marcos Miranda, José Agnaldo Sousa, Marcus Caldevilla, João Carlos Deiró, Cláudio Teruki, Nelson Hiroshi Uchida, Dimas Magalhães, Ricardo Vergara, Izaura Suguimoto e Rosemari Gatti;
- aos amigos Paulo Eduardo de Jesus, Evandro Fornazari, André Teixeira, Alexandre Unzer, Rachel Simões, Flávia Amorin, Thauany Bitencourt, Daniella Aguiar e Luciene Rocha pelo incentivo, apoio, pelas ideias e pela divulgação do meu trabalho;
- ao Rogério Severo, pelas riquíssimas conversas sobre métodos ágeis em projetos de engenharia, que serão abordados neste livro;
- ao Jackson Caset, proprietário do portal Profissionais TI, por ser a primeira pessoa a dar espaço para a publicação de meus artigos;
- à Marcele Sampel da Weela e à Dry Souza Design Gráfico, por terem captado todas as minhas ideias mirabolantes e conseguido traduzi-las nas imagens que constam neste livro;
- a todos os *agile coaches* espalhados pelo mundo, companheiros nessa grande missão de disseminar conhecimentos em *Agile*, *Scrum*, *Lean*, XP e na formação de *mindsets* ágeis;
- a todos os demais familiares: meus irmãos, cunhados e sobrinhos, por todo o amor e companheirismo ao longo da vida.

Apresentação

Quando recebi o convite (e por que não dizer a missão) de escrever a apresentação deste livro do Vitor Massari, a primeira coisa que me veio à cabeça foi uma frase que ele mesmo usa bastante em algumas dinâmicas de cursos e *workshops*: **"o que te motiva?"**. Pois bem, pensando nesta frase simples e brilhante, cheguei rapidamente a uma resposta que serviria para mim: **fazer/vivenciar algo que me faça feliz!** E ser feliz pode estar em muitas coisas relacionadas a diversas áreas da sua vida: sua família, seus estudos, seu trabalho, seus *hobbies*, suas boas ações, etc.

Dando sequência a um projeto do EXIN Brasil de desenvolvimento de uma coletânea nacional de qualidade, que refletisse não apenas os requirementos dos programas de certificação do nosso instituto, mas que trouxesse informações adicionais e conteúdos de fácil entendimento e aplicação aos leitores e profissionais da área, lançamos o desafio ao Vitor Massari de criar um livro focado no EXIN Agile Scrum Master, etapa subsequente ao livro do Fábio Cruz, "Scrum e Agile em Projetos – Guia Completo", lançado em 2015 pela Brasport. Ao abraçar esse convite, tenho certeza de que muito da metodologia foi aplicada a este projeto porque, tal qual o livro anterior, o tempo entre a ideia e o produto final foi recorde. Coisas de quem conhece a fundo esses tais métodos ágeis.

E assim fomos buscar a inspiração. Em um mundo em constante mudança, e onde as exigências do mercado fazem com que pessoas e empresas tenham que se adaptar cada vez mais rápido aos novos cenários, é muito importante nos questionarmos sobre "como" fazer essa adequação de forma consistente e eficaz.

Mais do que se adaptar a este novo mundo e a uma forma muito mais dinâmica de fazer negócios, as empresas sofrem uma pressão cada vez maior sobre o quesito inovação. Inovar em produtos, em serviços, em processos, em modelos de trabalho e na forma de conduzir seus projetos. Como preparar sua empresa para a inovação, flexibilidade e rápida adaptação sem perder o controle e, principalmente, garantir (ou até elevar) o padrão de qualidade de suas entregas? E quando falamos em preparar empresas, na verdade deparamos com o verdadeiro desafio que é preparar as pessoas para essa forma de atuação.

Confira você mesmo o resultado de um "projeto ágil" de alta qualidade e aplicação prática, que superou qualquer expectativa de prazo. E ao Vitor em especial, o EXIN agradece por fazer parte da sua lista de "coisas que o motivam".

Milena Andrade
EXIN Brasil

Prefácio da 1ª edição

Uma coisa é certa: mudanças acontecem. Elas ocorrem no âmbito profissional e em sua vida pessoal. Uma das minhas citações favoritas relacionadas a mudanças é de John F. Kennedy.

"A mudança é a lei da vida. E aqueles que apenas olham para o passado ou o presente irão com certeza perder o futuro."

Assim, como é a lei da natureza, é justamente a nossa capacidade de adaptação à mudança que determinará o nosso sucesso. Precisamos constantemente buscar ferramentas e práticas que nos ajudem a alcançar nossos objetivos.

Quando se trata de livros, há uma grande variedade de publicações que descrevem novas abordagens ou métodos a serem adotados e prometem melhorar a eficiência e eficácia se apenas seguirmos sua receita para o sucesso.

A maioria geralmente falha porque esses modelos não conseguem levar em consideração a "capacidade de adaptação" como premissa principal.

Já o livro "Agile Scrum Master no Gerenciamento Avançado de Projetos" possui a "capacidade de adaptação" incorporada em toda a sua estrutura e nos ajuda a entender como podemos influenciar e administrar as mudanças.

Uma das coisas que eu mais gosto neste livro é que ele aborda técnicas e ferramentas simples que auxiliarão o leitor a dividir um grande problema em pequenas partes, determinar os resultados-chave e identificar o que é mais importante implementar. Tudo isso sem perder de vista o resultado final e os objetivos de longo prazo.

Eu posso atestar que já presenciei, por muitas vezes, o Vitor Massari usando os principais fundamentos abordados neste livro para produzir e entregar resultados excepcionais para nossos clientes e parceiros de negócios.

Anteriormente, ele compartilhava as suas técnicas e ideias com os amigos e com qualquer pessoa que demonstrasse interesse em aprender e melhorar seus resultados. Agora ele compartilha o seu conhecimento e experiências adquiridas ao longo da sua carreira com todos vocês através deste livro.

Espero que vocês desfrutem de todos os benefícios dessa jornada ágil.

Mário Juliatto Júnior
MBA, CSM, CSPO, ITIL, MCP
Gerente de Tecnologia de Informação – Chubb Seguros

Sobre o Autor

Sócio-Diretor e um dos principais consultores e especialistas em *Agile/Lean* da Hiflex Consultoria, possui mais de 18 anos de experiência em projetos de inovação.

Atualmente ajuda organizações de pequeno, médio e grande porte a darem passos rumo à agilidade em projetos, tais como Whirlpool Corporation, Kroton Educacional, Leroy Merlin, Tecban, Telemont, Brasilprev, Locaweb, Porto Seguro, Chubb Seguros, entre outras.

Detentor de mais de 20 certificações internacionais especializadas no tema, como PMI-ACP, *Certified Scrum Professional*, *Professional Scrum Master III*, *SAFe Agilist*, *DevOps Master*, PRINCE2® *Agile*, entre outras. Agilista, gerente de projetos, colunista, blogueiro, instrutor e anárquico, acredita no equilíbrio entre as várias metodologias, *frameworks* e boas práticas voltadas para gestão de projetos e que os gestores precisam encontrar esse equilíbrio, muito mais do que seguir cegamente modelos predeterminados.

Docente da disciplina Gestão Ágil de Projetos nas maiores instituições de ensino do Brasil. Integrante do corpo docente do primeiro curso de formação de *Agile Coaching* do Brasil, organizado pela Massimus.

Vencedor por dois anos consecutivos do Troféu Luca Bastos do evento nacional *Agile Trends*, trazendo *cases* de aplicação de gerenciamento ágil em clientes.

Voluntário e tradutor do *framework* LeSS para utilização de métodos ágeis em escala. Pioneiro na utilização de métodos ágeis em escala (Nexus, LeSS, SAFe) em ambientes não TI.

Membro do comitê internacional e revisor das certificações EXIN Agile Scrum.

Autor dos *best-sellers* "Gerenciamento Ágil de Projetos" (2018, já em sua segunda edição), "Gestão Ágil de Produtos com Agile Think® Business Framework" (2018) e "Dicionário de Termos Abomináveis do Mundo Corporativo" (2019), todos publicados pela Brasport.

Sumário

Introdução	1
1. Transição para um *mindset* ágil	**3**
1.1. Iniciando a transição para *Scrum*	5
1.2. Adotando *Scrum*	11
1.3. Selecionando as pessoas para desempenharem os papéis	29
1.3.1 Como recrutar um *Scrum Master* na sua empresa?	29
1.3.2. Como recrutar as Equipes de Desenvolvimento na sua empresa?.	36
1.3.3. Como recrutar um *Product Owner* na sua empresa?	45
1.3.4. A importância das pessoas nos papéis certos	59
1.4. Pequenos passos, grandes resultados	61
1.5. A busca incessante por melhoria contínua	63
1.6. Simulado	67
1.7. Respostas	71
2. Os desafios de um bom *Scrum Master*	**74**
2.1. Enfrentando resistências ao *Scrum*	74
2.2. Usando *soft skills*	82
2.2.1. Escuta ativa	83
2.2.2. Inteligência emocional	85
2.2.3. Técnicas de negociação	91
2.2.4. Técnicas de resolução de conflitos	95
2.3. Formando equipes auto-organizadas de alto desempenho	100
2.3.1. Liderança situacional	100
2.3.2. Motivando as equipes	105
2.3.3. Construindo o espaço da equipe	107
2.4. Disseminando o *Scrum* em toda a empresa	110
2.5. Simulado	113
2.6. Respostas	117
3. Estratégias de planejamento, monitoramento e controle em projetos *Scrum*	**120**
3.1. Estratégias de planejamento	120
3.1.1. Estratégias de avaliação financeira do projeto	121
3.1.2. Estratégias de criação da visão/*inception* do produto	125
3.1.3. Estratégias de identificação do MVP (*Minimum Viable Product*) e do *roadmap*	134

3.1.4. Estratégias de elaboração do *Product Backlog* 136
3.1.5. Estratégias de planejamento da versão de entrega/*release* 145
3.1.6. Estratégias de planejamento da *Sprint* 165
3.2. Estratégias de monitoramento e controle 172
    3.2.1. Monitoramento da *Sprint* através da reunião *Daily Scrum* e inspeções diárias 172
    3.2.2. Monitoramento de *bugs*/defeitos 181
    3.2.3. Monitoramento e refinamento do *Product Backlog* 183
    3.2.4. Monitoramento do produto através da revisão da *Sprint* 185
    3.2.5. Monitoramento da versão de entrega/*release* 187
    3.2.6. Monitoramento de processos através da retrospectiva da *Sprint* ... 198
3.3. Simulado 203
3.4. Respostas 209

4. *Scrum* em projetos complexos 215
4.1. Projetos com equipes grandes 215
    4.1.1. *Scrum of Scrum of Scrums* 218
    4.1.2. *Nexus* 219
    4.1.3. *LeSS* 223
    4.1.4. *SAFe* 228
4.2. Projetos com fornecedores externos 233
    4.2.1. Formatos de contrato 233
    4.2.2. Distribuição dos papéis do *Scrum* entre empresa e fornecedor 238
4.3. Simulado 242
4.4. Respostas 245

5. Criando modelos híbridos com *Scrum* 247
5.1. Scrum e a filosofia *Lean* 247
5.2. *Scrum* e *Waterfall* 249
5.3. *Scrum* e *Extreme Programming* (XP) 252
5.4. *Scrum* e *Crystal* 263
5.5. *Scrum* e FDD 268
5.6. *Scrum* e DSDM 270
5.7. *Scrum* e *DevOps* 272
5.8. *Scrum* e CMMI 273
5.9. *Scrum*, *Agile* e *PMBOK*® *Guide* 274
5.10. *Scrum* e o escritório de gerenciamento de projetos (PMO) 278
5.11. *Scrum* e o gerenciamento de serviços de TI 280
5.12. Simulado 285
5.13. Respostas 288

6. A certificação EXIN *Agile Scrum Master* 290

Epílogo 293

Referências Bibliográficas 295

Índice Remissivo 299

Introdução

Quando escrevi o livro "Gerenciamento Ágil de Projetos", minha maior preocupação era trazer um conjunto de ferramentas e técnicas que desse subsídio para o leitor começar a utilizar métodos ágeis em seus projetos.

Mas implantar métodos ágeis não é tão simples como pegar um livro de receitas e aplicá-lo. Existem dificuldades, barreiras organizacionais, culturais e comportamentais. Além do sucesso depender única e exclusivamente de nós, seres humanos donos de uma complexidade fascinante.

Dessa vez vou dar um foco maior no uso do *Scrum*, *framework* ágil mais conhecido e mais "simples" para uma transição inicial.

Não, este não é um livro de conceitos básicos de *Scrum* e gerenciamento ágil. Conceitos básicos de *Scrum* já foram abordados com maestria no livro do meu amigo Fábio Cruz, "Scrum e Agile em Projetos – Guia Completo"[1] e conceitos básicos de gerenciamento ágil foram abordados em meu livro "Gerenciamento Ágil de Projetos"[2].

Este livro será um aprofundamento em questões mais avançadas, desafios, criações de modelos híbridos, processos de transição, estratégias de planejamento e experiências que já vivi ao longo desses quase vinte anos trabalhando em projetos.

"Vitor, por que o título do livro é "Agile Scrum Master"? Todo *Scrum Master* não é ágil?"

Não necessariamente. Uma vez assisti a um vídeo no YouTube onde uma pessoa comentava que "o fato de uma equipe trabalhar com *Scrum* não significa que ela seja ágil", ou seja, o fato de ser um *Scrum Master* certificado não significa que o seu

---

[1] CRUZ, F. **Scrum e Agile em Projetos:** guia completo. 2. ed. Rio de Janeiro: Brasport, 2018, 440p.
[2] MASSARI, V. L. **Gerenciamento Ágil de Projetos.** 2. ed. Rio de Janeiro: Brasport, 2018, 280p.

mindset seja ágil. E exatamente esta é a preocupação principal deste livro: ajudar a formar e orientar *Scrum Masters* com *mindset* ágil.

Além de compartilhar experiências e ajudar o leitor em sua jornada de implementação de métodos ágeis, este livro também tem como objetivo prepará-lo para a certificação avançada em *Scrum*, lançada recentemente pela EXIN: *Agile Scrum Master* (ASM).

Convido todos a mergulharem em mais uma "jornada ágil" comigo!

Uma ótima leitura a todos,
Vitor L. Massari

1. Transição para um *mindset* ágil

Afinal de contas, o que significa ser ágil?

É correr para entregar algo?

Fazer algo na base da correria e da pressa quase sempre termina como na figura anterior.

Agora que tal esta definição: "ser ágil é trabalhar sem planejamento e sem cronograma visando sempre entregar o máximo de valor ao cliente". Projeto sem cronograma? Sem estimativa de prazo? Como assim? O orçamento do projeto também dura para sempre? Explique-me melhor!

Outra definição poderia ser:

> **Ser ágil é gerar entregas contínuas, incrementais e frequentes de valor para o cliente, focando em equipes auto-organizadas.**

Porém, acredito que exista uma etapa anterior a esta:

> **Ser ágil significa simplificar o mindset, pensar de forma simples e objetiva. Porém, não confundir pensar simples com preguiça de pensar.**

"Vitor, como assim? Simplificar o *mindset*?"

Preste bem atenção na figura a seguir:

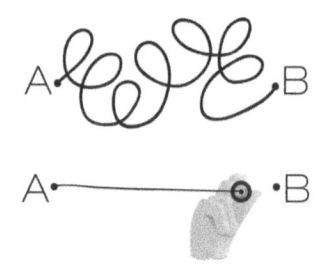

Repare que podemos chegar do ponto A até o ponto B através do caminho mais longo, mais dolorido, mais prolixo. E também podemos chegar do ponto A até o ponto B pelo caminho mais rápido, simples e objetivo.

Ser ágil tem tudo a ver com pensamento simples e direto para atingir um objetivo com o máximo de eficiência e o mínimo de desperdício.

Quando pensamos no produto de um novo projeto, não devemos começar a planejar se não entendermos o básico do produto. Exemplo: suponha que meu projeto consiste em gerar um novo modelo de celular que concorra com o iPhone. De que adianta fazer um longo planejamento ou ter mil ideias mirabolantes se não partirmos do básico, ou seja, um aparelho que liga, desliga, faz e recebe chamadas?

Costumo chamar esse tipo de planejamento de "pensar de cima para baixo", nome que criei para o conceito de elaboração progressiva descrito a seguir:

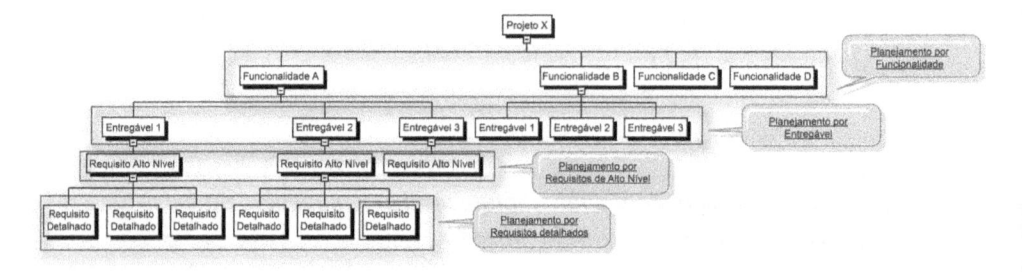

Então "ser ágil" em minha opinião significa:
- simplificar o *mindset*;
- pensar "de cima para baixo";
- planejar de forma interativa;
- ser receptivo à ideia de combinar as metodologias, *frameworks* e boas práticas existentes, sem se prender a rótulos ou radicalismos;
- entender que as pessoas precisam ser mais lideradas e menos gerenciadas.

Só depois de assimilar o exposto é que devemos procurar entender melhor o que é um *Scrum Master*, *Sprints*, *Extreme Programming*, *PMBOK® Guide*, *SAFe*, etc. Estas serão as teorias que podemos aplicar partindo de um *mindset* "ágil" e que nos ajudarão a obter melhores resultados em nossos projetos.

"Vitor, mas como começar a efetivamente ser ágil usando *Scrum* e colocando tudo isso em prática?".

Vamos entender os desafios e as dificuldades nos próximos tópicos deste capítulo.

1.1. Iniciando a transição para *Scrum*

Primeiramente vamos entender os motivos normalmente mencionados para as empresas sentenciarem "Queremos ser ágeis! Queremos usar *Scrum* para nos ajudar":
- "Nossos projetos demoram demais para finalizar e quando finalizados ficam abaixo das expectativas das partes interessadas do projeto".
- "Nossos projetos são entregues com muitos problemas de qualidade".
- "Nossos projetos sempre estouram prazo e custo".
- "Nosso gerente de projetos aceita prazos totalmente irreais, fazendo nossa equipe trabalhar por intermináveis horas extras".
- "Nosso cliente muda de ideia o tempo todo".
- "Nosso cliente nunca consegue definir tudo o que ele quer no início do projeto".
- "Nosso planejamento é burocrático e engessado! Nosso termo de abertura do projeto deve possuir no mínimo dez páginas e nossa declaração de escopo no mínimo cinquenta páginas".
- "Nosso cliente não interage com a equipe do projeto, toda a intermediação é feita pelo gerente do projeto".
- "Nosso gerente de projetos não compartilha as expectativas do projeto com a equipe. Só quer saber de cobrar, cobrar e cobrar".
- "A equipe do projeto é composta por talentos individuais que não funcionam como uma equipe unida".

Se você se identificou com algum desses cenários, você está na primeira das cinco etapas necessárias para a transição: aceitar/ter consciência.

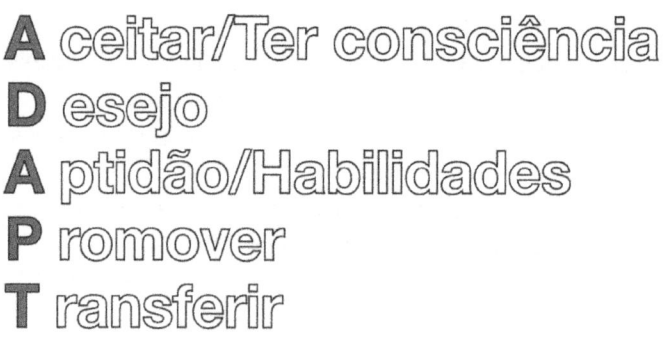

A ceitar/Ter consciência
D esejo
A ptidão/Habilidades
P romover
T ransferir

Traduzido e adaptado de Succeeding With Agile – Mike Cohn

Aceitar/Ter consciência

É o momento em que você ou sua empresa diz: "temos um problema"; e em que é identificado que o processo atual não gera o resultado esperado ou gera resultado, porém pode ser melhorado.

Claro que nem sempre é fácil aceitar e admitir que algo esteja errado, e devemos evitar cair em duas armadilhas:
- Medo de expor o que não está funcionando tão bem.
- A utopia da negação: "não tem nada errado aqui, esses problemas são passageiros".

Coletar métricas e elaborar questionários são ótimas iniciativas para evitar as duas armadilhas mencionadas anteriormente.

Exemplo – Questionário de pesquisa:
- De 0 a 10, qual sua opinião sobre o atendimento às demandas pela área de projetos?
- Quais são suas expectativas em relação à atuação da área de projetos?
- Em quais etapas do projeto você desejaria maior agilidade?
- Quais seriam os ganhos caso fosse adotada uma estratégia onde um projeto de 12 meses gerasse 12 entregas *time-to-market* mensais?

Desejo

Após aceitar que o processo atual precisa ser revisto, vem a pergunta seguinte: "Desejamos mudar? Desejamos usar *Scrum* como nosso novo *framework*?".

Talvez a resposta simplesmente seja: "não".

"Vitor, por que não?"

Temos algumas causas importantes:
- A diretoria executiva patrocina a transição, porém não encontra receptividade nas equipes de execução. Logo, a transição se torna um processo "goela abaixo" (*top-down*), sem engajamento, sem paixão e dessa forma dificilmente apresentará um resultado diferente do processo atual.
- As equipes de execução são entusiastas em *Scrum*, porém não conseguem convencer as altas gerências e diretorias executivas a abraçarem a transição, que fica restrita a um pequeno "grupo de adoradores" (*bottom-up*).
- O resultado final é incerto. Não existe livro, cartilha ou "fórmula mágica" que explique como efetuar a transição para *Scrum* com sucesso. Duvide sempre de quem vende o *Scrum* como a "bala de prata".
- O *Scrum* pode mudar de forma dramática a forma de comunicação e planejamento do projeto.
- O apego às famosas "boas práticas": "esse tal de *Scrum* parece ser bom, mas viola as nossas boas práticas utilizadas desde 1998".

Para incentivar e motivar o desejo de mudança, recomendo sempre a elaboração de um plano de ação de transição com: ações imediatas, ações em curto prazo, ações em médio prazo e ações em longo prazo. Trata-se de um plano racional – afinal de contas, não estamos querendo mudar o mundo do dia para a noite – que gera um senso de motivação para buscar atingir o objetivo da transição. Voltarei a falar nesse plano de ação mais adiante.

Outra recomendação é não desmerecer o processo atual, ter a sensação de que você está na "lama" e partirá para o "lago dourado". O processo atual provavelmente possui suas qualidades e virtudes, mesmo que atualmente não esteja fornecendo o resultado esperado. Entenda como essas qualidades e virtudes do processo atual podem ser aproveitadas no novo processo.

Também precisamos entender quais as vantagens que o *Scrum* pode trazer:
- **Maior produtividade e menores custos.** O fato de gerar entregas com valor implícito ou explícito e o foco em obter rápidos *feedbacks* do cliente e trabalhar construindo qualidade eliminam os chamados custos da não conformidade, que são gerados por retrabalho ou defeitos encontrados pelo cliente.
- **Aumento do engajamento da equipe.** O trabalho em equipe é um dos fatores cruciais para o sucesso ou insucesso da transição para *Scrum*. O conceito de equipes auto-organizadas e a filosofia de trabalho colaborativo com o cliente criam um forte senso de engajamento dentro da equipe.
- ***Time-to-market*[3] mais rápido.** São duas as razões para os projetos que utilizam *Scrum* terem uma maior rapidez para o *time-to-market*:
  - ✓ Conforme descrito anteriormente, as equipes *Scrum* possuem uma alta produtividade que permite desenvolver funcionalidades mais rapidamente.
  - ✓ Cada *Sprint* gera um incremento do produto, o que possibilita que o produto seja lançado no mercado mesmo que todas as funcionalidades não estejam concluídas.
- **Maior qualidade.** É fortemente incentivado que as equipes *Scrum* usem alguma metodologia para a garantia de qualidade durante a execução das *Sprints*. No caso do desenvolvimento de *software*, é recomendadíssimo usar o *Extreme Programming* (XP), que possui ótimas práticas como desenvolvimento orientado a testes, refatoração, programação em par, entre outras, que serão descritas posteriormente.
- **Aumento da satisfação das partes interessadas.** O *Scrum* e suas entregas iterativas e incrementais constantemente fornecem visibilidade às partes interessadas. O *Scrum* também incentiva a participação das partes interessadas nas reuniões de revisão e até mesmo de retrospectiva. Dando mais visibilidade do progresso e envolvendo constantemente as partes interessadas, o *Scrum* ajuda (e muito) no chamado gerenciamento das expectativas das partes interessadas. Elas se sentem parte do processo, diferentemente de abordagens mais tradicionais, onde as partes interessadas são envolvidas na clássica reunião de *kick-off*, recebem relatórios burocráticos que fornecem pouca visibilidade do projeto e só na etapa final do projeto acabam vendo o resultado.

---

[3] Tempo entre a análise de um produto e sua disponibilização para a venda.

Aptidões/Habilidades

Por mais que as pessoas tenham grande ciência dos problemas e um enorme desejo de mudança, o próximo passo é perguntar se as aptidões e habilidades necessárias para a transição estão disponíveis.

Não faz sentido fazer uma transição para *Scrum* se a equipe não tem a mínima ideia do que se trata o *Scrum* e o seu enfoque em:
- Técnicas de desenvolvimento de produto com qualidade.
- Pensar e trabalhar como equipe e não como talentos individuais.
- Disciplina de gerar entregas de produto funcional dentro de intervalos curtos de prazo fixo (*timeboxes*).

Como sugestão para o desenvolvimento dessas aptidões e habilidades:
- Fazer um treinamento ou um *workshop* de *Scrum*.
- Recrutar um membro da equipe com maior experiência em *Scrum* para fornecer *coaching* para o restante da equipe.
- Recrutar um *coach* externo para fornecer *coaching* para toda a equipe.

Promover/Divulgar

Utilizou *Scrum* em seu projeto piloto? Deu certo? Então agora é fundamental disseminar e promover o conhecimento para as demais equipes e áreas da empresa.

Tome apenas cuidado para o processo de promoção não virar uma bandeira de marketing pessoal: "nós somos os pioneiros ágeis", "venha experimentar a agilidade com a equipe mais ágil da empresa XPTO", "aprenda a trabalhar certo com a equipe *Agile Warriors*".

A promoção e a divulgação do sucesso devem visar três metas:
- Ter ciência de que, apesar do sucesso, sempre existirão pontos de melhoria. Identifique-os, visando criar um plano para implementá-los no próximo projeto.
- Compartilhar os bons resultados atingidos pelo trabalho da equipe com o restante da empresa, exibindo métricas, técnicas utilizadas e também dificuldades encontradas.
- Despertar o interesse nas demais áreas da empresa.

Gostaria de dar algumas recomendações adicionais sobre cada meta. Sobre a primeira meta, tome sempre cuidado com a palavra "sucesso". Não existe nada perfeito, tudo é passível de melhoria. Tome cuidado para os processos de sucesso de hoje não se transformarem naquelas "boas práticas" imutáveis de amanhã.

Sobre a segunda meta, é importante mostrar métricas, números e também dificuldades, para não criar uma sensação de falácia.

Sobre a terceira e última meta, não caia na armadilha de criar a sua "maravilhosa ilha particular de *Scrum*". É importante disseminar o conhecimento em todas as áreas da empresa e trabalhar para que todos se engajem no processo de transição para *Scrum*. Claro que não é tarefa fácil, pois existirão resistências no caminho. Falaremos sobre resistência e como lidar com ela posteriormente. Mas não caia na tentação de limitar a iniciativa de adotar *Scrum* somente à sua equipe e se fechar para as outras áreas da empresa. Frases comumente ditas por quem adota esse tipo de postura são: "não trabalhamos com a equipe B, eles não são ágeis", "só falamos com o nosso *Product Owner*, ele é o suprassumo de todos os processos da empresa", "gerente de projeto? Em nada agrega à nossa Equipe *Scrum*. Ele só sabe cobrar, cobrar e cobrar", "nós somos autogerenciáveis e todos os nossos problemas se autorresolvem". Tome cuidado com radicalismos, pois a história comprova que esse tipo de atitude não leva a lugar algum.

Transferir

Reconhecemos que o processo atual precisa ser melhorado, desejamos usar *Scrum* em nossos projetos, trabalhamos nossas habilidades para começar a usar *Scrum*, usamos *Scrum* em nosso primeiro projeto piloto, divulgamos os resultados para as demais áreas da empresa. E agora, qual o próximo passo?

O próximo passo é transferir os impactos do uso do *Scrum* para as demais áreas da empresa.

Como o escritório de projetos (PMO) da sua empresa será impactado com o uso de *Scrum*? Como gerar artefatos e métricas para escritório de projetos, uma vez que a equipe começou a utilizar *Scrum*? Como a área de marketing da sua empresa será impactada com o uso de *Scrum*? Como alinhar as estratégias de divulgação e folheteria com a abordagem de entregas incrementais? Como sua área de gestão de mudanças (ITIL) será impactada com o uso de *Scrum*? Como sua área de patrimônio será impactada com o uso de *Scrum*? Como formatar um ambiente físico que promova a colaboração e a proximidade entre os membros de uma Equipe *Scrum*?

Qual a melhor forma de fazer isso? Comunicando-se com cada área. Explicando os impactos, a importância do apoio da área ao processo e os ganhos que poderão ser obtidos. O que deve ser evitado? O famoso "goela abaixo": "agora trabalhamos com Scrum e você deve adequar sua área para trabalhar conosco". E também o excesso de filosofia: "agora somos uma Equipe Scrum e toda a empresa deve ser autogerenciável, buscando entregar valor mais que seguir processos". Novamente, reforço que radicalismos não levam a lugar algum.

1.2. Adotando Scrum

Sua empresa está ciente de que existem problemas na abordagem atual, deseja utilizar Scrum e estimulou todos os membros da Equipe Scrum a se tornarem certificados Agile Scrum Foundation[4] ou PMI-ACP[5] para adquirirem as aptidões iniciais para trabalhar com Scrum. E agora, por onde começar?

Vou sugerir alguns passos e explorar cada um deles:
- Criação do Comitê Ágil de Transição (CAT).
- Entendimento do sistema organizacional com framework Cynefin.
- Mapeando o cenário organizacional com Agilometer.
- Escolha de um projeto piloto.
- Escolha da equipe ideal para o projeto piloto.
- Recrutamento de coaching interno ou externo.
- Gerenciamento das expectativas das partes interessadas.

Criação do Comitê Ágil de Transição (CAT)

Para começar a transição para Scrum é importante formar um comitê encabeçado pelos responsáveis pela iniciativa da transição. O ideal é que este comitê seja multidisciplinar, contendo várias áreas da empresa, como produtos, PMO, TI, Marketing e, principalmente, Recursos Humanos (RH). Eu costumo chamar esse comitê de CAT (Comitê Ágil de Transição), mas também pode ser chamado de CTE (Comunidade de Transição Empresarial). É importante também selecionar pessoas que possuam influência na empresa e sejam igualmente entusiastas da iniciativa para formar um grupo e colocar em prática as ações identificadas pelo comitê. Vamos chamar este grupo de CM (Comunidade de Melhorias).

---

[4] Certificação sobre fundamentos em Scrum administrada pela EXIN. Saiba mais em: <https://www.exin.com/BR/pt/exames/&exam=exin-agile-scrum-foundation>.
[5] Certificação em métodos ágeis administrada pelo PMI (Project Management Institute). Saiba mais em: <https://brasil.pmi.org/brazil/CertificationsAndCredentials/PMI-ACP.aspx>.

A primeira atividade do CAT é elaborar um *backlog* de transição baseado em ações identificadas como: imediatas, de curto prazo, de médio prazo, de longo prazo.

Exemplo – O CAT da empresa XPTO, após visita e recomendações de um *coach* externo, identificou as seguintes ações:

Ação: início imediato de reuniões diárias de 15 minutos nos projetos em andamento.
- **Prazo:** imediato.
- **Recomendação:** além da Equipe *Scrum*, recomenda-se a participação de um integrante da CM para garantir a meta colaborativa da reunião e fornecer *coaching* ao final.
- **Benefícios:** introdução dos conceitos de planejamento colaborativo, inspeção, adaptação e gerenciamento de riscos diário, criação de senso de engajamento e colaboração, respeito a eventos com duração de tempo fixo (*timebox*).

Ação: determinar a duração de entrega (*timebox*) das *Sprints* do projeto piloto.
- **Prazo:** curto prazo.
- **Recomendação:** identificar e respeitar a capacidade/velocidade da equipe para entregas que atendam à definição de pronto (*done*).
- **Benefício:** criar cadência através das entregas contínuas de duração fixa (*timebox*).

Ação: fornecer treinamento em desenvolvimento orientado a testes (TDD) para as Equipes de Desenvolvimento.
- **Prazo:** médio prazo.
- **Recomendação:** contratação de *coach* externo com conhecimento atestado em desenvolvimento orientado a testes.
- **Benefício:** melhor qualidade no *software* desenvolvido e entregue nas *Sprints*.

Ação: fornecer treinamento preparatório para a certificação PMI-ACP para a Equipe *Scrum*.
- **Prazo:** longo prazo.
- **Recomendação:** contratação de *coach* externo certificado PMI-ACP para fornecer o treinamento.
- **Benefício:** técnicas ágeis para complementar o conhecimento que a equipe já adquiriu em *Scrum*.

Com base nessas ações identificadas, o CAT elaborou o seguinte *backlog* de transição priorizado:

Item	Ação	Sprint
Identificar os projetos em andamento	Implantação reunião diária	1
Analisar em quais projetos implementar a reunião diária imediatamente	Implantação reunião diária	1
Analisar os projetos onde possa existir uma possível resistência à implementação da reunião diária	Implantação reunião diária	1
Disseminar a prática da reunião diária nos projetos sem resistência à implementação	Implantação reunião diária	1
Acompanhar as reuniões diárias e fornecer *coaching* após a reunião	Implantação reunião diária	1
Entender as causas de resistência à implantação da reunião diária	Implantação reunião diária	2
Convidar membros resistentes para participarem das reuniões diárias de outros projetos para entendimento da dinâmica e seus benefícios	Implantação reunião diária	2
Identificar projetos cuja resistência começou a ser vencida e incentivar a implementação das reuniões diárias	Implantação reunião diária	2
Reunião com equipe do projeto piloto para definição da duração das *Sprints*	Determinar *timebox*	3
Acompanhamento da execução da primeira *Sprint* do projeto piloto	Determinar *timebox*	3
Identificar fornecedor para treinamento de TDD	Treinamento TDD	4
Identificar fornecedor para treinamento de PMI-ACP	Treinamento PMI-ACP	5

Primeiramente, perceba que este *backlog* segue os padrões de um bom *Product Backlog*: priorizado, ordenado, mais detalhado nos requisitos mais prioritários, menos detalhado nos requisitos menos prioritários (épicos).

Também perceba que os requisitos do *backlog* foram divididos em *Sprints*.

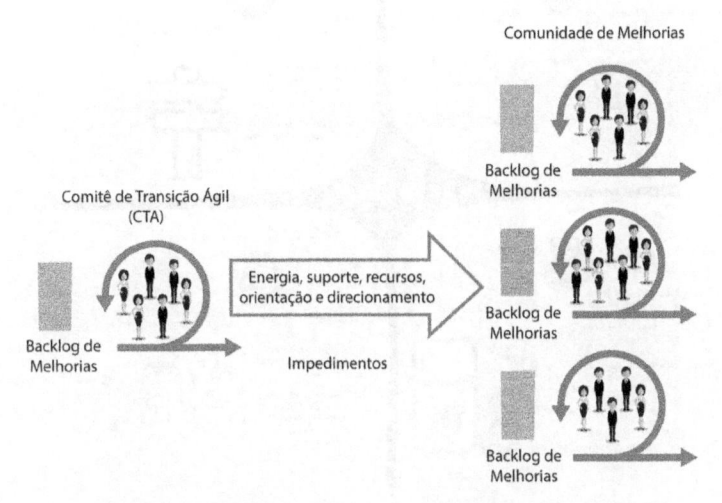

Traduzido e adaptado de Succeeding With Agile – Mike Cohn

A ideia é que os membros da CM atuem nos requisitos do *backlog* definidos e priorizados pelo CAT em *Sprints* com durações máximas de 15 dias.

Seguindo o ciclo de vida do *Scrum*, ao final de cada *Sprint* tanto o CAT quanto a CM avaliam o resultado final (revisão da *Sprint*) e refletem sobre o que deve ser melhorado para a próxima *Sprint*. A única reunião que pode sofrer alguma adaptação é a reunião diária (*Daily Scrum*). Se for possível que os membros do CAT se reúnam diariamente, ótimo! Se não for, troque a reunião diária por uma reunião semanal mais longa.

Perceba que o CAT seria *Product Owner* do *backlog* de transição e a CM seria a Equipe de Desenvolvimento. E o *Scrum Master*? Uma boa prática é convidar o membro mais influente do CAT para assumir o papel, orientar os membros da CM e remover impedimentos. É importantíssimo que o CAT trabalhe muito próximo ao patrocinador da transição para manter as expectativas alinhadas.

> **A arte: usar Scrum dentro do processo de transição para o Scrum!**

Entendimento do sistema organizacional com *framework* Cynefin

O *framework* Cynefin foi criado pelo pesquisador David Snowden e tem o objetivo de auxiliar na avaliação de domínios de qualquer sistema vivo, entendendo sobre complexidade, restrições e relações entre causa e efeito desse sistema.

Imagem gentilmente cedida por Gino Terentim Júnior, traduzida e adaptada de David Snowden

Para entendermos como utilizar o entendimento do Cynefin em um processo de transição para *Scrum/Agile*, vamos entender o comportamento de cada domínio:

- **Óbvio** – Sistema altamente previsível e repetível, é um tipo de sistema que pode ser baseado em *checklist*, ou seja, se executarmos exatamente o que consta nele teremos o resultado esperado. É o ambiente das melhores práticas. Exemplo: franquias *fast-food* de hambúrgueres, departamentos de contas a pagar, *call-center*.
- **Complicado** – Sistema previsível, porém apenas com a presença do especialista técnico. É o ambiente onde as boas práticas são utilizadas para a resolução de um problema. Exemplo: viagem de 15 dias para diversos países da Europa, consulta médica, projetos de engenharia civil, projetos de ERP sem customização, departamentos de contabilidade.
- **Complexo** – Sistema com alto grau de imprevisiblidade, cuja incerteza só poderá ser resolvida através de práticas emergentes, ou seja, empíricas e adaptativas. Exemplo: safári na África, trânsito, qualquer projeto que envolva natureza criativa: marketing, software, pesquisa e desenvolvimento, *startup*, digitais.
- **Caótico** – Ambiente totalmente disfuncional e de crise, onde apenas ações diretas precisam ser realizadas para se resolver o problema. Exemplo: terremoto, atentado terrorista, invasão alienígena, incidentes.
- **Desordem** – Ambiente onde não conseguimos ter clareza sobre a qual domínio pertence.

Entendendo os domínios do sistema, devemos refletir:

- Quais áreas da empresa trafegam em quais domínios.
- Quais projetos da empresa trafegam em quais domínios.

Isso feito, vamos entender como os domínios se relacionam com *Scrum/Agile*:

Imagem gentilmente cedida por Gino Terentim Júnior, traduzida e adaptada de David Snowden

- ➢ **Óbvio** – Podemos até utilizar uma ou outra prática *Agile*, mas como são ambientes altamente focados em *checklist* e execução, pensar em uma adoção pura de *Scrum* pode tornar o sistema óbvio altamente restritivo e pouco produtivo.
- ➢ **Complicado** – Podemos utilizar práticas ágeis, criando um modelo híbrido (descrito com detalhes no Capítulo 5), pois muitas vezes temos situações onde existe um flerte constante entre o domínio do Complicado e do Complexo. Exemplos: projetos de engenharia, projetos de software ERP com customizações, projetos de telecom, área de infraestrutura.
- ➢ **Complexo** – Este é o domínio onde *Scrum/Agile* funciona bem, pois trata-se de um *framework* empírico e adaptativo trabalhando em um ambiente cuja incerteza é diminuída por práticas emergentes, empíricas e adaptativas. Com o passar do tempo e o uso de *Scrum/Agile*, este ambiente vai se tornando Complicado, pois as incertezas relacionadas à pessoas, processos e produtos vão sendo eliminadas (saiba mais no Capítulo 3).
- ➢ **Caótico** – Neste domínio, *Scrum/Agile* ou qualquer outro método, boa prática ou *framework* estruturado não funciona bem. Este é o ambiente em que devemos agir para sair do caos e depois realizar uma análise de causa-raiz para evitarmos cair novamente nele.
- ➢ **Desordem** – Devemos decompor a desordem em problemas menores de tal forma que consigamos entender em quais domínios esses problemas trafegam.

Mapeando o cenário organizacional com Agilometer

Quais os riscos existentes na adoção de *Scrum* em um projeto piloto ou mesmo na organização? Nesse momento entra em cena o Agilometer.

O Agilometer é uma ferramenta da abordagem ágil utilizada na metodologia britânica PRINCE2® (PRINCE2® *Agile*).

	1	2	3	4	5	
Baixo			Nível de Colaboração			Alto
Baixo			Facilidade de Comunicação			Alto
Baixo			Fatores Ambientais			Alto
Baixo			Flexibilidade de Escopo			Alto
Baixo			Entregas Incrementais			Alto
Baixo			Aceitação ao Ágil			Alto

Imagem gentilmente cedida por Fábio Cruz, traduzida e adaptada de AXELOS – PRINCE2® Agile

O Agilometer avalia a maturidade da empresa ou equipe do projeto com relação a seis aspectos, que devem ser pontuados de 1 (maturidade baixa) a 5 (maturidade alta).

1. Nível de colaboração

A empresa possui uma cultura de trabalho em equipe? Todos estão juntos no sucesso e no fracasso? Assim como no casamento: na "saúde" e na "doença"? Ou temos uma cultura de silos e "feudos"? A TI *versus* a área de negócio: "o cliente não sabe definir", "A TI só entrega *bug*"? A minha meta *versus* a sua meta: "não posso te ajudar pois isso não está na minha meta"? Os processos e ferramentas mais importantes que os indivíduos e suas interações, como, por exemplo, debates intermináveis por e-mail (ex.: Re: Enc: Enc: Re: Re: Re: Re: Enc: Re: Re: Enc: Re: Re: Re:).

Escala utilizada:

> 5 – Todo mundo se ajuda o tempo todo.
> 4 – Todo mundo se ajuda na maior parte do tempo.
> 3 – Todo mundo se ajuda, mas tem que rolar um e-mail ou um "escalation".
> 2 – Há pouca colaboração, já com um pouco de hostilidade.
> 1 – Clima hostil, sem colaboração.

2. Facilidade de comunicação

A empresa incentiva o uso de ferramentas visuais ou de videoconferência, comunicação face a face, documentação suficiente e enxuta e espaço colaborativo para manter a proximidade entre as pessoas? Ou temos salas/baias dividindo as pessoas/áreas? Comunicação extremamente formal? Ideias iniciadas somente após o preenchimento de excesso de documentação e reuniões intermináveis?

Escala utilizada:

> 5 – Comunicação é fluida e as pessoas resolvem seus problemas através da comunicação.
> 4 – Comunicação flui na maioria das vezes.
> 3 – Comunicação mais formal.
> 2 – Comunicação acontece apenas na vertical, com níveis de aprovação e regras.
> 1 – Comunicação muito prejudicada pela verticalidade e acaba sendo considerada inexistente por muitos.

3. Fatores ambientais

O ambiente favorece o uso de métodos ágeis? Os processos estão enxutos o suficiente? A empresa possui um foco grande em pessoas? Ou é mais uma daquelas que usam o slogan "Nossa Missão e Nossos Valores" e no fundo considera as pessoas como Charlies Chaplins no filme "Tempos Modernos"? E os produtos? Eles se enquadram como complexos para extrairmos o melhor de uma abordagem ágil?

Escala utilizada:

> 5 – Espaços colaborativos, *open space*, gestão visual para tudo quanto é lado.
> 4 – A maioria dos espaços pode ser visual.
> 3 – É preciso formalizar a aplicação da gestão visual.
> 2 – Espaços muito restritos à gestão visual e é necessário ir para ferramentas.
> 1 – Não é permitido colar nada na parede.

4. Flexibilidade de escopo

A empresa compreende que nem sempre a tríade escopo-tempo-custo compõe o critério de sucesso de um projeto? Ela entende como desenvolver o escopo certo, priorizando adequadamente, utilizando o conceito de MVP, incorporando mudanças, removendo itens desnecessários visando a tríade valor-qualidade-restrições?

Escala utilizada:

- 5 – Todas as soluções trabalham com escopo flexível.
- 4 – A maioria das soluções tem escopo considerado flexível.
- 3 – A análise é feita caso a caso.
- 2 – A minoria tem escopo flexível e há uma certa descrença.
- 1 – Tudo é escopo fechado.

5. Habilidade de trabalhar com entregas iterativas e incrementais

As pessoas conseguem entender os benefícios de planejar o produto através de entregas incrementais onde inspeções e adaptações frequentes ajudam a garantir a qualidade da entrega e a satisfação das partes interessadas? Ou mesmo a utilização de parte do produto sem o projeto ainda estar concluído? Ou sua empresa tem aquele tipo de cultura "ou tudo" ou "nada" e acredita que um bolo recheado com três camadas sai do forno de uma hora para a outra? Que um prédio é construído de um dia para o outro e por aí vai?

Escala utilizada:

- 5 – Tudo é passível de ser entregue em fatias menores.
- 4 – A maioria das entregas é feita de maneira incremental.
- 3 – A análise é feita caso a caso.
- 2 – A minoria das entregas é feita de maneira incremental.
- 1 – Nada – ou entrega tudo ou não entrega nada.

6. Aceitação dos métodos ágeis

As pessoas acreditam nos benefícios do método? Temos focos de resistência? O *C-Level* patrocina, acredita na ideia e dará subsídios para os melhores ambientes e processos? As pessoas entendem que o método ágil deve ser o meio e não o fim?

Escala utilizada:

- 5 – Todo mundo abraçou a ideia e acredita no Ágil.

- 4 – A maioria das pessoas acredita e abraçou o Ágil.
- 3 – O Ágil divide opiniões.
- 2 – A maioria das pessoas tem rejeição ao Ágil.
- 1 – Praticamente ninguém acredita no Ágil.

Avaliando esses seis aspectos, conseguiremos identificar as ameaças (itens com pontuação abaixo de 3) e as oportunidades (itens com pontuação maior ou igual a 3). Com isso, o CAT poderá revisar o seu *backlog* e incluir planos de respostas tanto para as ameaças quanto para as oportunidades.

Se todos os seis aspectos forem pontuados abaixo de 3, a preocupação do CAT deve ser enorme, e, mais do que nunca, o objetivo da mudança deve estar claro para todos os envolvidos.

Escolha de um projeto piloto

Chegou o grande momento: escolher o primeiro projeto para iniciar a utilização de *Scrum*!

Suponha que sua empresa tenha três projetos a iniciar conforme características a seguir:

Projeto A:
- **Produto do projeto:** automatização do *workflow* do processo de faturamento mensal dos clientes.
- **Objetivos:**
    - ✓ Melhoria operacional, buscando eliminar o envio de e-mails com planilhas anexas e verificações manuais.
    - ✓ Redução de custos com retrabalhos, reenvio de informação e liberação de recursos para outras atividades críticas da empresa.
- **Criticidade:** média.
- **Expectativa de prazo:** quatro meses.
- **Patrocinador:** diretoria operacional.
- **Áreas envolvidas:** faturamento, comercial, financeiro e TI projetos.

Projeto B:
- **Produto do projeto:** criação de portal na *web* para contratação de serviços *on-line*.

- **Objetivos:**
  - ✓ Aumento de receita, ao permitir que os clientes contratem os serviços diretamente da *web*, sem passar por longas ligações ou troca de e-mails.
  - ✓ Melhoria operacional ao automatizar todo o processo de contratação, eliminando controles de propostas enviadas aos clientes em planilha Excel.
  - ✓ Redução de quase 70% do quadro atual da área de *call center*, uma vez que o foco da empresa será a venda *on-line* e não mais a venda por telefone.
- **Criticidade:** alta.
- **Prazo determinado:** um ano.
- **Patrocinador:** CEO.
- **Áreas envolvidas:** faturamento, comercial, financeiro, TI projetos, TI infraestrutura, logística, marketing, *call center*, produtos, jurídico, diretoria operacional e diretoria financeira.

Projeto C:
- **Produto do projeto:** novos designs para marketing digital junto aos clientes e parceiros.
- **Objetivos:** aumento de receita, ao tornar o design do marketing digital mais atrativo para a captação de cliques na página principal da empresa e nas redes sociais.
- **Criticidade:** baixa.
- **Expectativa de prazo:** nenhuma.
- **Patrocinador:** diretoria de marketing.
- **Áreas envolvidas:** marketing, comercial e TI projetos.

De acordo com os cenários expostos, por onde você começaria?

Talvez pelo Projeto C, cuja criticidade é baixa, possui uma expectativa de prazo pequena e envolve poucas áreas, certo?

Não necessariamente. Você pode começar por qualquer um dos três projetos, avaliando criteriosamente as vantagens e os riscos de utilizar uma nova abordagem.

No exemplo dos três projetos citados, vamos explorar um pouco as vantagens e os riscos da utilização de uma nova abordagem com *Scrum*:

Projeto A:
- **Vantagens:**
  - ✓ O projeto é relativamente curto e possui certa relevância.

- ✓ Como são poucas as áreas envolvidas, o engajamento e a quebra de possíveis resistências tornam-se mais fáceis.
- ✓ O prazo não é predeterminado. Existe uma expectativa: portanto, a equipe terá um tempo factível para amadurecer e entender qual a sua capacidade de entrega dentro de cada *Sprint* e com isso fornecer maior previsibilidade sobre o prazo final de entrega às partes interessadas.
- ✓ Pelo fato de o projeto ser curto, não ter a criticidade tão alta e o prazo não ser fixo, a pressão e o nível de estresse são menores.

➢ **Riscos:**
- ✓ Pelo fato de o projeto ser curto e sem prazo determinado, a equipe pode cair numa situação comum em muitas Equipes *Scrum* iniciantes: as *Sprints* intermináveis.
- ✓ O fato de o projeto ser curto pode gerar a sensação de que o *Scrum* funciona somente em projetos de curta duração.
- ✓ Como são poucas áreas envolvidas, talvez o projeto não tenha grande visibilidade e consequentemente as demais áreas da empresa não tenham a oportunidade de visualizar os ganhos com a utilização do *Scrum*. Por este motivo é importante promover/divulgar cada projeto de sucesso, seja ele grande ou pequeno.

Projeto B:
➢ **Vantagens:**
- ✓ Pode ajudar na redução da resistência ao *Scrum*, uma vez que todos os envolvidos deverão estar engajados para o sucesso de um projeto crítico e com prazo determinado.
- ✓ Faz com que os conceitos do *Scrum* sejam rapidamente disseminados entre as diversas áreas da empresa (cenário *all-in*), uma vez que diversas áreas estão envolvidas no projeto.
- ✓ Maior visibilidade ao CEO e às principais partes interessadas sobre o progresso do projeto através das entregas incrementais de cada *Sprint*.
- ✓ Permite que o CEO apoie de vez a iniciativa de utilizar *Scrum* nos demais projetos, uma vez que ele consegue ter visibilidade de resultado através da filosofia ágil.
- ✓ Por se tratar de um projeto de um ano, os envolvidos podem identificar versões de entrega/*releases* antecipadas através do resultado das entregas de cada *Sprint*.

➢ **Riscos:**
- ✓ O projeto possui grande visibilidade e grande criticidade. Um problema de qualidade ou uma sinalização de possível atraso no prazo serão sufi-

cientes para a seguinte frase ser dita: "viu só? Esse tal de *Scrum* não é tão mágico assim!".
- ✓ São diversas pessoas envolvidas no projeto e o grau de resistência ao *Scrum* pode ser alto o suficiente para sabotar a abordagem.
- ✓ O projeto pode possuir uma pressão e um nível alto de estresse, uma vez que o patrocinador é o CEO da empresa.
- ✓ O *Scrum Master* deste projeto pode não possuir uma alta experiência em projetos desse porte. Neste caso, recomendo fortemente ou a contratação de um *Scrum Master* experiente ou um experiente *coach* externo para dar todo o suporte à equipe e ao projeto.
- ✓ O *Product Owner* pode não dar conta de possíveis interferências externas que venham ocorrer, uma vez que são várias áreas envolvidas no projeto.

Projeto C:
➢ **Vantagens:**
- ✓ Como são poucas as áreas envolvidas, o engajamento e a quebra de possíveis resistências tornam-se mais fáceis.
- ✓ O prazo não é predeterminado e não existe uma expectativa, portanto a equipe terá um tempo factível para amadurecer e entender qual é a sua capacidade de entrega dentro de cada *Sprint* e com isso fornecer maior previsibilidade sobre o prazo final de entrega às partes interessadas.
- ✓ Pelo fato de a criticidade do projeto ser baixa e o prazo não ser fixo, a pressão e o nível de estresse são menores.

➢ **Riscos:**
- ✓ O fato de o projeto ter criticidade baixa pode gerar uma sensação de que o *Scrum* só funciona em projetos sem relevância, sem pressão e sem estresse.
- ✓ O fato de o projeto não ter prazo predeterminado pode gerar uma sensação de que o *Scrum* funciona somente em projetos sem prazo fixo.

Analisando friamente os três cenários, minha recomendação é começar pelo projeto A. Para chegar a essa conclusão devemos analisar quatro atributos:
➢ Duração do projeto.
➢ Porte do projeto.
➢ Importância.
➢ Patrocínio.

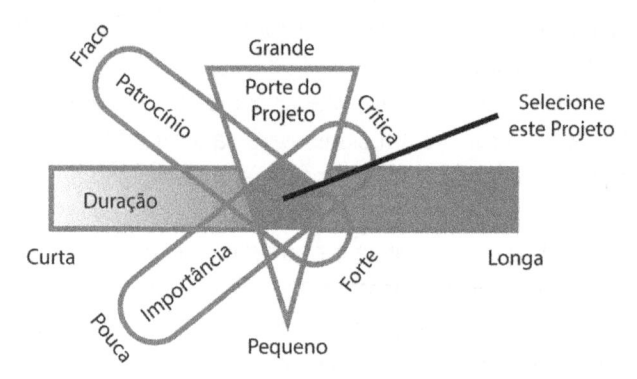

Traduzido e adaptado de Succeeding With Agile – Mike Cohn

Duração do projeto

Se você escolher um projeto muito curto, corre o risco de gerar a desconfiança de que o *Scrum* só funciona com projetos muito curtos. Se você escolher um projeto de longa duração, corre o risco de fracassar. Que dilema, hein?

O ideal é verificar a duração média dos projetos mais curtos e dos mais longos da empresa e selecionar um projeto cuja duração fique entre o mais curto e o mais longo.

Exemplo: os projetos da empresa XPTO possuem duração média de um mês para projetos mais curtos e 12 meses para projetos mais longos. Nesse caso, a recomendação é iniciar com projetos de quatro meses aproximadamente.

Uma boa prática é selecionar projetos piloto com duração prevista entre três e quatro meses.

Porte do projeto

Se o seu projeto possui uma única Equipe de Desenvolvimento (de cinco a nove pessoas), com todos sentados próximos uns dos outros, comece com ele.

Se o seu projeto possui 25 pessoas, onde oito ficam em São Paulo, cinco em Recife, dez nos Estados Unidos e duas na Índia, talvez não seja o projeto piloto ideal para começar a utilizar *Scrum*.

Uma boa prática é selecionar projetos piloto com no mínimo uma e no máximo cinco Equipes de Desenvolvimento coalocadas.

Importância

Selecionar um projeto com pouca importância para a empresa ou para o negócio pode não causar o impacto necessário para o incentivo à adoção do *Scrum* nos demais projetos.

Não precisa ser um projeto crítico, mas um projeto relevante para dar maior visibilidade e aceitação à adoção do *Scrum*.

Patrocínio

Selecione um projeto cujo patrocinador esteja engajado e empolgado com a utilização de *Scrum* em seu projeto.

Ele será o ponto de apoio para remoção de impedimentos com os quais a Equipe *Scrum* possa deparar, podendo ser referentes a processos de negócios, departamentos ou mesmo pessoas.

> **DICA:** evite começar a utilizar Scrum em projetos críticos e atrasados que estão em andamento. Pode até dar certo e você ser eleito o "salvador da pátria", mas pode dar errado e sepultar qualquer chance de transição para o uso de Scrum na empresa.

Escolha da equipe ideal para o projeto piloto

Busque por uma mescla de perfis na equipe. Desde o *Scrum Master* certificado *EXIN Agile Scrum Master* ou PMI-ACP, admiradores e estudiosos de *Scrum* e até mesmo os céticos que adotam o famoso discurso: "quero ver para crer".

Tenha cautela ao selecionar adoradores fanáticos de *Scrum*, aqueles que acreditam que o *Scrum* é a cura para todos os males do gerenciamento de projetos e que a Equipe *Scrum* é uma entidade com vida própria e isolada da empresa. *Scrum* implementado com radicalismos encontrará mais resistência do que apoio dentro da empresa.

Também tenha cautela com os extremamente céticos, aqueles que realmente não acreditam e não farão nada para apoiar a transição. Compartilho um caso de um aluno meu: um dos membros de sua equipe claramente se recusava a contribuir com o processo de transição. Quando meu aluno o chamou para entender a causa da resistência, a resposta foi a seguinte: "usar *Scrum* em um projeto é o mesmo que adotar uma metodologia para construir uma cidade e o resultado final ser uma favela". Com certeza você irá deparar com esse tipo de resistência, e posteriormente abordarei como lidar com isso. Mas em um projeto piloto não é saudável contar com esse tipo de perfil na equipe.

Recrutamento de *coaching* interno ou externo

Caso exista algum membro na empresa com alta experiência em *Scrum*, em vez de utilizá-lo como *Scrum Master* do projeto piloto, use-o como o *coaching* de toda a Equipe *Scrum*, disseminando as práticas e orientando sobre o que deve ser feito e o que deve ser evitado. A grande vantagem do uso de um *coaching* interno é o fato de o *coach* conhecer o ambiente da empresa, identificar rapidamente os apoios e as resistências e entender rapidamente os pontos de melhoria a serem trabalhados.

Se não houver como recrutar esse *coach* dentro da empresa, recrute um *coach* externo. A grande vantagem de um *coach* externo é que ele trará uma visão imparcial, além de sua experiência adquirida com sessões de *coaching* realizadas em outras empresas.

O papel do *coach*, não somente no projeto piloto, mas em toda a empresa, é fornecer treinamento e disseminar as boas práticas para utilização dos papéis, artefatos e técnicas do *Scrum*.

Gerenciamento das expectativas das partes interessadas

Algumas das partes interessadas envolvidas no processo de transição para *Scrum* terão altas expectativas com relação à nova abordagem.

É muito importante entender quais são essas expectativas e gerenciá-las adequadamente.

Uma das expectativas que deve ser gerenciada está relacionada ao progresso da equipe. "Agora eles são ágeis, então podemos mudar de ideia sempre que quisermos, afinal de contas *Scrum* é voltado para mudanças". É necessário ter cautela ao lidar com esse tipo de expectativa. O *Scrum* lida bem com mudanças, mas precisamos entender o impacto dessa mudança.

Repare na figura anterior. A mudança da construção de uma casa térrea para um sobrado significa que o objetivo do projeto original foi alterado. Temos que derrubar o que já foi feito para construir o novo sobrado. Ou seja, existe um custo alto de retrabalho.

Então devemos entender que o *Scrum* lida bem com mudanças que não alteram drasticamente o objetivo do projeto.

Outra expectativa que deve ser gerenciada diz respeito aos prazos dos projetos. É necessário entender e respeitar rigorosamente o conceito de *timebox* das *Sprints*. Se a equipe determinou que cada *Sprint* terá duração de quatro semanas, essas quatro semanas devem ser respeitadas. Não podemos ter uma *Sprint* de quatro semanas e dois dias. Qual a grande vantagem das *Sprints* com duração fixa? A criação de cadência.

Imagine o seguinte exemplo: você está dirigindo em uma estrada em uma velocidade média de 100 km/h. Seu destino está a 500 km do seu ponto de partida. Em quantas horas você chegará ao seu destino? Cinco horas, certo? Por que você conseguiu chegar a essa conclusão? Porque você conduziu sua viagem em uma velocidade cadenciada e constante.

O mesmo conceito vale para estimar o prazo de um projeto com *Scrum*. A cada *Sprint* a equipe consegue entregar uma quantidade média de esforço (que pode ser medida em horas, pontos de função, *story points*) que vamos chamar de velocidade da equipe. Ao dividir o total de esforço do projeto pela velocidade média por *Sprint*, conseguimos identificar a quantidade de *Sprints* previstas para o projeto. Se cada

Sprint tem uma duração fixa, conseguimos comunicar a estimativa de prazo em meses para as partes interessadas do projeto.

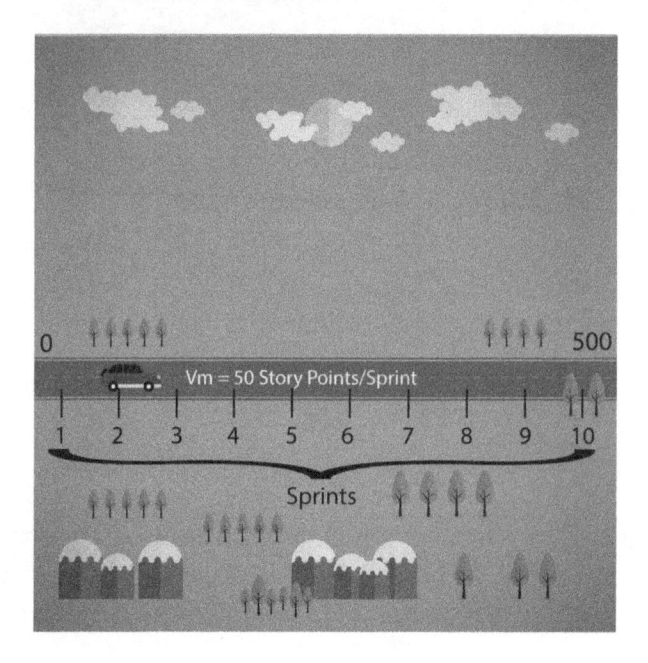

Expectativas negativas também devem ser gerenciadas. Exemplos: "nesse tal de *Scrum* tem reunião todo dia! Será que não é perda de tempo?", "foco em qualidade? Significa fazer muitos testes durante a *Sprint*? Será que vamos entregar menos em cada *Sprint*? Será que não dá para testar tudo na tal de reunião de revisão da *Sprint*?", "será que vamos ter que abolir nosso documento de *business requirement* para utilizar *Scrum*?". Explique os benefícios (grandes!) da reunião diária, mostre como a execução de testes e construção de qualidade durante a *Sprint* evita retrabalhos e custos de não conformidade e esclareça como o *Scrum* pode conviver bem com os processos atuais de documentação.

Por fim, as expectativas sobre o envolvimento das partes interessadas em um projeto *Scrum* também devem ser gerenciadas. É fundamental dar visibilidade ao *Product Owner* e às demais partes interessadas sobre a importância da participação e do *feedback* deles durante a *Sprint* ou durante as reuniões de revisão da *Sprint*.

> **Para que todos os passos sugeridos neste tópico forneçam algum resultado prático é vital que exista a iniciativa e o engajamento das equipes operacionais (bottom-up) com apoio do alto escalão da empresa (top-down). As duas abordagens (bottom-up e top-down) devem caminhar juntas.**

1.3. Selecionando as pessoas para desempenharem os papéis

O *Scrum* mandatoriamente necessita de três papéis para sua perfeita execução: *Scrum Master*, *Product Owner* e Equipe de Desenvolvimento.

Como recrutar esses papéis dentro de sua empresa?

1.3.1 Como recrutar um *Scrum Master* na sua empresa?

Diversas literaturas já dissertaram sobre as características ideais de um *Scrum Master*: *coach*, líder servidor e removedor de impedimentos. Mas existem outras características importantes que também devemos levar em consideração.

Responsável

Deve sempre lutar pelo sucesso do projeto e jamais expor sua Equipe de Desenvolvimento em momentos de crise e problemas. Exemplo: "essa equipe é muito lenta e está pisando muito na bola, pode deixar que eu, como *Scrum Master*, vou dar um jeito nisso". Agora repare a diferença: "entendo sua insatisfação com o assunto, vou entender quais são as nossas dificuldades e juntos vamos trabalhar para resolvê-las". Repare que na primeira situação o *Scrum Master* expõe totalmente a sua equipe e na segunda situação ele reconhece o problema, não expõe a equipe e assume uma postura de parceria para entender e resolver os possíveis problemas junto com a Equipe de Desenvolvimento.

Humilde

Não, ser um *Scrum Master* não vai transformá-lo no "mestre das galáxias da agilidade"! Pouco importa o quanto você conhece de *Scrum* ou de projetos e as diversas certificações que você possui. Dificilmente equipes se engajam por um líder egocêntrico. Casos de *Scrum Master* egocêntricos geralmente resultam na seguinte sentença: "eu garanti o sucesso do projeto, nós tivemos algumas dificuldades e eles fizeram tudo errado". Um bom *Scrum Master* deve praticar a arte do desapego e reconhecer que tanto o sucesso quanto o fracasso de um projeto são de toda a Equipe *Scrum*.

Colaborativo

Deve trabalhar por um ambiente onde as pessoas colaborem umas com as outras. Como o *Scrum Master* deve ser o ponto de referência do restante da Equipe *Scrum*, o espírito colaborativo deve começar com ele. Com a condução do *Scrum Master*, as discussões ou conflitos sobre ideias devem resultar em um trabalho de colaboração e consenso entre o restante da Equipe *Scrum*.

Comprometido

O *Scrum Master* deve estar 101% comprometido com o projeto e com o restante da Equipe *Scrum*. Nem sempre um *Scrum Master* estará 100% dedicado ao projeto (principalmente em estruturas matriciais), mas jamais deve deixar suas atribuições de *Scrum Master* de lado. Se sua Equipe de Desenvolvimento tem um impedimento, entenda o que precisa ser feito para removê-lo. Se, na sua ausência, o gerente funcional interferir no trabalho da sua equipe com o famoso: "já que o Vitor não está aqui, dá para atuar 33,5% do seu tempo em outro assunto?", blinde sua equipe. Volte para o departamento ou telefone para o gerente funcional e explique como essas interrupções podem ser nocivas para a Equipe de Desenvolvimento e para o projeto que está em andamento. Alguns impedimentos são mais trabalhosos e demorados para serem removidos. Lembro-me de um caso específico em que eu precisava de mais um profissional na Equipe de Desenvolvimento para suprir uma lacuna técnica que existia. Levei uma semana inteira para convencer o gerente funcional de que era necessário contratar mais uma pessoa para integrar a Equipe de Desenvolvimento.

Influente

Costumo dizer que um bom *Scrum Master* deve ser um ótimo político. Ele deve ser influente para motivar a Equipe de Desenvolvimento, para trabalhar em harmonia com o *Product Owner*, para disseminar o *Scrum* por toda a empresa, para ter acesso às pessoas certas nos momentos de dificuldades ou impedimentos que precisam ser escalados, para convencer o gerente funcional a liberar membros de sua equipe para integrar a Equipe de Desenvolvimento, para conter as interrupções do gerente funcional na Equipe de Desenvolvimento, para engajar equipes que não estão envolvidas diretamente no projeto (exemplo: área de testes, infraestrutura, marketing, etc.) e, principalmente, ser influente para combater resistências ao *Scrum*.

Conhecimentos técnicos e de negócio

O *Scrum Master*, além de profundo conhecedor e especialista do *Scrum*, deve também ter um bom embasamento técnico acerca do que está sendo desenvolvido. Isso não significa que ele deva ter o mesmo nível de conhecimento técnico da Equipe de Desenvolvimento. Por exemplo, se a Equipe de Desenvolvimento estiver utilizando a linguagem Java para desenvolver o produto, o *Scrum Master* não precisa ser um especialista sênior, mas deve possuir alguma noção de Java. Outro exemplo: o *Scrum Master* de um projeto de engenharia deve conhecer aspectos técnicos do projeto, mas não necessariamente ser o engenheiro-chefe do projeto. Com esses conhecimentos técnicos, o *Scrum Master* consegue apoiar melhor a Equipe de Desenvolvimento, além de gerar uma relação de confiança melhor ainda entre si e a Equipe de Desenvolvimento.

O conhecimento de negócio também é muito importante para que o *Scrum Master* apoie, ou até mesmo revise ou questione, a estratégia utilizada pelo *Product Owner* para definir o escopo do produto. O *Scrum Master*, tendo conhecimento de negócios, pode ajudar o *Product Owner* a identificar as funcionalidades mais importantes, as irrelevantes, oportunidades de versões de entrega/*releases* antecipadas, além de sempre revisar se o projeto continua alinhado com os objetivos estratégicos da empresa.

Repare que um bom *Scrum Master* deve ser forte em ferramentas e técnicas, liderança e estratégia de negócios. Esta é uma tendência cada vez mais forte no mundo do gerenciamento de projetos. O PMI (*Project Management Institute*) define essa tendência como Triângulo de Talentos (vide figura a seguir).

Definidas as características e competências necessárias para assumir o papel de *Scrum Master*, vamos entender como encaixar os papéis/perfis atuais da empresa no papel de *Scrum Master*. Podemos considerar como opções:

- Um líder técnico.
- O membro mais influente da equipe.
- O membro com mais conhecimento sobre a área de negócio do projeto que será desenvolvido.
- Um gerente de projetos do escritório de gerenciamento de projetos.
- Um gerente funcional.
- Um consultor externo.

Quais as vantagens e desvantagens de cada opção?

Líder técnico:
- **Vantagens:**
    - Ajudar a equipe com possíveis impedimentos técnicos.
    - Treinar a equipe em boas práticas de desenvolvimento.
    - Ser visto como referência técnica e inspirador da equipe.
- **Desvantagens:**
    - Tendência a determinar como o produto do projeto deve ser desenvolvido.
    - Tendência a querer participar da Equipe de Desenvolvimento para acelerar os trabalhos, em vez de fornecer *coaching* e apoio técnico à equipe.
    - Dificuldade de exercer habilidades interpessoais (*soft skills*) para influenciar, motivar e liderar toda a Equipe *Scrum*;
    - Dificuldade de trabalhar com pessoas que possuem ritmo ou metodologia diferente.

Membro influente:
- **Vantagens:**
    - Ter um bom canal de comunicação com o restante da Equipe *Scrum*.
    - Usar sua influência para remover impedimentos mais graves e negociar com outras áreas e equipes da empresa.
    - Conquistar rapidamente a confiança do restante da Equipe *Scrum*.
- **Desvantagens:**
    - Pode usar sua influência em benefício próprio e não em benefício do projeto e do restante da Equipe *Scrum*.
    - Risco de ter influência, porém conhecer pouco sobre o produto do projeto e seus aspectos técnicos.

Membro com domínio de negócio:
- **Vantagens:**
    - Ser um ótimo conselheiro e apoiador do *Product Owner* na estratégia de elaboração do *Product Backlog* e das versões de entrega/*releases*.

- ✓ Ajudar a Equipe de Desenvolvimento a obter um melhor entendimento das necessidades e expectativas do *Product Owner*.
- ✓ Ser um bom mediador nos casos de conflito entre *Product Owner* e Equipe de Desenvolvimento com relação ao entendimento dos requisitos do *Product Backlog*.

➤ **Desvantagens:**
- ✓ Pode tender a apoiar mais o *Product Owner* do que a Equipe de Desenvolvimento.
- ✓ Atuar como um "acelerador" da Equipe de Desenvolvimento, pensando mais como um *Product Owner* (que deseja ver o resultado da entrega da *Sprint*) do que como um *Scrum Master* (líder, *coach*, removedor de impedimentos).
- ✓ Conhecer pouco do aspecto técnico do produto, não contribuindo para a remoção de impedimentos técnicos da equipe.

Gerente de projetos:

➤ **Vantagens:**
- ✓ Conhecimento de ferramentas e técnicas do gerenciamento de projetos.
- ✓ Preocupação com todas as possíveis áreas de conhecimento envolvidas em um projeto: integração, escopo, tempo, custo, qualidade, recursos humanos, comunicação, riscos, aquisições e partes interessadas.
- ✓ Experiência na liderança e condução de equipes.

➤ **Desvantagens:**
- ✓ Tendência a atuar como um controlador de tarefas questionando a Equipe de Desenvolvimento sobre o andamento das tarefas e prazos.
- ✓ Tendência a introduzir conceitos de caminho crítico dentro das tarefas das *Sprints*, sendo que a própria *Sprint* é o caminho crítico. Se uma *Sprint* não atingir seu objetivo, isso pode acarretar o aumento da quantidade de *Sprints* previstas para o projeto.
- ✓ Determinar o que deve ser feito e quem deve fazer, tirando a autonomia de execução da Equipe de Desenvolvimento.
- ✓ Sobrecarregar-se com outras variáveis do projeto que estão fora do domínio do *Scrum*. Exemplo: custos, aquisições, elaboração de relatórios, cronogramas e *templates* predeterminados.

Gostaria de fazer alguns comentários com relação à figura do gerente de projetos dentro do *Scrum*. Este é um dos pontos mais polêmicos do *Scrum* e que gera intermináveis discussões. Os agilistas mais radicais pregam que o gerente de projetos atrapalha o "autogerenciamento" da equipe e os opositores de *Scrum* dizem que é fundamental ter um gerente de projetos no *Scrum*, senão o projeto fica sem controle e não termina nunca, uma vez que as Equipes *Scrum* pregam que o "valor deve ser entregue, pouco importando custo e prazo". Perceba como o radicalismo de ambas as partes gera conceitos totalmente distorcidos.

O fato é que todo projeto tem um orçamento, todo projeto tem restrições, todo projeto gera expectativa nas partes interessadas, todo projeto precisa ter uma estimativa de prazo; logo, todas essas variáveis precisam ser gerenciadas. Gerente de projetos e *Scrum Master* são papéis diferentes que se complementam e possuem muitas coisas em comum. Um *Scrum Master* pode ser também o gerente do projeto, caso ele não se sobrecarregue, e vice-versa.

"Vitor, e se houver sobrecarga?"

Simples: tenha duas pessoas diferentes para cada papel!

"Vitor, *Scrum Master* e gerente de projetos em um projeto *Scrum*? Mas isso não é *Scrum*!"

Evite radicalismos e enxergue a possibilidade de o gerente de projetos ser o grande facilitador e removedor de impedimentos de toda a Equipe *Scrum*. Porém, para que essa abordagem funcione bem, o gerente de projetos deve tomar cuidado para não adotar os comportamentos descritos como desvantagens.

A seguir, exemplo do conceito do gerente de projetos blindando toda a Equipe *Scrum*, definido como "*Sprint* blindada" por Fábio Cruz:

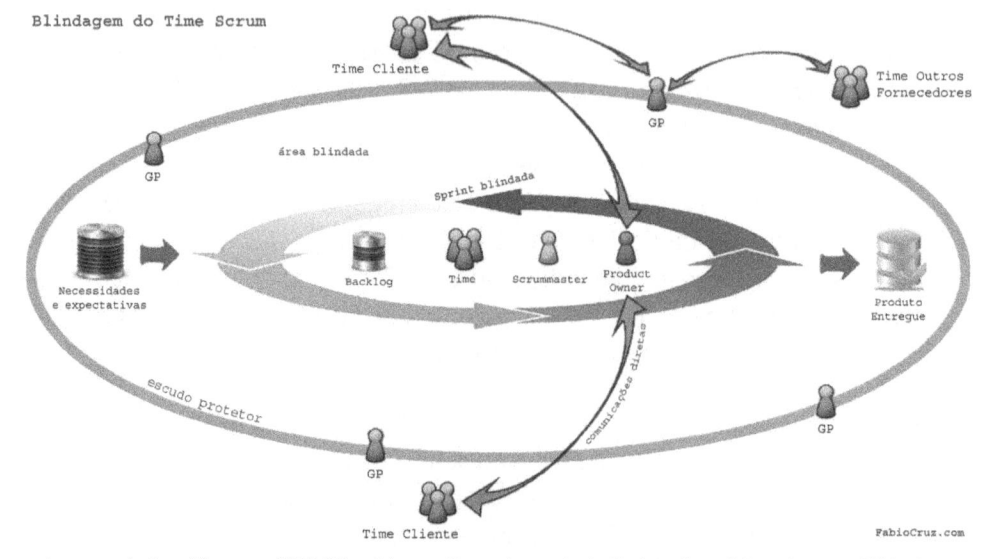

Imagem do livro "Scrum e PMBOK unidos no Gerenciamento de Projetos", cedida pelo autor Fábio Cruz.

Gerente funcional:
- **Vantagens:**
    - ✓ Conhecer bem o perfil da Equipe de Desenvolvimento e saber como extrair o melhor de cada membro.
    - ✓ Ter poder e influência para a remoção de impedimentos mais graves apontados pela Equipe de Desenvolvimento.
    - ✓ Ter poder e influência para negociar a liberação de outros membros da Equipe de Desenvolvimento com seus respectivos gerentes funcionais.
    - ✓ Ter a autonomia de contratar novos membros caso a Equipe de Desenvolvimento identifique alguma lacuna técnica.
- **Desvantagens:**
    - ✓ A Equipe de Desenvolvimento continuar enxergando-o como o "chefe" e não como o *Scrum Master* líder e facilitador da equipe, que, dessa forma, poderá não se sentir confortável em compartilhar problemas e impedimentos, ocultando-os.
    - ✓ Atuar mais como "chefe" do que como *Scrum Master*, tirando a autonomia da Equipe de Desenvolvimento e determinando o que cada membro da equipe tem que fazer.
    - ✓ Por estar envolvido com outras atribuições de seu cargo, não ter a disponibilidade de tempo necessária para atuar como um bom *Scrum Master* que a Equipe *Scrum* precisa.
    - ✓ Pode tender a apoiar mais a Equipe de Desenvolvimento do que o *Product Owner*.

Consultor externo:
- **Vantagens:**
    - ✓ Ter uma experiência madura em *Scrum* e não ser somente o *Scrum Master* da Equipe *Scrum*, mas também um *coach* para orientar o restante da empresa na transição para *Scrum*.
    - ✓ Pode ajudar na formação de novos *Scrum Masters* dentro da empresa.
    - ✓ Mitiga o risco de insucesso, no caso de um projeto crítico em uma empresa com pouca maturidade em *Scrum*.
    - ✓ Ter visão imparcial sobre o projeto, os processos e as políticas da empresa.
- **Desvantagens:**
    - ✓ Ter pouca autonomia e influência no projeto.
    - ✓ Pode não ser aceito pelo restante da Equipe *Scrum*.
    - ✓ Pode não conhecer o produto desenvolvido e a tecnologia empregada.
    - ✓ Não garante que, após a sua saída, bons *Scrum Masters* foram formados para conduzir projetos futuros.

1.3.2. Como recrutar as Equipes de Desenvolvimento na sua empresa?

A Equipe de Desenvolvimento é composta pelas pessoas que serão responsáveis pelo desenvolvimento do produto. São elas que determinarão quais tarefas serão necessárias para transformar os requisitos do *Product Backlog* em potenciais incrementos do produto.

Vamos revisar alguns conceitos muito citados em diversas bibliografias de gerenciamento ágil e *Scrum* para reforçar algumas características muito importantes de uma boa Equipe de Desenvolvimento:
- Auto-organizada.
- Multifuncional.
- Jamais negocia qualidade.
- Recomenda-se de três a nove integrantes.

Auto-organizada

Uma equipe auto-organizada é aquela que sabe o que fazer e como deve ser feito, sem depender de uma "voz" de comando para tal. Em outras palavras, é uma equipe que precisa mais de um líder, um facilitador e um *coach* (alguém pensou em *Scrum Master*?) do que um chefe.

"Vitor, mas é muito difícil encontrar pessoas assim! Se eu não ficar no pé da minha equipe, as coisas simplesmente não acontecem!"

Sim, realmente é muito difícil começar uma equipe com pessoas que possuem esse perfil. Por isso a função do *Scrum Master* como líder *coach* é muito importante para ajudar a equipe a chegar em um alto nível de maturidade em auto-organização.

No Capítulo 2 explorarei algumas técnicas para formação de equipes auto-organizadas.

Multifuncional

É muito importante que a equipe seja composta por todas as disciplinas técnicas necessárias para a entrega do produto. Usando como exemplo um projeto de TI: programador Java, programador .Net, analistas, testadores, DBAs, arquitetos. Muitas pessoas confundem equipe multifuncional com equipe generalista, perfil onde todos fazem um pouco de tudo. Equipe generalista não é uma característica-chave de uma Equipe de Desenvolvimento *Scrum*.

Jamais negocia qualidade

A Equipe de Desenvolvimento deve sempre se posicionar contra negociação de qualidade, não importando de onde vem a pressão. A equipe jamais deve abrir mão de testes, de embutir qualidade no desenvolvimento e de trabalhar em ritmos sustentáveis.

Recomenda-se de cinco a nove integrantes

Para uma equipe auto-organizada funcionar adequadamente devemos ter um número limitado de pessoas integrando a Equipe de Desenvolvimento, visando manter a eficácia na comunicação.

A eficácia na comunicação em um projeto *Scrum* é um fator crítico para o sucesso do projeto. Revisando a fórmula de canais de comunicação em projetos, conforme quadro a seguir:

Canais de comunicação = (N * (N-1)) / 2
N = Quantidade de membros da Equipe de Desenvolvimento

Logo, para uma equipe de cinco pessoas temos:

Canais de comunicação = (5 * 4) / 2 = 10

E para uma equipe de nove pessoas temos:

Canais de comunicação = (9 * 8) / 2 = 36

Ou seja, em uma equipe de nove pessoas a comunicação se torna mais complexa que a comunicação em uma equipe de cinco pessoas, mas ainda assim é algo administrável.

Agora vejamos uma equipe de cem pessoas:

Canais de comunicação = (100 * 99) / 2 = 4.950

Dá para imaginar uma equipe de cem pessoas trabalhando de forma auto-organizada, eficaz e produtiva com quase cinco mil canais de comunicação?

Não existe um consenso certo para a quantidade de integrantes em uma Equipe *Scrum*. Algumas literaturas defendem uma quantidade máxima de nove integrantes, outras defendem 12, outras chegam a sugerir até 15 integrantes. A minha mais sincera sugestão:

> **Componha a sua Equipe de Desenvolvimento com a quantidade adequada de pessoas e habilidades necessárias para entregar valor dentro de cada Sprint, mantendo sempre a comunicação eficaz, mas preferencialmente comece com equipes pequenas.**

"Vitor, por que começar com equipes pequenas?"

Porque algumas vantagens poderão ser obtidas, tais como:
- Evitar posturas de falta de comprometimento. Por exemplo: "isso não é comigo, vou deixar o Vitor fazer".
- Melhor interatividade e construção de confiança entre os membros da equipe, devido à menor quantidade de canais de comunicação.
- Menor tempo gasto com esforço para coordenação dos trabalhos.
- Maior participação em discussões e atividades em grupo.
- As contribuições são mais visíveis e significativas.
- Uma prejudicial superespecialização de um membro torna-se mais difícil de ocorrer, uma vez que os membros compartilham conhecimento a todo momento.

As características da Equipe de Desenvolvimento abordadas costumam trazer algumas questões à tona:
- Nossa Equipe de Desenvolvimento possui programadores seniores e juniores. Isso é bom ou devemos compor as equipes com um perfil mais sênior?
- Nossa Equipe de Desenvolvimento não é composta pelos especialistas de negócio necessários. O que devemos fazer?
- É melhor compor uma Equipe de Desenvolvimento homogênea ou heterogênea?
- Como compor a Equipe de Desenvolvimento quando é necessário envolver outras áreas da empresa como infraestrutura, arquitetura e garantia da qualidade (QA)?
- Como compor a Equipe de Desenvolvimento quando é preciso recrutar pessoas que se reportam a gerentes funcionais que não estão envolvidos no projeto?

- Sou analista de sistemas e passo uma especificação funcional para um programador. Como isso vai funcionar no *Scrum*?
- Sou programador. Como vou receber a especificação funcional?
- Sou responsável por testes. Quando posso fazer testes dentro de uma *Sprint*?
- O *Scrum Master* pode fazer parte da Equipe de Desenvolvimento?
- Temos uma área de UX (*User Experience*). Como ela se integra com a Equipe de Desenvolvimento?
- A Equipe de Desenvolvimento é uma fábrica externa. Dá para usar *Scrum*?
- Temos uma Equipe de Desenvolvimento de cem pessoas e gostaríamos de começar a usar *Scrum*. Realmente não dá certo? *Scrum* funciona somente para projetos com equipes pequenas?
- A Equipe de Desenvolvimento está espalhada pelo mundo: parte no Brasil, parte no Canadá e parte na Índia. Dá para usar *Scrum*?

Vamos às respostas.

Nossa Equipe de Desenvolvimento possui programadores seniores e juniores. Isso é bom ou devemos compor as equipes com um perfil mais sênior?
Isso é ótimo! É uma grande chance de nivelar os conhecimentos técnicos tanto dos juniores quanto dos seniores. Os seniores possuem a experiência e conhecem os atalhos. Os juniores possuem a garra e os conhecimentos técnicos recém-aprendidos e querem colocar logo em prática. O *Scrum Master* tem uma importância muito grande no nivelamento técnico de Equipes de Desenvolvimento com este perfil, fazendo um bom trabalho de *coaching* e *mentoring* que será abordado no Capítulo 2. Além do mais, o nível de conhecimento técnico será de extrema importância para medirmos o grau de incerteza das estimativas, que será abordado no Capítulo 3.

Nossa Equipe de Desenvolvimento não é composta pelos especialistas de negócio necessários. O que devemos fazer?
Aceite que nem sempre é possível reunir todos os especialistas de negócio necessários em uma única Equipe de Desenvolvimento. Talvez alguns estejam envolvidos em outros projetos ou conduzindo outras atividades críticas para a empresa. O *Scrum Master* novamente tem um papel muito importante em Equipes de Desenvolvimento com este perfil, também usando *coaching* e *mentoring* para nivelar o conhecimento de negócio da Equipe de Desenvolvimento. Assim como o conhecimento técnico, o conhecimento de negócio tem influência direta na hora de medir o grau de incerteza das estimativas, que será abordado no Capítulo 3.

É melhor compor uma Equipe de Desenvolvimento homogênea ou heterogênea?
Depende. Uma Equipe de Desenvolvimento homogênea pode entrar em consenso de forma mais rápida, mas corre o risco de não considerar todas as opções para tomada de decisão. Por sua vez, uma Equipe de Desenvolvimento heterogênea promove mais discussões, analisa mais alternativas, mas corre o risco de ficar elucubrando em vez de tomar as decisões.

Como compor a Equipe de Desenvolvimento quando é necessário envolver outras áreas da empresa como infraestrutura, arquitetura e garantia da qualidade (QA)?
O ideal é ter algum representante das áreas como membro da Equipe de Desenvolvimento, mesmo que não seja em tempo integral durante as *Sprints*. A participação desses integrantes durante as reuniões de planejamento, revisão e retrospectiva das *Sprints* é muito importante para que eles saibam o que está sendo esperado deles e também para que eles forneçam subsídios para o trabalho do restante da Equipe de Desenvolvimento. Se também conseguirem participar da reunião diária, os ganhos serão maiores ainda. O conceito de *DevOps*, que será abordado no Capítulo 5, está totalmente relacionado com esta forma colaborativa de trabalho entre desenvolvedores e operação.

Como compor a Equipe de Desenvolvimento quando é preciso recrutar pessoas que se reportam a gerentes funcionais que não estão envolvidos no projeto?
Isso ocorre frequentemente em estruturas matriciais. Adequando o conceito de estruturas matriciais descrito no *PMBOK® Guide* para uma empresa que adotou ou está adotando o *Scrum*:

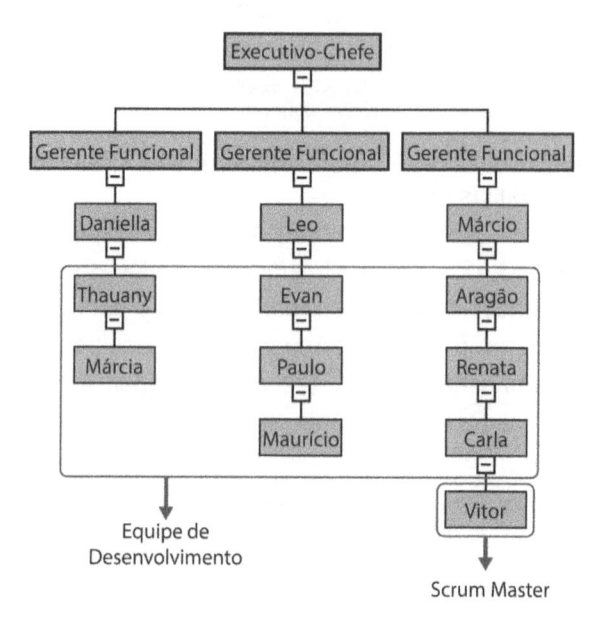

Neste caso, o *Scrum Master* tem pouca autonomia com outros gerentes funcionais e possivelmente é um líder técnico que se reporta a um gerente funcional.

O *Scrum Master* deve solicitar ao seu gerente funcional que negocie a liberação dos outros membros da Equipe de Desenvolvimento com os seus respectivos gerentes funcionais. Se o projeto possui um gerente de projetos, ou mesmo um *Product Owner* com poder, influência e habilidades interpessoais para conduzir essas liberações, solicita ajuda a eles!

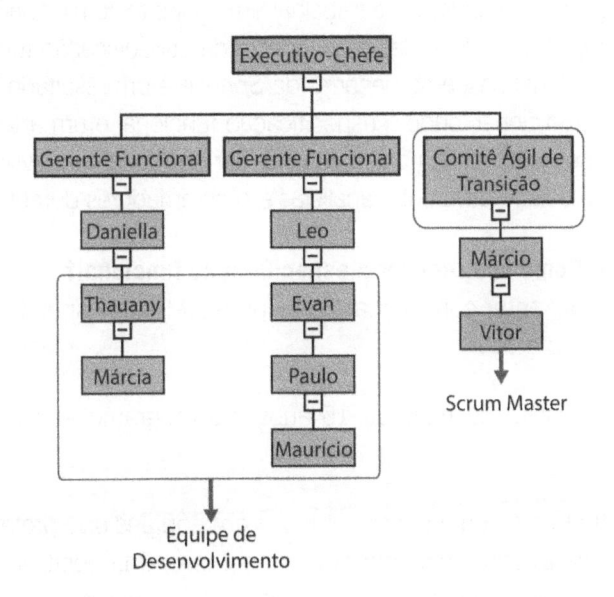

No caso da figura anterior, o *Scrum Master* possui autonomia para o recrutamento de recursos. Possivelmente está respaldado pelo CAT (Comitê Ágil de Transição) ou pela CM (Comunidade de Melhorias) e possui influência e habilidades interpessoais para negociar a liberação dos membros com seus respectivos gerentes funcionais.

Em ambas as estruturas é necessário que o *Scrum Master* atente para dois pontos:
- **Definir qual será a disponibilidade dos membros durante a *Sprint*.** Exemplo: Evan poderá dedicar sessenta horas ideais (úteis) em uma *Sprint* de quatro semanas (aproximadamente 160 horas corridas). Nas demais horas, Evan deve atuar em demandas de seu gerente funcional.
- **Blindar os membros da Equipe de Desenvolvimento contra possíveis interrupções de seus respectivos gerentes funcionais.** Exemplo: ficou acordado que Evan iria trabalhar sessenta horas ideais (úteis) por *Sprint*, mas seu gerente funcional constantemente solicita trabalhos adicionais que estão impactando nas horas inicialmente acordadas. Neste caso, o *Scrum Master* deve ter uma

conversa com o gerente funcional, solicitando que cessem as interrupções ao trabalho de Evan nas sessenta horas ideais acordadas em que ele estaria trabalhando na Equipe *Scrum*.

Sou analista de sistemas e passo uma especificação funcional para um programador. Como isso vai funcionar no Scrum?
Neste caso temos uma grande quebra de paradigma do modelo tradicional de desenvolvimento. Tanto o analista de sistemas quanto o programador fazem parte da Equipe de Desenvolvimento. O programador deve trabalhar em conjunto com o analista de sistemas para entendimento, construção e desenvolvimento da especificação funcional, ou seja, a especificação funcional nasce no decorrer da *Sprint* e é um resultado dela. Diferentemente do modelo tradicional, onde a especificação funcional é um artefato de entrada para o início do desenvolvimento, no *Scrum* pode ser um documento vivo que vai sendo elaborado de forma colaborativa entre analistas e programadores durante as *Sprints*.

Sou programador. Como vou receber a especificação funcional?
Não vai receber. Vai sentar com o analista responsável pela especificação funcional e trabalhar em quatro mãos.

"Vitor, eu trabalho assim há mais de 15 anos. Só programo aquilo que o analista manda fazer".

Esse tipo de postura está com os dias contados em equipes que pretendem adotar o *Scrum*. A Equipe de Desenvolvimento deve ter sempre uma postura proativa perante o projeto e não ficar esperando por especificações funcionais, *business requirements, scope statements* e afins.

Possivelmente você irá deparar com esse tipo de postura no seu processo de transição para o *Scrum* e no Capítulo 2 entenderá melhor como lidar com resistências.

Sou responsável por testes. Quando posso fazer testes dentro de uma *Sprint*?
A qualquer momento. É muito importante que responsáveis por testes também façam parte da Equipe de Desenvolvimento, participando de todas as reuniões das *Sprints* (planejamento, diária, revisão e retrospectiva). O ideal é que o(s) testador(es) já inicie(m) seus trabalhos a cada pequena parte finalizada.

Uma observação muito importante referente às três últimas perguntas é que devemos evitar transformar as Sprints em miniprojetos "cascata" (waterfall), onde temos fases sequenciais de análise, desenvolvimento, testes e homologação. Essas fases devem preferencialmente correr em paralelo, conforme figura a seguir:

MODO ERRADO

- Análise
- Desenvolvimento
- Testes
- Homologação

Sprint

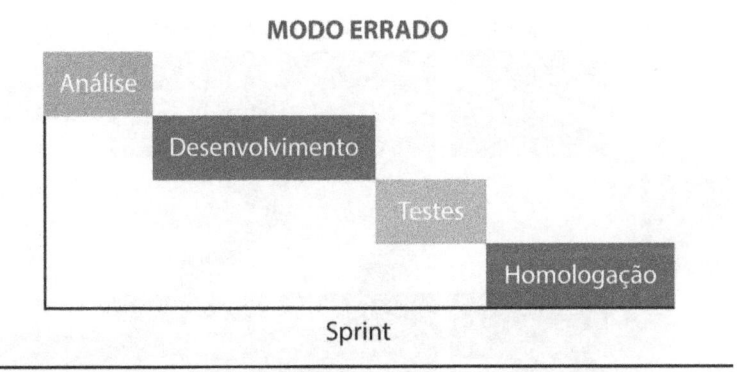

MODO CORRETO

- Análise
- Desenvolvimento
- Testes
- Homologação

Sprint

O *Scrum Master* pode fazer parte da Equipe de Desenvolvimento?
Não é muito recomendado, pois podem acontecer situações onde a Equipe de Desenvolvimento ou mesmo o *Product Owner* necessitam da ajuda do *Scrum Master* e a resposta será: "agora não posso, estou ocupado finalizando o desenvolvimento do componente de vendas". Isso geralmente ocorre em Equipes de Desenvolvimento muito pequenas ou quando o projeto está em uma etapa crítica com relação a prazo e custo. Evite essa situação.

Temos uma área de UX (*User Experience*). Como ela se integra com a Equipe de Desenvolvimento?
Aqui há outra quebra de paradigma sobre a forma tradicional de trabalho das áreas de UX. O design não precisa ser todo definido no início do projeto, pois ele pode ser definido de forma incremental, iterativa e emergente. Enquanto a Equipe de Desenvolvimento trabalha em uma *Sprint*, a equipe de UX já está trabalhando na coleta de requisitos de design para a *Sprint* seguinte, conforme modelo definido na figura a seguir:

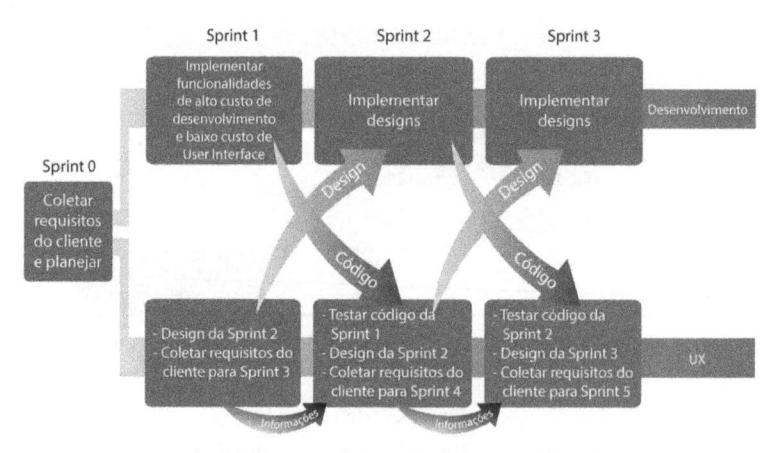

Traduzido e adaptado de Succeeding With Agile – Mike Cohn

"Vitor, mas não corremos o risco de retrabalho?"

Sim, mas esse risco também existe em uma abordagem tradicional, onde toda a arquitetura e todo o design são definidos no início do projeto (*upfront planning*). Na abordagem tradicional, normalmente, esses retrabalhos são identificados ao final do projeto e geralmente impactam em prazo, custo ou qualidade. Na abordagem ágil, os retrabalhos são pequenos e realizados em curtos intervalos de tempo, garantindo uma arquitetura mais confiável e um design entregue que atenderá às expectativas das partes interessadas.

Na figura a seguir, uma diferença entre os retrabalhos gerados em uma abordagem tradicional e os retrabalhos gerados em uma abordagem ágil.

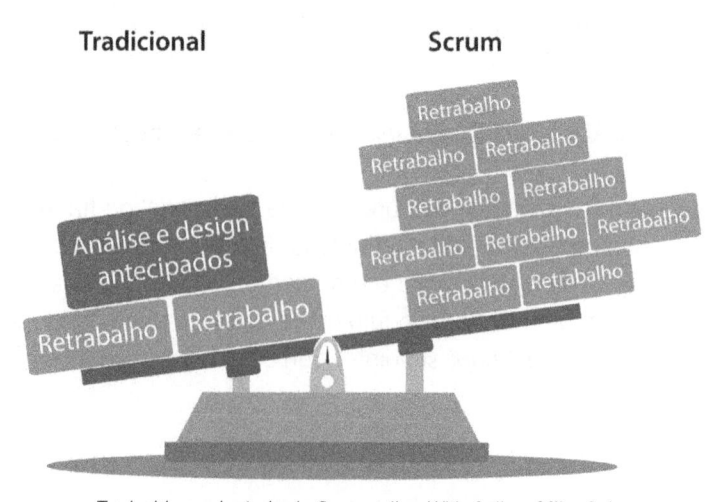

Traduzido e adaptado de Succeeding With Agile – Mike Cohn

A Equipe de Desenvolvimento é uma fábrica externa. Dá para usar Scrum?
Sim, desde que as regras do jogo estejam claras desde o começo. Para isso algumas perguntas precisam ser respondidas:
- O *Scrum Master* da Equipe *Scrum* é um membro da fábrica externa ou um membro do cliente?
- A Equipe de Desenvolvimento tem acesso livre ao *Product Owner* ou é necessária a intervenção de alguém na comunicação?
- Qual será a dinâmica das reuniões onde devem participar toda a Equipe *Scrum*?
- Qual tipo de contrato está definido? O contrato é por *Sprint*? É preço fixo por uma quantidade estimada de *Sprints*?

No Capítulo 4 explorarei melhor essa questão da utilização de *Scrum* na relação entre empresa e fornecedor.

Temos uma Equipe de Desenvolvimento de cem pessoas e gostaríamos de começar a usar *Scrum*. Realmente não dá certo? *Scrum* funciona somente para projetos com equipes pequenas?
Não. Podemos trabalhar em *Scrum* com grandes equipes também, mas quebrando-as em pequenas células auto-organizadas de até nove integrantes. No Capítulo 4 abordarei *Scrum* em projetos com grandes equipes.

A Equipe de Desenvolvimento está espalhada pelo mundo: parte no Brasil, parte no Canadá e parte na Índia. Dá para usar Scrum?
Sim. A comunicação sem dúvida alguma fica mais complexa e é necessário um alto investimento em ferramentas de tecnologia de comunicação.

1.3.3. Como recrutar um *Product Owner* na sua empresa?

O *Product Owner* é um dos papéis mais críticos do *Scrum*, uma vez que é responsável por definir:
- **Visão do produto:** "vamos construir um novo modelo de aparelho celular com bateria durável".
- **Fronteiras do produto:** "tenho em mente que o produto terá como principais características: ligação/recebimento de chamadas, velocidade, durabilidade de bateria e desbloqueio por leitura ocular".
- **Premissas e restrições:** "assumiremos que se trata de um produto inovador que as pessoas não estão esperando (premissa), portanto corremos o risco de o produto não emplacar. O prazo para lançamento é 1º de dezembro para

sermos a novidade e o diferencial do mercado de celulares nas vendas do Natal".

Antes de explorar os perfis, as responsabilidades e as características do papel do *Product Owner*, vamos entender as diferenças entre o modo tradicional de fazer gestão de produtos e o modo ágil proposto através do *Scrum*, conforme a tabela a seguir definida por Roman Pichler:

Modo tradicional	Modo ágil
Vários papéis, como marqueteiro de produto, gerente de produtos e gerente de projetos, compartilham a responsabilidade para dar vida ao projeto.	Uma pessoa (*Product Owner*) se encarrega do produto e lidera o projeto.
Os gerentes de produtos ficam separados das Equipes de Desenvolvimento por processo, departamento e limites de local.	*Product Owner* é o membro da Equipe *Scrum* que trabalha com o *Scrum Master* e a equipe de forma contínua.
Extensa pesquisa de mercado, planejamento de produto e análise de negócios são executados logo no início.	É feito um pequeno trabalho inicial para criar uma visão que descreva aproximadamente como o produto será e funcionará.
Descoberta e definição do produto logo no início: requisitos são detalhados e congelados desde cedo.	A descoberta do produto é um processo contínuo; nele, os requisitos surgem. Não há uma fase de definição nem especificação de requisitos de mercado ou de produto. O *Product Backlog* é dinâmico e seu conteúdo evolui com base no *feedback* do cliente e do usuário.
O *feedback* do cliente é recebido mais tarde, no teste de mercado e após o lançamento do produto.	Versões de entrega/*releases* antecipadas e frequentes, junto com reuniões de revisão da *Sprint*, geram *feedback* valioso do cliente e do usuário, o que ajuda a criar um produto que os clientes amam.

Podemos ter três perfis de *Product Owner*:

A "voz do cliente"/"funil"

Geralmente é uma pessoa responsável por capturar necessidades e expectativas do cliente e das partes interessadas envolvidas no produto, identificar os requisitos que realmente trarão valor ao produto e descartar os requisitos desnecessários ou irrelevantes ao produto. Costumo chamar este perfil de "funil", pois o desafio é filtrar os desejos das partes interessadas, retendo somente o que entregará real valor ao produto.

O "dono do produto"

Geralmente é o criador e patrocinador do projeto, responsável pela criação do produto. Possui forte autonomia para tomada de decisões e geralmente ocupa um cargo hierárquico alto (exemplos: gerente de produtos, CEO).

"Proxy"

Similar ao perfil "voz do cliente", mas com um grande desafio. Seus clientes e partes interessadas fazem parte do mercado consumidor, ou seja, o grande público. Como capturar necessidades e expectativas de um público que está totalmente externo à empresa? Neste caso é necessário realizar vários *benchmarkings* e diversas pesquisas de mercado para garantir que o produto lançado atenda às necessidades e expectativas do consumidor.

Além de definir a visão e as fronteiras do produto, premissas e restrições, o *Product Owner* também é responsável por:
➢ Definir e priorizar os requisitos do produto (*Product Backlog*).

	Requisito
1	IDENTIFICAR NO NÍVEL CERTIFICADOS (ACSEL) CASOS QUE NÃO POSSUEM VALIDAÇÃO DE CARTÃO PROPOSTA
2	INFORMAR NO CAMPO «MOTIVO LIBERAÇÃO/DECLÍNIO» AS ACEITAÇÕES AUTOMÁTICAS
3	INFORMAR NO CAMPO «MOTIVO LIBERAÇÃO/DECLÍNIO» AS ACEITAÇÕES POR REATIVAÇÃO TÉCNICA
4	PERMITIR IMPORTE DE ARQUIVO (FORMATO PDF OU DOC) NA REATIVAÇÃO DE SEGURADO
5	EXIBIR INDICATIVO DE SEGURADOS ACEITO COM A CONDIÇÃO/CAPITAL ANTERIOR NO RELATÓRIO DE FATURAMENTO
6	FLAG PARA SELECIONAR MAIS DE UM SEGURADO PARA REATIVAÇÃO
7	AJUSTAR INFORMAÇÃO DO CAMPO DE COMPETÊNCIA NA TELA DE REATIVAÇÃO
8	EXIBIR LEGENDA NA TELA DE DECLINADOS PARA ENTENDIMENTO DO PROCESSO DE REATIVAÇÃO
9	AJUSTAR REGRA PARA ANÁLISE DE IMPORTE DE IMPLANTAÇÃO (CASOS DE ENCAMPAÇÃO)
10	AJUSTAR VALIDAÇÃO DA CRÍTICA 45 E 46 QUANDO O SEGURADO JÁ POSSUI O CAPITAL MÁXIMO DA APÓLICE
11	APÓLICES ELEGÍVEIS PARA FOLLOW DE FATURAMENTO
12	VALIDAÇÃO DE APÓLICES NOVAS OU MIGRADAS DE BOLETO EM BRANCO PARA INFORMAÇÃO
13	VALIDAÇÃO DE APÓLICES VENCIDAS - PENDENTE DE RENOVAÇÃO
14	VALIDAÇÃO DE CRONOGRAMA DE FATURAMENTO
15	ENVIAR E-MAILS AO CORRETOR INFORMANDO SOBRE O PRAZO DE FATURAMENTO
16	IMPORTAÇÃO DE ARQUIVO ANTES OU DURANTE O FOLLOW
17	EMISSÃO AUTOMÁTICA COM BASE NO FATURAMENTO ANTERIOR
18	PERMITIR QUE O CORRETOR AUTORIZE O FATURAMENTO COM BASE NO MOVIMENTO ANTERIOR
19	STATUS DE FATURAMENTO NO CORPORATE
20	IMPORTAÇÃO APÓS EMISSÃO AUTOMÁTICA
21	SOLICITAÇÃO DE CANCELAMENTO
22	ALTERAÇÃO DO PRAZO DE VALIDAÇÃO DO CARTÃO PROPOSTA PARA 6 MESES
23	REFATURAMENTO DE PARCELA RENOVADA PELO CORPORATE
24	LIBERAÇÃO AUTOMÁTICA DA CRÍTICA 84 - SEGURADO PERTENCE A OUTRA APÓLICE

➤ Garantir o valor agregado/ROI (*Return of Investment* – retorno sobre o investimento) dos requisitos do produto.

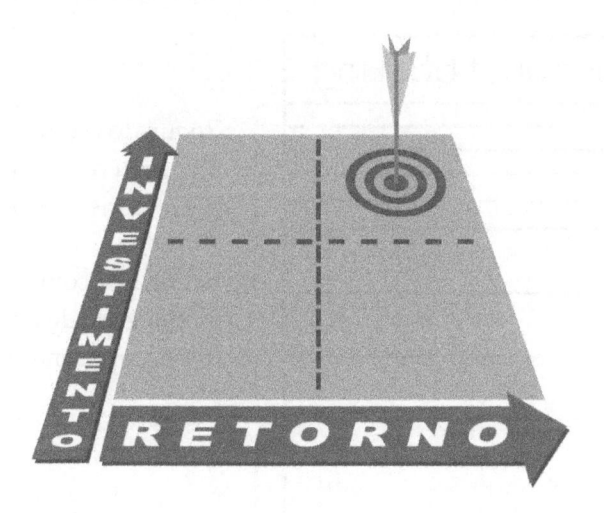

➤ Definir os critérios de aceitação dos requisitos do produto.

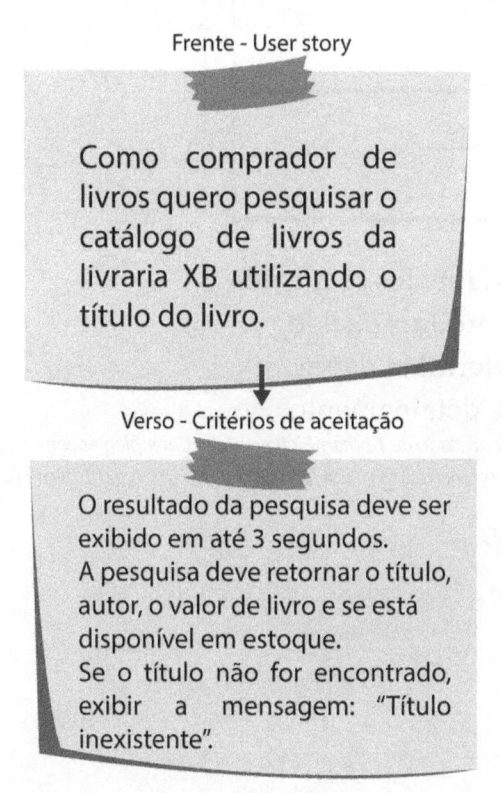

Frente - User story

> Como comprador de livros quero pesquisar o catálogo de livros da livraria XB utilizando o título do livro.

Verso - Critérios de aceitação

> O resultado da pesquisa deve ser exibido em até 3 segundos.
> A pesquisa deve retornar o título, autor, o valor de livro e se está disponível em estoque.
> Se o título não for encontrado, exibir a mensagem: "Título inexistente".

➤ Trabalhar constantemente no refinamento dos requisitos do produto (técnica conhecida no *Scrum* como *Product Backlog Refinement* ou *Grooming*).

Product backlog

Prioridade: Alta → Baixa

- Requisitos com alto grau de detalhamento (user stories decompostas)
- Requisitos com médio grau de detalhamento (user stories maiores)
- Requisitos com baixo grau de detalhamento (épicos)

Prioridade dos requisitos do product backlog determina o grau de detalhamento

Traduzido e adaptado de Roman Pichler: www.romanpichler.com. Licenciado por Creative Commons Attribution-ShareAlike 3.0 Unported License (CC BY SA)

➢ Planejar os requisitos das próximas *Sprints* enquanto a Equipe de Desenvolvimento está trabalhando na *Sprint* atual (técnica conhecida no *Scrum* como *rolling lookahead planning* ou descrita como elaboração progressiva no *PMBOK® Guide*).

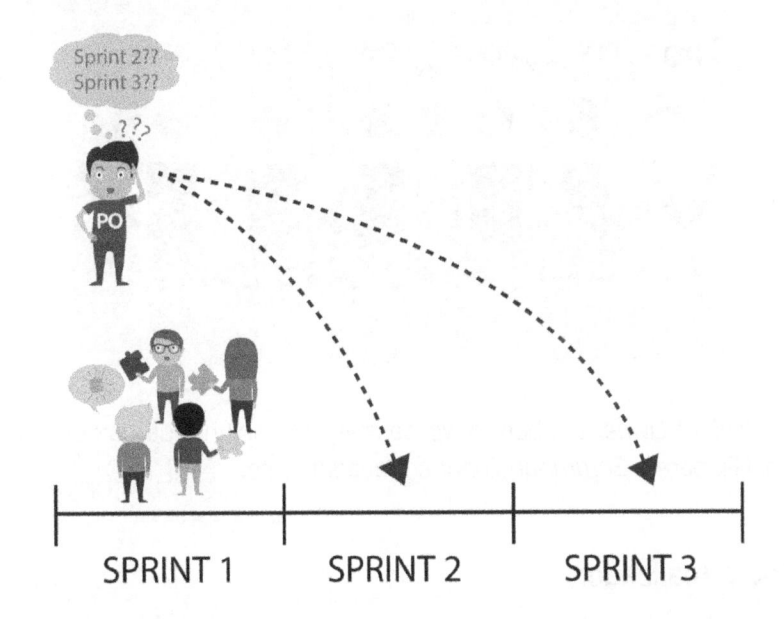

➢ Ter disponibilidade total para esclarecer dúvidas da Equipe de Desenvolvimento durante a *Sprint*.

➤ Ter disponibilidade total para participar das reuniões de planejamento, revisão e retrospectiva das *Sprints*.

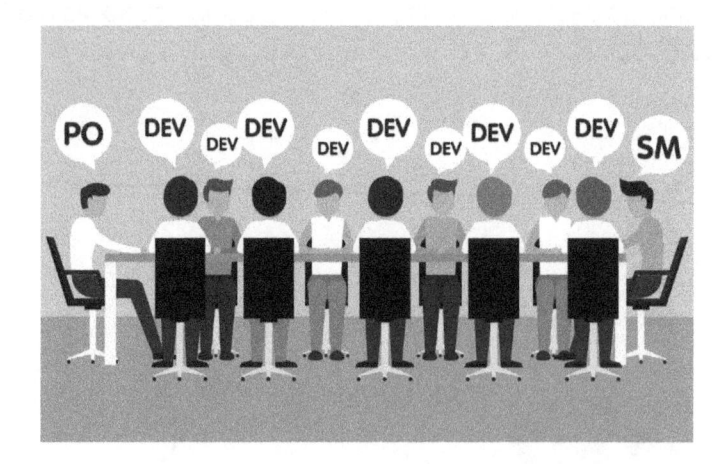

Um bom *Product Owner* também deve possuir um conjunto de características que são essenciais para o *Scrum* funcionar adequadamente.

Visionário e realizador

Precisa ter noção exata do que deve ser feito, saber qual o alinhamento do produto com o objetivo de negócio ou estratégico da empresa, qual o retorno financeiro ou operacional previsto e, o principal de tudo, fazer acontecer. Não se perder em ideias mirabolantes, complexas e sem sentido para o negócio.

Espírito de liderança

Independentemente da posição hierárquica, ter um senso de liderança que engaja não somente o restante da Equipe *Scrum*, mas também as partes interessadas do projeto e as demais áreas da empresa. Deve ser visto como uma referência de negócio. Como exemplo, gostaria de mencionar um caso real, um projeto confuso, cada parte interessada com prioridades e entendimentos totalmente desconexos do real propósito do projeto, até que o analista de negócios que atuava como o *Product Owner* desse projeto disse a seguinte frase: "se eles não definem, defino eu!". Esse é o espírito! Tomar as rédeas diante de situações difíceis como a descrita.

Comunicador e negociador

Essas são características que devem ser predominantes principalmente em *Product Owners* com os perfis "funil" ou "proxy". Conflitos de prioridades e entendimentos entre as partes interessadas certamente ocorrerão, portanto o *Product Owner* deve, o tempo todo, gerenciar expectativas e o engajamento dessas partes interessadas. Essas características também são importantes nas interações com a Equipe de Desenvolvimento ao elaborar o planejamento das *Sprints* e no decorrer das *Sprints*.

Ter disponibilidade

O *Product Owner* deve ter disponibilidade não somente para participar das reuniões de planejamento, revisão e retrospectiva da *Sprint*, como para esclarecer dúvidas, apresentar protótipos, realizar testes e homologações, sinalizar problemas identificados e a qualquer momento que a Equipe de Desenvolvimento necessitar. A tendência é que, no decorrer do projeto, a Equipe de Desenvolvimento demande cada vez mais tempo do *Product Owner* e menos tempo do *Scrum Master*, conforme figura a seguir:

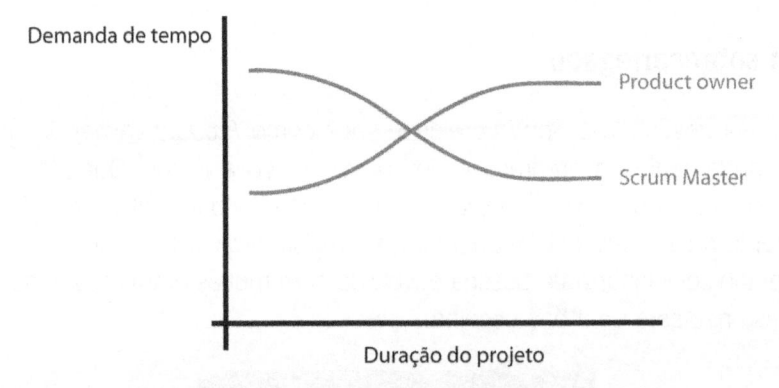

Traduzido e adaptado de Succeeding With Agile – Mike Cohn

Qualificado

O *Product Owner* selecionado deve possuir um sólido conhecimento da área de negócio do produto que será desenvolvido. Uma vez que é o grande responsável pelos rumos do produto, não fará sentido algum trazer um *Product Owner* pouco experiente no assunto.

O que deve ser evitado ao máximo na escolha de um *Product Owner*? Veja a seguir.

Alguém com poucos poderes e autonomia

Uma vez que o *Product Owner* estabelecerá os rumos do produto, definirá e priorizará os requisitos, negociará conflitos e gerenciará expectativas de partes interessadas, não faz muito sentido escolher alguém sem influência e sem força, alçada ou respaldo suficientes para tomadas de decisão sobre o produto.

Alguém sobrecarregado

Sua empresa descobriu o *Scrum* e elegeu você como *Product Owner* dos oito projetos em andamento da empresa e dos outros cinco a iniciar. Quais as chances de você conduzir todos esses projetos com atenção, foco e qualidade? Mínimas ou praticamente nulas, certo? O *Product Owner* precisa dedicar boa parte do tempo ao projeto, então selecionar uma pessoa envolvida com muitas outras atividades dentro da empresa não será uma boa escolha.

Alguém distante da Equipe Scrum

O *Product Owner* trabalha de forma interativa e constante com a Equipe *Scrum*. Nada de pessoas acostumadas com o modelo tradicional de escrita de um longo documento de requisitos, *business requirements* ou *scope statements*, envio dessa documentação para a equipe e que depois sentenciam: "só me procurem quando estiver tudo pronto. No caso de dúvidas, basta ler a documentação de 487 páginas, está tudo definido de forma clara lá". Esse tipo de postura é inadmissível dentro do *Scrum*. A comunicação entre *Product Owner* e o restante da Equipe *Scrum* deve ser feita da maneira mais interativa e pessoal possível, preferencialmente cara a cara.

Alguém com pouco conhecimento do produto

Como o *Product Owner* tomará decisões sobre o produto se ele pouco o conhece? Quais serão as chances das decisões, estratégias e priorizações serem assertivas? Na maioria dos casos onde se atribui o papel de *Product Owner* a alguém com pouco conhecimento do produto, o final normalmente resulta em fracasso lento ou rápido. Mais adiante entenderemos quando resultará em fracasso lento ou fracasso rápido.

Um comitê de *Product Owners*

Dentro de uma Equipe *Scrum* só pode existir um único *Product Owner*. Já ouviu falar na expressão "tem muito cacique para pouco índio"? É exatamente o que acontece quando você tem vários *Product Owners* dentro de uma mesma Equipe *Scrum*. São muitas pessoas opinando sobre os rumos do produto e são grandes as chances de aparecerem conflitos de priorização e falta de entendimento entre a Equipe de Desenvolvimentos e os *Product Owners*.

"Vitor, e se for um projeto grande com cinco Equipes Scrum?"

Neste caso podemos ter um único *Product Owner* ou cinco *Product Owners* com um *Product Owner* coordenando as ações destes cinco *Product Owners*, dependendo das características do produto, do projeto e da formação das Equipes de Desenvolvimento. No Capítulo 4 abordarei como utilizar o *Scrum* em projetos com grandes equipes.

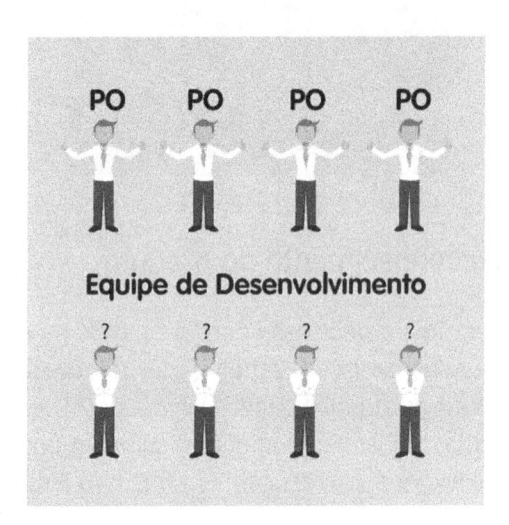

Definidas as responsabilidades, características e competências necessárias para assumir o papel de *Product Owner*, vamos entender como encaixar os papéis/perfis atuais da empresa no papel de *Product Owner*. Podemos considerar como opções:

➢ Um analista de negócios.
➢ Um gerente de produtos.
➢ O próprio cliente.
➢ Um usuário-chave (*key user/expert user*) especialista no produto.
➢ Um gerente de projetos.
➢ Um *Scrum Master*.

Quais as vantagens e desvantagens de cada opção?

Analista de negócios:
➢ **Vantagens:**
  ✓ Ter experiência em coleta de requisitos de partes interessadas.
  ✓ Ter experiência em técnicas de priorização de requisitos orientadas a valor.
  ✓ Ter experiência em gerenciar expectativas das partes interessadas.
  ✓ Negociar conflitos de prioridades de requisitos com as partes interessadas.
  ✓ Ter autonomia para tomada de decisões sobre os rumos do produto.
➢ **Desvantagens:**
  ✓ Pode estar acostumado com o método tradicional de coleta de requisitos, com preenchimento de longos *templates* e excesso de detalhamento, consequentemente sentindo dificuldade na transição para a coleta de requisitos no *Scrum*.
  ✓ Pode ter o cargo e/ou a formação de analista de negócios, mas conhecer pouco sobre o produto ou sobre o ambiente de negócios da empresa.

Gerente de produtos:
➢ **Vantagens:**
  ✓ Ter um alto conhecimento sobre o produto e a área de negócio.
  ✓ Mensurar o ROI (*Return Of Investment* – retorno sobre o investimento) do produto.
  ✓ Ter forte autonomia na tomada de decisões sobre os rumos do produto.
  ✓ Ser influente na empresa através de sua hierarquia.

➢ **Desvantagens:**
  ✓ Pode ter pouca disponibilidade de tempo para atuar com o restante da Equipe *Scrum*, devido às atribuições de seu cargo.
  ✓ Pode usar a hierarquia para pressionar a Equipe de Desenvolvimento, desrespeitando sua velocidade/capacidade de entrega.
  ✓ Devido à hierarquia, talvez possa não aceitar opiniões/sugestões do *Scrum Master* e/ou da Equipe de Desenvolvimento por capricho e adotar a seguinte postura: "eu quero assim, pois quem manda aqui sou eu".

Cliente ou usuário-chave (*key user/expert user*):
➢ **Vantagens:**
  ✓ Ter alto conhecimento sobre o produto e sua utilização.
  ✓ Conhecer detalhadamente os problemas/necessidades operacionais que o produto ajudará a resolver.

➢ **Desvantagens:**
  ✓ Pode ter dificuldade em traduzir suas necessidades/expectativas em requisitos de negócio, sendo necessária a intervenção de um intermediador, como um analista de negócios ou mesmo o próprio *Scrum Master*.
  ✓ Pode ter dificuldades na priorização de requisitos, adotando a seguinte postura: "Vitor, tudo é prioritário! Tudo é urgente".
  ✓ Pode ter dificuldade/resistência em entender o conceito de entregas rápidas e incrementais, adotando a seguinte postura: "Vitor, para que você quer me mostrar só uma parte se eu não vou poder usar o produto ainda?".
  ✓ Pode ter dificuldade/resistência em entender o conceito de versões de entrega/*release* antecipadas e MVP (*Minimum Viable Product* – mínimo produto viável), adotando a seguinte postura: "Vitor, não quero saber de MVP, MDC, MMC! É tudo ou nada".

Gerente de projetos:
➢ **Vantagens:**
  ✓ Ser um gerente de projetos alinhado com o triângulo de talentos do PMI e usar seu conhecimento de estratégia de negócios para definir os requisitos do produto.
  ✓ Conhecer bem os custos envolvidos no projeto e definir uma boa estratégia para obtenção do ROI (*Return Of Investment* – retorno sobre o investimento).
  ✓ Gerenciar de forma adequada as necessidades e expectativas das partes interessadas do projeto.
➢ **Desvantagens:**
  ✓ Ser um gerente de projetos que acredita na filosofia de que só deve "cobrar, cobrar e cobrar".
  ✓ Sofrer sobrecarga de atribuições, tendo que gerenciar diversas áreas de conhecimento do projeto complementares ao *Scrum* (integração, partes interessadas, aquisições, custos, recursos humanos, etc.), trabalhar constantemente no refinamento do *Product Backlog* e interagir frequentemente com a Equipe de Desenvolvimento para o esclarecimento de dúvidas e reuniões de planejamento, revisão e retrospectiva da *Sprint*.
  ✓ Pode existir conflito de papéis, uma vez que o *Product Owner* tem interesse no produto disponibilizado rapidamente e o gerente de projetos deve blindar a Equipe *Scrum* contra possíveis atitudes que visam acelerar a Equipe de Desenvolvimento, desrespeitando sua capacidade/velocidade.

> *Particularmente, não gosto dessa abordagem de gerente de projetos como Product Owner. São papéis muito distintos, em minha opinião. Mas não assuma isso como regra, trata-se apenas de uma percepção pessoal.*

Scrum Master:
- **Vantagens:**
  - ✓ Elabora requisitos buscando equilibrar uma visão técnica e uma visão de negócios.
  - ✓ Está mais próximo da Equipe de Desenvolvimento.
  - ✓ Por conhecer bem o *Scrum* e os conceitos de entregas rápidas através das *Sprints*, poderá priorizar cuidadosamente os requisitos do produto, identificando os itens cruciais e essenciais para o produto.
- **Desvantagens:**
  - ✓ Sofrer sobrecarga de atribuições, tendo que trabalhar na construção e no refinamento do *Product Backlog*, na definição de critérios de aceitação, além de realizar entrevistas com as partes interessadas para a coleta de requisitos, gerenciar expectativas das partes interessadas, realizar testes e homologações das entregas, remover impedimentos, liderar e realizar *coaching* com a Equipe de Desenvolvimento, e garantir que todas as regras do *Scrum* estão sendo seguidas.
  - ✓ Pode existir conflito de papéis, uma vez que o *Product Owner* tem interesse no produto disponibilizado rapidamente e o *Scrum Master* deve blindar a Equipe de Desenvolvimento contra possíveis atitudes que visam acelerar a Equipe de Desenvolvimento, desrespeitando sua capacidade/velocidade.

> *Particularmente, não gosto dessa abordagem de Scrum Master como Product Owner. São papéis muito distintos, em minha opinião. Mas não assuma isso como regra, trata-se apenas de uma percepção pessoal. Essa situação é recomendada em casos esporádicos, por exemplo, se o Product Owner estiver doente e não puder comparecer na reunião de planejamento da Sprint. Neste caso o Scrum Master deve assumir a frente da reunião e realizá-la.*

1.3.4. A importância das pessoas certas nos papéis certos

Algo que precisa ficar bem claro é que tanto o *Scrum* quanto o *framework* ágil no geral podem trazer grandes benefícios para as empresas, mas o sucesso da utilização continua dependendo de nós, seres humanos donos de uma complexidade fascinante.

Expostas as responsabilidades e características esperadas de cada papel da Equipe *Scrum* nos tópicos anteriores, é fundamental elegermos as pessoas mais adequadas para esses papéis.

Considerando o *Product Owner* responsável por definir o que deve ser feito (modo) e a Equipe de Desenvolvimento e o *Scrum Master* responsáveis pela forma de fazer (coisa), pode-se traçar a quadrante a seguir:

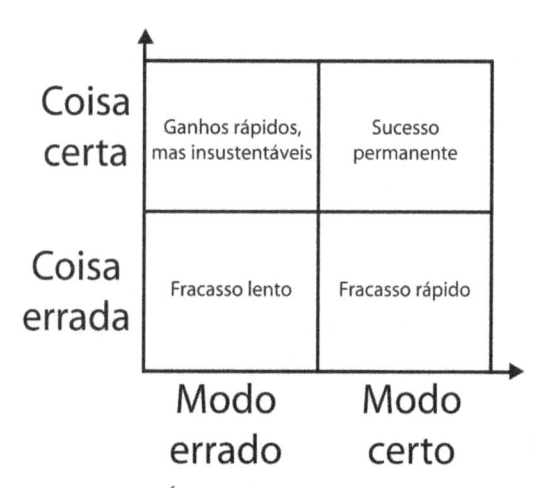

	Modo errado	Modo certo
Coisa certa	Ganhos rápidos, mas insustentáveis	Sucesso permanente
Coisa errada	Fracasso lento	Fracasso rápido

Adaptado de Gestão Ágil de Produtos com Scrum – Roman Pichler

Coisa errada x Modo errado = Fracasso lento
É a famosa "conversa de louco". Muita conversa, muita elucubração, prazos intermináveis, muito "fazejamento" e nada de valor entregue.

Coisa errada x Modo certo = Fracasso rápido
Neste caso o *Product Owner* foca no que não agrega valor ao produto e o objetivo real do projeto fica em segundo plano. Tanto o *Scrum Master* quanto a Equipe de Desenvolvimento irão sinalizar para o *Product Owner* que o caminho seguido não é o ideal. Se mesmo assim o *Product Owner* insistir que a Equipe de Desenvolvimento deva prosseguir no caminho errado, na entrega da *Sprint* e na demonstração do produto para as demais partes interessadas ficará evidente que a energia da Equipe de Desenvolvimento não foi gasta para entregar o valor esperado.

Coisa certa x Modo errado = Ganhos rápidos, mas insustentáveis
É o famoso "relógio de camelô": funciona quando você compra e para de funcionar assim que você dobra a esquina. É o chamado **débito técnico**, pois o produto entregue possui defeitos ou capacidade limitada de execução. Dependendo da qualidade

da entrega, abre-se um novo projeto só para corrigir as falhas do projeto original (o infame termo "fase 2" utilizado pelos especialistas em "fazejamento").

Coisa certa x Modo certo = Sucesso permanente
Neste ponto encontramos uma Equipe *Scrum* madura, seguindo de forma adequada seu planejamento e as regras do *framework* e, o principal de tudo, todos focados na entrega de valor.

É muito difícil chegar neste estágio e erros serão inevitáveis até lá, mas através de pequenos passos com certeza você obterá grandes resultados.

1.4. Pequenos passos, grandes resultados

"Vitor, qual o segredo para minha empresa conseguir sucesso em todo o processo de transição que você descreveu nos tópicos anteriores?"

Simples: começar com pequenos passos. Observe a figura a seguir:

Você não conseguirá simplesmente saltar o abismo e sair do cenário de dor para o cenário ideal de uma hora para a outra.

Mas, conforme a figura anterior, você pode chegar ao outro lado do abismo construindo uma ponte aos poucos. Você pode se desanimar ao ver que ainda está longe do cenário, mas olhe para trás e observe que você já está alguns passos à frente de onde você estava anteriormente. Use essa evolução para ser o motor propulsor tanto seu quanto da sua empresa! Não desista!

"Vitor, por onde devo começar para construir essa ponte?"

Que tal conhecer um termo japonês de artes marciais chamado *Shu-Ha-Ri*?

APRENDA E FAÇA AOS POUCOS!!

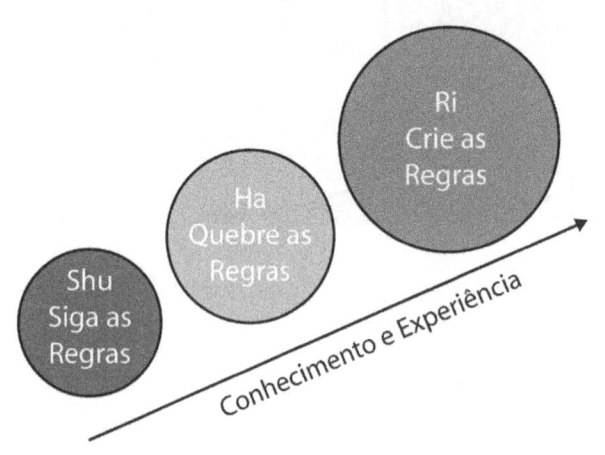

Tente seguir os três passos do *Shu-Ha-Ri*:
- ➢ **Shu**: obedeça às regras, ou seja, siga exatamente as regras do *Scrum* definidas nas literaturas. Não invente nem adapte aquilo que você não conhece ou não domina.
- ➢ **Ha**: rompa as regras, ou seja, comece a adaptar as regras do *Scrum* ao cenário da sua empresa.
- ➢ **Ri**: seja a regra e crie o seu *framework* híbrido para cada projeto da sua empresa, buscando obter o melhor do *Scrum* e de outros métodos ou *frameworks* para alcançar o melhor resultado em cada projeto.

"Vitor, mas o que acontece se cometermos erros nessa jornada de construção da ponte?"

Busque entender, ao final de cada *Sprint*:
- ➢ o que está dando certo;
- ➢ o que está dando errado;
- ➢ o que deve ser melhorado.

Em outras palavras, busque incessantemente por melhoria contínua.

1.5. A busca incessante por melhoria contínua

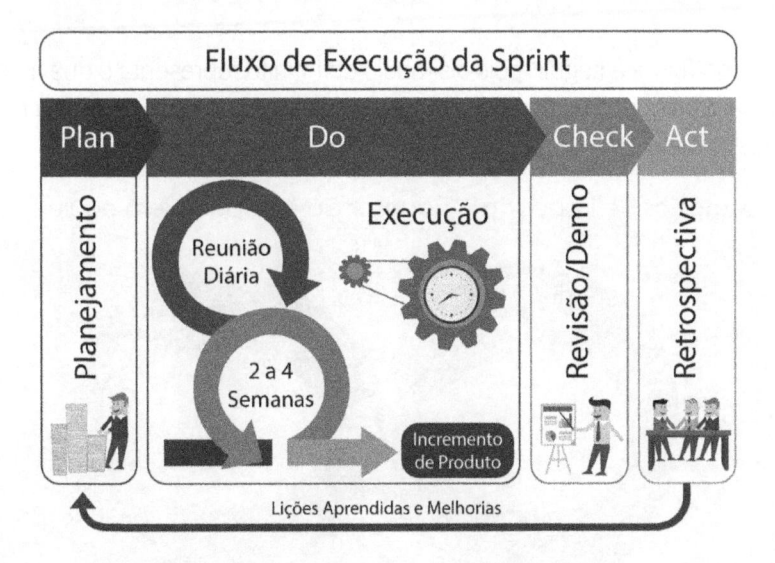

Conforme figura anterior, repare que toda *Sprint* segue o ciclo PDCA de Deming (*Plan* – Planejar/*Do* – Fazer/*Check* – Verificar/*Act* – Agir), que tem como foco principal a melhoria contínua.

A reunião de retrospectiva realizada ao final de cada *Sprint* é o momento onde é feita uma reflexão sobre processos e pessoas. Nesta reunião é importante identificar:
- o que deu certo durante a *Sprint*;
- o que deu errado durante a *Sprint*;
- o que deve ser melhorado nas *Sprints* seguintes;
- qual o plano de ação para incorporar as melhorias identificadas nas *Sprints* seguintes.

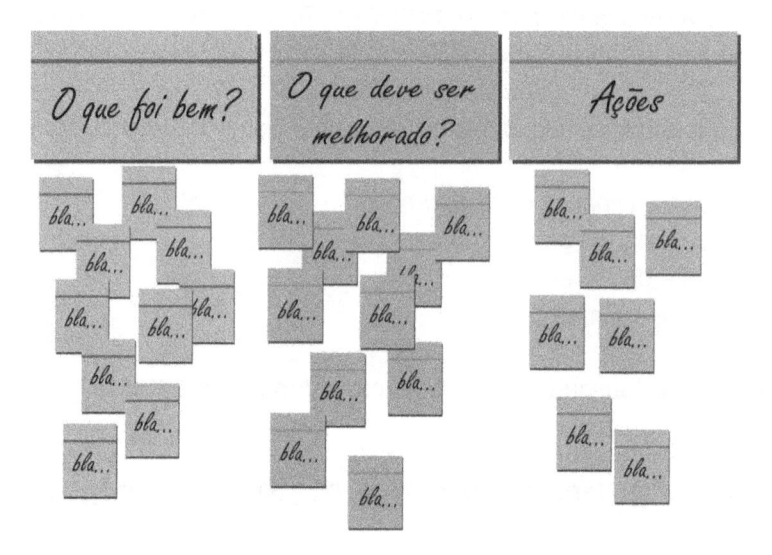

Gosto muito da figura a seguir, pois o símbolo do infinito representa o que acredito sobre melhoria contínua. Devemos persegui-la constantemente, não apenas no *Scrum*, mas na nossa vida.

Métodos de inspeção e adaptação e trabalho em equipe

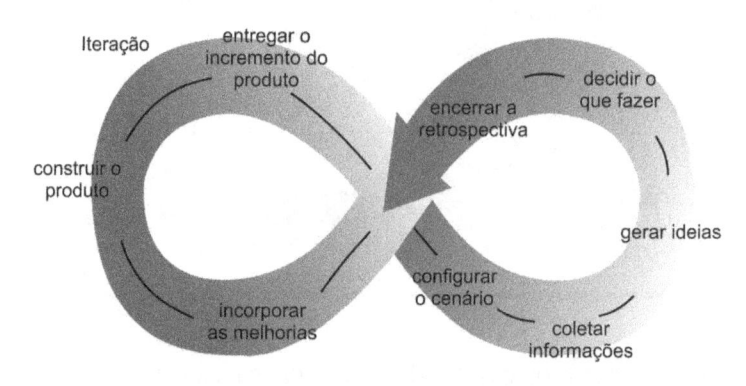

Retrospectiva

Traduzido e adaptado de Esther Derby e Diana Larsen: Agile Retrospectives – Making Good Teams Great

Além de traçar um plano de ação de melhoria contínua ao final de cada *Sprint*, devemos coletar métricas. As métricas são muito importantes para acompanharmos a evolução da equipe e o progresso da transição para o *Scrum*.

Ações de melhoria identificadas durante a retrospectiva da *Sprint* podem ser direcionadas para o Comitê Ágil de Transição (CAT) e para a Comunidade de Melhorias (CM) para auxílio e priorização da implementação dessas melhorias em todos os projetos *Scrum*.

Exemplos de métricas: quantidade de defeitos embutidos, quantidade de testes automatizados realizados com sucesso, quantidade de *user stories* aceitas pelo cliente, velocidade da equipe, quantidade de funcionalidades entregues.

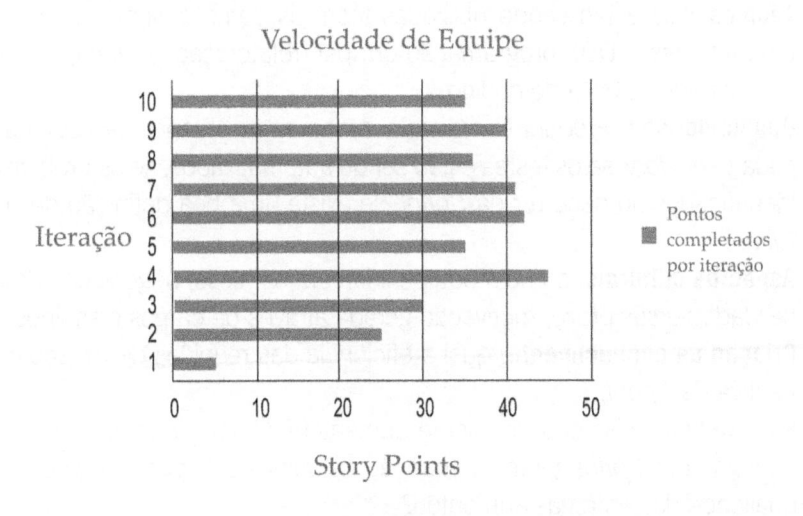

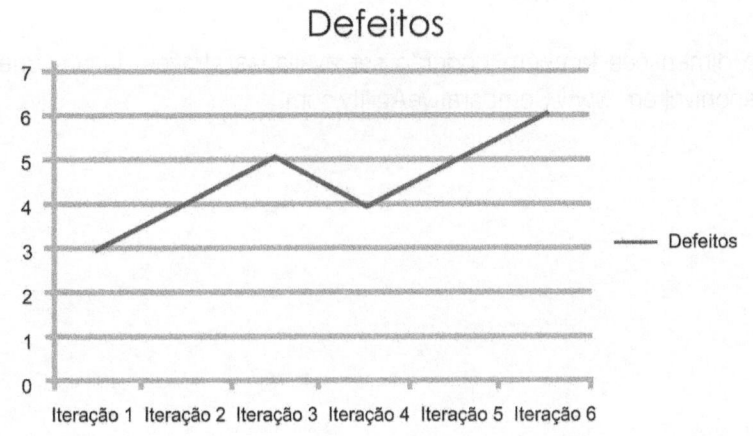

Outra maneira de coletar métricas é avaliar a eficiência do processo em oito dimensões, atribuindo notas de 0 a 10:

1. **Trabalho em equipe:** levando em conta composição, gerenciamento e comunicação da equipe.
2. **Requisitos emergentes:** se estão sendo progressivamente refinados ou detalhados no início do projeto.
3. **Planejamento:** se o *Product Owner* e a Equipe de Desenvolvimento estão trabalhando de forma colaborativa tanto no planejamento das *Sprints* quanto no planejamento das versões de entrega/*releases*, se a estimativa inicial de quantidade de *Sprints* será atingida ou não, se o progresso do projeto está visível a todas as partes interessadas.
4. **Técnicas:** se estão sendo utilizadas técnicas como desenvolvimento orientado a testes (TDD), programação em par, refatoração, integração contínua, propriedade coletiva de código.
5. **Qualidade:** se o *Product Owner* está definindo os critérios de aceitação para cada *user story*, se os testes estão sendo automatizados, se os problemas são identificados no decorrer da *Sprint*, se existe uma boa definição de "pronto" (*done*).
6. **Aspectos culturais:** como a equipe lida com estresse, negociação de funcionalidade *versus* prazo, motivação gerada através de cargos e salários.
7. **Criação de conhecimento:** qual a eficiência das reuniões de revisão e retrospectiva da *Sprint*.
8. **Resultados:** satisfação do cliente aumentou? Moral da equipe está alto? As entregas por *Sprint* geram percepção de valor pelas partes interessadas? A qualidade das entregas aumentou?

Essas oito dimensões também poderão ser avaliadas através de um questionário *on-line* disponível em www.ComparativeAgility.com.

1.6. Simulado

Hora de revisar os conceitos do capítulo! Sua meta é acertar oito questões!

Boa sorte!

1. Sua empresa descobriu que, além de buscar alta qualidade, baixo custo e diferencial competitivo, ela também busca agilidade e flexibilidade. Por conta disso, a empresa quer adotar uma abordagem diferente, uma vez que ela está ciente de que o processo atual não está entregando o resultado esperado. Qual é o próximo passo que a empresa deve seguir?
   (a) Ter habilidade para utilizar *Scrum*.
   (b) Desejar adotar *Scrum* como um meio para melhoria dos problemas do processo atual.
   (c) Promover o *Scrum* compartilhando experiências bem-sucedidas dentro da empresa.
   (d) Transferir os impactos da utilização do *Scrum* para os outros departamentos da empresa.

2. Embora a transição para o *Scrum* seja particularmente difícil, as partes interessadas da empresa responsáveis pela transição estão satisfeitas com o processo de transição. Uma das razões dessa satisfação é a redução do *time-to-market* após o início do uso do *Scrum*. Qual é uma das razões para Equipes *Scrum* atenderem ao *time-to-market* com maior rapidez?
   (a) Alta produtividade.
   (b) Alta qualidade.
   (c) Engajamento dos funcionários.
   (d) Baixo custo.

3. Sua empresa quer dar respostas rápidas aos erros reportados ou às funcionalidades solicitadas pelos seus clientes. Para seus clientes, é mais importante a confiança no prazo estimado do que resolver problemas rapidamente. Qual conceito do *Scrum* permite essa previsibilidade?
   (a) Planejamento ágil.
   (b) Velocidade da equipe.
   (c) Trabalhar em *timeboxes* de duração fixa.

4. Como o *Scrum* pode ajudar sua empresa a estar sempre engajada em um processo de melhoria contínua?
   (a) Através das reuniões de planejamento das *Sprints*.
   (b) Através da elaboração progressiva.
   (c) Através das reuniões de retrospectivas das *Sprints*.
   (d) Através da reunião de *kick-off* da versão de entrega/*release*.

5. A Equipe *Scrum* notificou a Comunidade de Transição Empresarial (CTE) sobre um item de melhoria no processo e decidiu trabalhar para a implantação deste item. Qual é a melhor forma de trabalhar com este item de melhoria?
   (a) Através da *Sprint* da CTE.
   (b) Através da Comunidade de Melhorias (CM).
   (c) Escalando a reunião de planejamento da *Sprint*.
   (d) Através do *Scrum of Scrums*.

6. Sua empresa está adotando *Scrum* e está muito propensa a designar seus líderes técnicos como *Scrum Masters*. Qual é um dos riscos em adotar um líder técnico como *Scrum Master*?
   (a) Determinar como os demais membros da equipe devem desenvolver.
   (b) Delegar decisões, mas depois ignorá-las e tomar suas próprias decisões.
   (c) Pressionar muito a equipe.
   (d) Forçar a equipe a sacrificar a qualidade para acelerar o desenvolvimento.

7. Sua empresa está iniciando um projeto utilizando *Scrum* pela primeira vez. Seis meses após o início do projeto, você percebeu uma alteração no tempo de demanda de participação do *Product Owner*. Qual foi a alteração mais provável de ter ocorrido?
   (a) A demanda de tempo de participação do *Product Owner* está diminuindo.
   (b) A demanda de tempo de participação do *Product Owner* está aumentando.
   (c) A demanda de tempo de participação do *Product Owner* é a mesma desde o início do projeto.

8. Sua empresa quer configurar uma Equipe de Desenvolvimento *Scrum* para o desenvolvimento de um novo sistema de relacionamento com o cliente. Você, como *Scrum Master*, tem que decidir qual o tamanho ideal da equipe para este projeto. Qual é uma vantagem de escolher uma equipe pequena?
   (a) Prejudicial superespecialização de um membro da equipe é mais difícil de ocorrer.
   (b) Membros com as mais diversas experiências, habilidades e abordagens estão inclusos.

(c) A perda de um membro-chave é mais difícil de ocorrer.
(d) Maiores oportunidades dos indivíduos se especializarem em uma tecnologia.

9. **Sua empresa está migrando para a utilização de *Scrum*. Você trabalhava como gerente de projetos acostumado com abordagens tradicionais e agora assumirá o papel de *Scrum Master*. Qual é a melhor estratégia para a sua transição para o *Scrum*?**
   (a) Customizar o *Scrum* para se enquadrar ao esquema atual de trabalho, assim a transição será conduzida gradualmente.
   (b) Não se aprofundar muito em *Scrum* e manter-se afastado de outros *Scrum Masters* até encontrar seu próprio caminho.
   (c) Deixar a Equipe de Desenvolvimento decidir o método de trabalho, desta forma você não introduz um comportamento prejudicial.
   (d) Seguir rigorosamente as regras do *Scrum* até você obter mais experiência em *Scrum*.

10. **Uma grande empresa está migrando de *Waterfall* para *Scrum*. Esta empresa decidiu seguir a abordagem de utilizar *Scrum* em todos os projetos envolvendo todos os departamentos. Seis meses depois, a transição para *Scrum* foi considerada um fracasso e a empresa decidiu voltar a utilizar a metodologia *Waterfall*. Qual a possível razão para a transição ter falhado?**
    (a) A empresa era muito grande para uma transição tranquila. Um projeto piloto bem-sucedido deveria ter sido realizado primeiro, para servir como referência a outros projetos.
    (b) Não houve uma divulgação correta sobre *Scrum*, desta forma os clientes continuaram solicitando projetos com abordagem *Waterfall*. A empresa desistiu muito rápido.
    (c) *Scrum* não foi promovido corretamente como uma melhor prática e um melhor caminho para resolver os problemas da empresa que geram grandes riscos.
    (d) A transição para *Scrum* não foi disruptiva o suficiente para provocar reais mudanças e despertar o engajamento das partes interessadas.

11. **Uma empresa está mudando sua cultura organizacional para um ambiente com utilização de *Scrum*. Qual é a melhor forma de conduzir esta mudança e por quê?**
    (a) *Bottom-up* e iniciada por uma equipe, porque a equipe sabe qual é a melhor abordagem para os projetos da empresa.
    (b) *Top-down* e iniciada pelo CEO, porque o CEO é responsável pelas decisões estratégicas.

(c) Tanto *bottom-up* iniciada pela equipe quanto *top-down* iniciada pela alta direção, pois a alta direção ajuda a remover os impedimentos encontrados pela equipe.

12. **Uma Equipe de Desenvolvimento frequentemente precisa fazer *debug* no produto e revisar a especificação porque há falta de entendimento sobre a documentação. Por que uma redução na documentação, ao usar *Scrum*, irá trazer benefícios para esta equipe?**
    (a) Porque o *Scrum* foca mais nas conversas e discussões do que na documentação.
    (b) Porque o *Scrum* reduz o tempo gasto em documentação.
    (c) Porque menos documentação garante que todos saibam o que fazer.
    (d) Porque toda a documentação necessária está incluída nas *user stories*.

1.7. Respostas

1. B
A questão diz que a empresa quer adotar uma abordagem diferente, logo ela passará por um processo de transição para a nova abordagem.

Lembrando dos cinco passos de um processo de transição:
A – Aceitar/Ter ciência de que algo precisa mudar
D – Desejo de mudança
A – Aptidão/habilidades para a mudança
P – Promover/divulgar a mudança
T – Transferir os impactos da mudança

Na questão, a empresa está ciente de que o processo atual não está entregando o resultado esperado, portanto ela está na primeira etapa de transição (aceitar/ter ciência). Dessa forma, a próxima etapa é o desejo da mudança, ou seja, desejo de adotar o *Scrum* como um meio para a melhoria dos problemas do processo atual.

2. A
São duas as razões para os projetos que utilizam *Scrum* terem uma maior rapidez para o *time-to-market*:
- As Equipes *Scrum* possuem uma alta produtividade que permite produzir funcionalidades mais rapidamente.
- Cada *Sprint* gera um incremento do produto, o que possibilita que o produto seja lançado no mercado mesmo que todas as funcionalidades não estejam concluídas.

3. C
A cada *Sprint* a equipe consegue entregar uma quantidade média de esforço (que pode ser medida em horas, pontos de função, *story points*) que se trata da velocidade da equipe. Ao dividir o total de esforço do projeto pela velocidade média por *Sprint*, conseguimos identificar a quantidade de *Sprints* previstas para o projeto. Se cada *Sprint* tem uma duração fixa, conseguimos comunicar a estimativa de prazo em meses para as partes interessadas do projeto.

4. C
A reunião de retrospectiva realizada ao final de cada *Sprint* é o momento onde é feita uma reflexão sobre processos e pessoas. Nesta reunião é importante identificar:

- o que deu certo durante a *Sprint*;
- o que deu errado durante a *Sprint*;
- o que deve ser melhorado nas *Sprints* seguintes;
- qual o plano de ação para incorporar as melhorias identificadas nas *Sprints* seguintes.

5. B
Os itens de melhoria identificados pelo Comitê de Transição Empresarial (CTE) devem ser acompanhados pela Comunidade de Melhorias (CM).

6. A
As desvantagens de o líder técnico assumir o papel de *Scrum Master* são:
- Tendência a determinar como o produto do projeto deve ser desenvolvido.
- Tendência a querer participar da Equipe de Desenvolvimento para acelerar os trabalhos, em vez de fornecer *coaching* e apoio técnico à equipe.
- Dificuldade em exercer habilidades interpessoais (*soft skills*) para influenciar, motivar e liderar toda a Equipe *Scrum*.
- Dificuldade em trabalhar com pessoas que possuem ritmo ou metodologia diferente.

7. B
A tendência é que, no decorrer do projeto, a Equipe de Desenvolvimento demande cada vez mais tempo do *Product Owner* para esclarecer dúvidas, apresentar protótipos, realizar testes e homologações e sinalizar problemas identificados.

8. A
Uma prejudicial superespecialização de um membro torna-se mais difícil de ocorrer, uma vez que os membros compartilham conhecimento a todo momento.

9. D
Em um processo de transição, lembre-se sempre dos três passos do *Shu-Ha-Ri*:
- **Shu**: obedeça às regras, ou seja, siga exatamente as regras do *Scrum* definidas nas literaturas. Não invente nem adapte aquilo que você não conhece ou não domina.
- **Ha**: rompa as regras, ou seja, comece a adaptar as regras do *Scrum* ao cenário da sua empresa.
- **Ri**: seja a regra e crie o seu *framework* para cada projeto da sua empresa, buscando obter o melhor do *Scrum* e de outros métodos ou *frameworks* para alcançar o melhor resultado em cada projeto.

Na questão, o gerente de projetos é mencionado como alguém que está acostumado com uma abordagem tradicional, portanto o *Scrum* e o papel de *Scrum Master* são novidades para ele.

10. A
Perceba alguns trechos-chave da questão: "uma grande empresa", "abordagem de utilizar *Scrum* em todos os projetos", "envolvendo todos os departamentos". Trata-se de um cenário *all-in* – em outras palavras, o famoso "ou tudo ou nada". Lembrando os problemas que esse tipo de abordagem pode trazer:
- ➢ O projeto possui grande visibilidade e grande criticidade. Um problema de qualidade ou uma sinalização de possível atraso no prazo serão suficientes para a seguinte frase ser dita: "viu só? Esse tal de *Scrum* não é tão mágico assim!".
- ➢ São diversas pessoas envolvidas no projeto e o grau de resistência ao *Scrum* pode ser alto o suficiente para sabotar a abordagem.
- ➢ O projeto possui uma pressão e um nível alto de estresse, uma vez que o patrocinador é o CEO da empresa.
- ➢ O *Scrum Master* deste projeto não possui uma alta experiência em projetos deste porte. Neste caso recomendo fortemente ou a contratação de um *Scrum Master* experiente ou um *coach* externo para dar todo o suporte à equipe e ao projeto.
- ➢ O *Product Owner* pode não dar conta de possíveis interferências externas que venham ocorrer, uma vez que são várias áreas envolvidas no projeto.

A falta de um projeto piloto foi fundamental para o fracasso da transição da empresa citada na questão.

11. C
Se a abordagem for somente *top-down*, gerará aquela sensação de "goela abaixo" e encontrará falta de engajamento por parte das equipes. Se a abordagem for somente *bottom-up*, corre-se o risco de ficar restrita a um grupo de "adoradores de *Scrum*". Com apoio tanto das equipes (*bottom-up*) quanto da alta direção (*top-down*), as chances de sucesso da transição são bem maiores.

12. A
O foco das Equipes *Scrum* deve ser na comunicação face a face para entendimento dos requisitos do projeto, o que não inviabiliza a geração de documentação necessária para o projeto.

2. Os desafios de um bom *Scrum Master*

No capítulo anterior foram abordadas as características e responsabilidades de um *Scrum Master*.

Também foram mencionadas as vantagens e desvantagens dos papéis atualmente existentes nas empresas ao assumirem o papel de *Scrum Master*.

Mas vamos a uma pergunta que muitos me fazem: "Vitor, afinal de contas o que faz o *Scrum Master*? Entendi que facilita e remove impedimentos, mas é só isso?".

Neste capítulo vamos entender o que um bom *Scrum Master* deve fazer além de facilitar e remover impedimentos.

2.1. Enfrentando resistências ao *Scrum*

Conforme abordado no capítulo anterior, tanto o apoio *top-down* quanto o apoio *bottom-up* são importantes para o processo de transição para *Scrum*. Mas, com certeza, resistências à transição serão reveladas e cabe ao *Scrum Master* ter habilidades para lidar com elas.

As maiores causas de resistências ao processo de transição costumam ser:

➢ **Perda de conhecimento:** pessoas que costumam reter conhecimento e ser as "referências" ou "especialistas" em seus campos de atuação podem ter receio ao começar a trabalhar de forma colaborativa e compartilhando conhecimento com o restante da Equipe de Desenvolvimento.

➢ **Medo do desconhecido:** pessoas que se sentem confortáveis com os processos atuais temem ter dificuldades com o *Scrum*, a grande novidade.

➢ **Exposição de problemas:** uma boa utilização de *Scrum* costuma evidenciar de forma clara tanto os pontos positivos quanto os pontos negativos de uma Equipe *Scrum*. A exposição de pontos negativos pode levar algumas pessoas à perda da segurança.

> **Medo de perder controle e autoridade:** alguns gerentes funcionais, líderes técnicos ou gerentes de projetos costumam ter receio de perder o comando e o controle da equipe, uma vez que o *Scrum* incentiva a formação de equipes auto-organizadas e empoderadas.

"Vitor, como consigo identificar as prováveis pessoas que resistirão ao processo de transição para o *Scrum*?"

Primeiramente procure identificar esses dois grupos:
> Pessoas que possivelmente irão perder poder, prestígio ou autoridade se a transição para o *Scrum* for bem-sucedida.
> Possíveis grupos que poderão ser formados para se opor à transição por não gostarem ou não acreditarem no *Scrum*, ou por algumas das causas de resistências descritas anteriormente.

Após identificados esses grupos, busque enquadrá-los em um desses três perfis:
> Conservadores.
> Pragmáticos.
> Inovadores.

Conservadores

Os conservadores podem ser identificados através de três características:
> Apoiam mudanças desde que elas não sejam estruturais. Exemplo: "gostei desse tal de *Scrum*, mas vou continuar mandando na minha equipe, certo?".
> Gostam de trabalhar com cenários preditivos, ou seja, cenários onde todas as variáveis são conhecidas com antecedência. Exemplo: "como vou começar um projeto se não tenho todos os requisitos detalhados acordados? Como começar um projeto com requisitos incertos?".
> Defendem tradição e boas práticas já estabelecidas. Exemplo: "por qual motivo vamos mexer na nossa forma de definir escopo através do nosso *template* de 120 páginas, uma vez que ele bem ou mal é uma prática de mais de vinte anos?".

Pragmáticos

Os pragmáticos podem ser identificados através de três características:
> Apoiam mudanças desde que visualizem os resultados na prática. Exemplo: "já ouvi falar desse *Scrum* e toda a sua filosofia. Mas qual o resultado prático

se começarmos a usar? Vamos melhorar a qualidade dos nossos projetos? Vamos eliminar a burocracia?".
➢ Estão abertos a analisar pontos de vista diferentes. Exemplo: "nosso processo atual tem falhas, mas muitos pontos fortes. Como o *Scrum* pode suprir as falhas do processo atual e fortalecer mais ainda nossos pontos fortes?".
➢ Mais focados em resultados do que estruturas. Exemplo: "*Scrum* com *PMBOK® Guide* com FDD com *Waterfall* com metodologia XPTO, pouco importa! O importante é ter um processo que melhore nossos resultados atuais!".

Inovadores

Os inovadores podem ser identificados através de três características:
➢ Gostam de mudanças que desafiam a estrutura. Exemplo: "com o *Scrum* vamos deixar para trás um modelo totalmente ultrapassado e que efetivamente não funciona. A 'pastelaria' e as prioridades definidas em 'folha de pão' serão encerradas".
➢ Desafiam premissas assumidas. Exemplo: "mas o que garante que o nosso *template* de *business requirement* realmente captura tudo o que precisamos saber para iniciar o projeto? Por que não começar o projeto com um *brainstorming* com todos os envolvidos e depois criar esse documento a quatro mãos?".
➢ Desafiam políticas e processos determinados. Exemplo: "por que nosso escritório de PMO exige um Termo de Abertura de Projeto de no mínimo vinte páginas? Qual o valor agregado disso? Se eu não consigo definir os principais objetivos e justificativas do projeto em menos de duas páginas é porque tem algo errado".

Baseado nos três perfis descritos, podemos concluir que:
➢ São grandes as chances de os conservadores resistirem ao processo de transição para o *Scrum*.
➢ Os pragmáticos podem tanto apoiar como ser resistentes ao processo de transição.
➢ São grandes as chances de os inovadores apoiarem fortemente o processo de transição.

As sugestões para conquistar o apoio dos pragmáticos são:
➢ Incluí-los na Equipe *Scrum* do projeto piloto.
➢ Tornar os resultados do projeto piloto visíveis para os pragmáticos que não fizeram parte da Equipe *Scrum* do projeto piloto.

- ➤ Fornecer treinamento aos pragmáticos.
- ➤ Mostrar casos de sucesso em outras empresas.
- ➤ Não vender a ideia de que o *Scrum* será a "bala de prata" nem que será a solução de todos os problemas atuais.
- ➤ Convidar os pragmáticos a participarem da CM (Comunidade de Melhorias) descrita no capítulo anterior.

Com os inovadores e parte dos pragmáticos apoiando o processo de transição, agora é o momento de saber o que fazer com os demais pragmáticos e os conservadores que resistirão ao processo de transição.

Primeiramente, é necessário identificar os motivos e as formas de resistências apresentadas, conforme o quadrante a seguir:

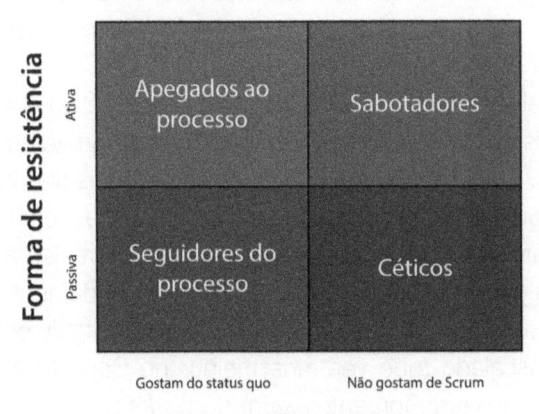

	Gostam do status quo	Não gostam de Scrum
Ativa	Apegados ao processo	Sabotadores
Passiva	Seguidores do processo	Céticos

Forma de resistência / **Motivo da resistência**

Traduzido e adaptado de Succeeding With Agile – Mike Cohn

Céticos

Os céticos normalmente costumam dizer as seguintes frases:
- ➤ "Esse tal de *Scrum* é muito bonito na teoria. Na prática não acho que funcione"
- ➤ "Acredito que o *Scrum* seja eficaz para projetos de *software*, mas não para o nosso ramo de engenharia"
- ➤ "*Scrum*? É aquele método que faz reunião todo dia? Que perda de tempo ter reunião todo dia!"
- ➤ "Meu cliente, que seria o *Product Owner*, está em Manaus e a Equipe de Desenvolvimento está em Porto Alegre! Não vejo meios da comunicação ser eficiente"

➢ "Se cada *Sprint* tem duração de no máximo trinta dias, como vou ter tempo de desenvolver, testar e homologar? Desse jeito não vou entregar nada!"
➢ "Por que as *Sprints* precisam ter no máximo trinta dias e duração fixa se cada projeto é diferente?"
➢ "Como vou estimar prazo e custo se o escopo não é todo definido no começo? Esse tal de *Scrum* é uma fantasia!"
➢ "Você voaria em avião cujo *software* foi desenvolvido em métodos ágeis? Eu certamente não!"

Os céticos não acreditam nos benefícios do *Scrum*, aceitarão o processo de transição, porém não demonstrarão empenho em garantir o sucesso da transição.

A seguir, algumas técnicas para trabalhar com as resistências dos céticos:

➢ Simplesmente deixar o tempo fazer o seu papel, pois, ao observar o sucesso do projeto piloto e dos projetos seguintes, o cético certamente começará a revisar seus pontos de vista.
➢ Fornecer treinamentos e *workshops* para que o cético entenda os conceitos e exercite-os na prática. Esta é uma técnica que adoto em empresas há um bom tempo. Costumo realizar um *workshop* de dois dias com conceitos teóricos intercalados com aplicações práticas e lúdicas, onde incentivo sempre que as dinâmicas sejam exercitadas em projetos reais da empresa. Podem ser projetos que já se encerraram, projetos em andamento ou projetos a iniciar. Já tive um caso onde uma pessoa cética conseguiu enxergar a aplicação de *Scrum* escalado (que veremos melhor no Capítulo 4) sem eu nem ter mencionado isso em momento algum do *workshop*.
➢ Compartilhar experiências em outras empresas, mostrando os desafios, as dificuldades enfrentadas e os resultados obtidos. Se você teve experiência em grandes empresas, mencione-as, pois a reação dos céticos costuma ser: "nossa! A empresa XPTO é uma gigante do mercado! Como eles conseguiram?". Minha resposta costuma ser: "se eles conseguem, nós também conseguimos!".
➢ Atribuir papéis de importância aos céticos, como o de *Scrum Master*, por exemplo, ou de responsável pelos testes da Equipe de Desenvolvimento. Jogue-os "na fogueira" para que eles possam vivenciar intensamente os processos do *Scrum* na prática.
➢ Construir uma relação de confiança. Os céticos não são seus inimigos e nem você deve ser inimigo dos céticos. A mensagem que deve ser passada é: "estamos todos juntos para melhorar os processos da empresa. Uma empresa melhor entrega melhores resultados e, consequentemente, todos somos beneficiados! Estamos todos no mesmo 'barco' tanto no sucesso quanto no fracasso".

- Identificar um cético influente na empresa e utilizar as técnicas anteriormente sugeridas, pois, caso ele diminua sua resistência e passe a acreditar mais no processo de transição, outros céticos o acompanharão e também diminuirão suas resistências.

Seguidores do processo

Os seguidores do processo normalmente costumam dizer as seguintes frases:
- "Por que mudar? Nosso processo não é o ideal, mas já estamos tão acostumados"
- "Vamos deixar rolar, é mais uma moda do momento que geralmente não dá em nada"
- "O ano já está acabando. Em janeiro entra uma nova diretoria e talvez eles queiram mudar tudo de novo. Acho que nem vale a pena começar uma nova transição"

Os seguidores do processo sentem-se em uma "zona de conforto" e não estão muito dispostos a lidar com possíveis mudanças no processo. Assim como os céticos, os seguidores do processo aceitarão a transição, porém não demonstrarão grande empenho em contribuir com ela.

A seguir, algumas técnicas para trabalhar com as resistências dos seguidores do processo:
- Integrá-los a uma Equipe *Scrum* composta por apoiadores em sua grande maioria. Certamente, o convívio com um maior número de apoiadores ajudará a minar suas resistências.
- Incentivá-los a ter um comportamento de apoio e não de resistência, explicando os ganhos que tanto a empresa quanto eles terão no caso de sucesso da transição.
- Ser o exemplo de comportamento. Um bom *Scrum Master* deve ser um grande líder visto como referência pelo restante da Equipe *Scrum*. Faça os seguidores dos processos serem seguidores e admiradores de sua liderança.
- Utilizar a mesma técnica de "jogar na fogueira" mencionada anteriormente para lidar com os céticos.
- Se você possuir autonomia, remova da Equipe *Scrum* potenciais sabotadores que poderão minar o ambiente da Equipe. Dessa forma, os seguidores do processo verão que certos comportamentos não serão permitidos. Ok, talvez seja uma atitude radical, mas lembre-se de que a preocupação deste livro é dar subsídios para aplicação de *Scrum* no mundo real, e, por vezes, algumas ações extremas serão necessárias.

➢ Identificar a real causa da resistência, verificando se existe alguma dificuldade pessoal que possa estar por trás da falta de ciência/aceitação da mudança de comportamento, da falta de desejo de mudança de comportamento ou da falta de aptidões/habilidades para a mudança de comportamento. Repare que mencionei os três primeiros passos do ADAPT, explicado no Capítulo 1. Caso seja constatada alguma dificuldade pessoal em um dos três primeiros passos do ADAPT, atue como um *coach* para incentivar a superação dessa dificuldade.

Apegados ao *status quo*

Os apegados ao *status quo* são aqueles que podem se opor ao processo de transição simplesmente pelo medo de perder poder e influência. A seguir, alguns exemplos:
➢ Gerente funcional que receia perder o controle de sua equipe.
➢ Gerente de produtos que receia perder o poder de "enfiar projetos goela abaixo" nas Equipes de Desenvolvimento.
➢ Líder técnico que receia não ter mais a palavra final sobre decisões técnicas do projeto.
➢ Diretores que receiam o surgimento de células heterárquicas[6] e temem perder seu poder dentro da empresa.

Neste caso, o *Scrum Master* tem um desafio enorme pela frente, pois, além da variável medo, terá que lidar com a variável **ego**, o grande "calcanhar de Aquiles" de todos nós, seres humanos donos de uma complexidade fascinante.

A grande dica ao lidar com os apegados ao *status quo* é provocando seus egos. A seguir, algumas técnicas para trabalhar com as resistências:
➢ Demonstrar os ganhos pessoais que os apegados ao *status quo* podem obter caso a transição para o *Scrum* seja um sucesso. Visibilidade, bônus por atingir a meta de transição da empresa, etc.
➢ Criar insatisfação com a situação atual, demonstrando o sucesso que empresas concorrentes estão tendo. Mostrar artigos e entrevistas com gestores que compartilham suas experiências de sucesso no uso de *Scrum*. A ideia é criar um sentimento de "se ele consegue, eu também consigo".

---

[6] Relação onde não há verticalidade de poder e saber. Por exemplo, professores e alunos em rede encontram-se como parceiros.
Fonte: <http://www.moodle.ufba.br/mod/glossary/view.php?id=76371&mode=letter&hook=H&sortkey=&sortorder=>.

- Utilize o *coaching*, fazendo com que os apegados se questionem sobre quais são seus maiores medos e preocupações com as consequências do sucesso da transição.
- Tornar visível e claro qual o comportamento esperado após a transição, procurando endereçar possíveis dúvidas e preocupações.

Sabotadores

Os sabotadores são aqueles que farão oposição a todo o processo de transição. Farão de tudo para nada dar certo e ainda obterão aliados no processo de resistência.

Os sabotadores costumam dizer as seguintes frases:
- "Usar *Scrum* em projetos é a mesma coisa que planejar construir uma cidade e acabar construindo uma favela"
- "Primeira coisa que eu perguntaria ao entrar em um avião: o *software* foi desenvolvido com *Scrum*? Se sim, eu daria meia volta e iria embora"
- "*Scrum* vai contra todas as boas práticas de gerenciamento de projetos e governança! Não posso permitir que a empresa fique sem controle!"
- "*Scrum* funciona só para fazer o curso do Vitor Massari e ficar colando *post-its* na parede. No mundo corporativo não passa de uma piada de mau gosto. Na minha empresa não entra enquanto eu estiver aqui"
- "Já tentamos implantar *Scrum* no passado e não deu certo! Transição outra vez? Só quando o inferno congelar"

Sem dúvida alguma, esse é o perfil de resistência mais complicado de administrar e, infelizmente, nem sempre *soft skills* e *coaching* trarão resultado. A seguir, algumas técnicas para trabalhar com as resistências dos sabotadores:
- Demonstrar os pequenos passos de sucesso da transição. Mostre que *Scrum*, caso bem aplicado e assim como qualquer metodologia e *framework*, entregará "cidades" e não "favelas", que entregará aviões com *softwares* de qualidade e refinados através do processo de melhoria contínua, que pode conviver de forma harmônica e complementar aos processos de gerenciamento de projetos e governança da empresa, que está começando a trazer resultados para a empresa e não funciona somente no curso do Vitor Massari, que, se houve uma tentativa de transição fracassada anteriormente, entender as diferenças com o processo atual de transição, aprender com os erros anteriores e evitá-los.
- Ter um forte apoio e abordagem *top-down*. Neste caso, é muito importante que a mensagem de apoio para a transição seja transmitida pela alta direção

da empresa, pois isso pode inibir uma resistência mais ativa por parte dos sabotadores. Se o apoio *top-down* não for tão firme ou for inseguro/inconstante, os sabotadores poderão se aproveitar do primeiro sinal de dificuldade da transição para dizer para a alta direção: "eu bem que avisei! Ainda dá tempo de pararmos com essa transição".
- ➢ Compor a Comunidade de Melhorias (CM) com pessoas influentes na empresa, por exemplo: um diretor, um gerente de projetos que é respeitado pelo sucesso de seus projetos e iniciativas, um líder técnico que trabalhe há anos na empresa, um funcionário conhecido por seu carisma e bom relacionamento por todos. Tendo pessoas influentes e respeitadas à frente do processo de transição, os sabotadores podem se sentir intimidados a resistir de uma forma mais ativa e podem começar a se questionar se realmente eles não estão se comportando como "o ponto fora da reta".
- ➢ Remover da Equipe *Scrum*. Se o sabotador está influenciando negativamente outras pessoas da Equipe *Scrum*, atrapalhando o processo e todas as técnicas anteriores não surtirem efeito, simplesmente remova-o da Equipe.
- ➢ Demitir. Se você esgotou todas as suas *soft skills* e técnicas de *coaching*, tentou todas as possibilidades descritas anteriormente e o sabotador continua minando o processo de transição e o moral da Equipe, demita-o se você tiver alçada para isso. De fato, é a solução mais radical, mas se você explorou tudo que estava ao seu alcance para engajá-lo e o comportamento obtido em troca é algo que está dificultando um possível crescimento da empresa, não pense duas vezes.

2.2. Usando *soft skills*

A todo o momento o *Scrum Master* irá lidar com pessoas, o que não é tarefa fácil. Cada indivíduo reage de uma maneira diferente em situação de pressão, confronto e contrariedade. Cada indivíduo tem sua característica própria.

As *soft skills* ou habilidades interpessoais são técnicas-chave que um bom *Scrum Master* precisa ter para conduzir pessoas rumo a um objetivo maior: o sucesso do projeto.

A seguir listo as principais *soft skills* que um bom *Scrum Master* deve possuir:
- ➢ Escuta ativa.
- ➢ Inteligência emocional.
- ➢ Técnicas de negociação.
- ➢ Técnicas de resolução de conflitos.

2.2.1. Escuta ativa

Uma técnica que aparenta ser simples, mas muitos não praticam ou praticam de maneira indevida, é a escuta ativa.

Alguns líderes, gerentes e facilitadores simplesmente não conseguem captar a mensagem do interlocutor, seja por estarem atarefados ou por não darem importância. Logo depois tomam atitudes equivocadas baseadas na mensagem que eles entenderam. Isso já aconteceu com você?

Como um bom *Scrum Master*, você deve entender qual nível de escuta ativa você pratica atualmente e refletir em quais pontos você precisa melhorar.

Nível 1 – Escuta interna

É o nível em que a maioria das pessoas está atualmente. Enquanto você escuta as palavras que o interlocutor diz, você pensa: "no que isso irá me afetar?" e o conteúdo da mensagem é perdido.

Geralmente pessoas com esse tipo de perfil de escuta se distraem no meio da conversa, interrompem constantemente o interlocutor ou simplesmente "blindam" os ouvidos caso o assunto não seja do seu interesse ou concordância.

Uma vez presenciei um caso de gerente que "blindava" os ouvidos quando o assunto não era de seu interesse. Seus comentários feitos após a fala do interlocutor geravam a seguinte inquietação: "será que ele realmente prestou atenção ou entendeu alguma coisa que eu falei? Não é possível!". Com o passar do tempo, a equipe passou a falar cada vez menos com esse gerente e se limitava a fazer o que o ele pedia, eliminando qualquer motivação ou formação de uma equipe auto-organizada.

Nível 2 – Escuta focada

Neste nível torna-se forte a prática da empatia. Ao ouvir a mensagem, você se coloca na mente do interlocutor e começa a capturar a mensagem que está sendo passada.

Geralmente pessoas com esse tipo de perfil de escuta ouvem bastante para depois comentarem ou responderem a mensagem do interlocutor. Evitam interrompê-lo durante a fala e permanecem focados na escuta.

O interlocutor se sente confortável ao perceber que você está prestando atenção e uma relação de confiança vai sendo construída ou se fortalecendo mais.

Nível 3 – Escuta global

Neste nível ocorre a prática da empatia realizada da maneira ideal. Além de ouvir a mensagem, você está captando movimentos, posturas, tom de voz, expressão e maneirismos do interlocutor. A mensagem está sendo captada de forma integral, incluindo os sentimentos do interlocutor.

Geralmente, pessoas com esse tipo de perfil de escuta demonstram reações físicas ao ouvirem a mensagem do interlocutor, por exemplo: sorrir, franzir a testa, arquear a sobrancelha, balançar a cabeça, evitar fazer outra atividade enquanto ouve, etc.

O interlocutor se sentirá acolhido por você e sempre se sentirá confortável para procurá-lo em outras situações.

> Segundo José Roberto Marques, em seu livro "**Leader Coach – Coach como Filosofia de Liderança**"[7]: "o ouvinte ativo é aquele que não ouve apenas com seus ouvidos, mas também com seus olhos, corpo, voz e emoção".

---

[7] MARQUES, J. R. **Leader Coach:** coaching como filosofia de liderança. 2. ed. São Paulo: Ser Mais, 2013, 295p.

2.2.2. Inteligência emocional

Outra habilidade interpessoal muito importante que um bom *Scrum Master* deve possuir é a inteligência emocional, ou seja, a capacidade de reconhecer os próprios sentimentos e os sentimentos dos outros, assim como a capacidade de lidar com eles.

A inteligência emocional trabalha com duas ações (reconhecer e regular) aplicadas em duas esferas (a si próprio e ao ambiente social).

O quadrante a seguir demonstra a combinação dessas duas ações aplicadas nas duas esferas:

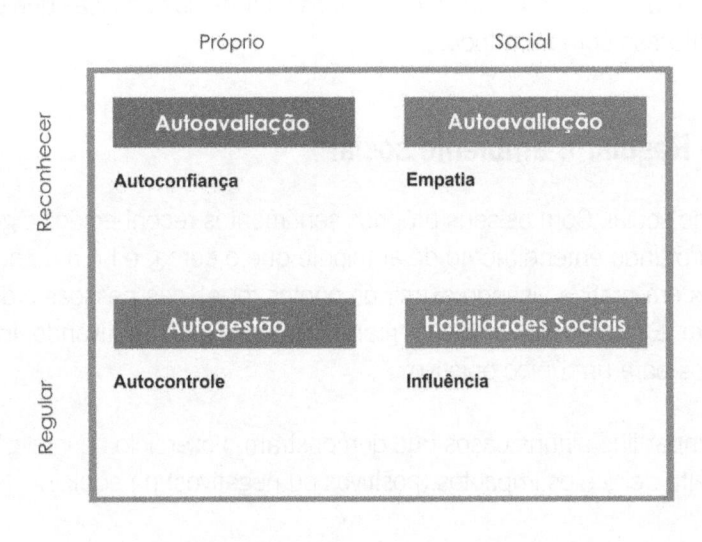

	Próprio	Social
Reconhecer	Autoavaliação Autoconfiança	Autoavaliação Empatia
Regular	Autogestão Autocontrole	Habilidades Sociais Influência

Este quadrante nos mostra uma sequência lógica de passos que são os chamados quatro estágios da inteligência emocional, detalhados logo a seguir.

Passo 1 – Reconhecer a si próprio

Reconhecer a si próprio é distinguir os próprios sentimentos, identificar o que o agrada, o que não o agrada, o que o faz perder a paciência rapidamente, em quais situações você se destaca, como você lida com o estresse e a pressão, etc. Resumindo, quais são seus pontos fracos e fortes.

Passo 2 – Regular a si próprio

Regular a si próprio é gerenciar os próprios sentimentos. Uma vez que você reconhece seus pontos fracos e fortes, você deve trabalhá-los para extrair o melhor de si próprio. Trabalhar os pontos fracos, como falta de paciência, estresse, má escuta ativa, entre outros, e valorizar os pontos fortes, como uma boa escuta ativa, senso de liderança, conhecimento do negócio, entre outros.

Passo 3 – Reconhecer o ambiente social

É a prática da empatia. Entender o ambiente que o cerca, entender o que sentem, o que pensam, o que esperam e os pontos fracos e fortes das pessoas que estão à sua volta e da empresa como um todo.

Passo 4 – Regular o ambiente social

Ter habilidade social. Com os seus próprios sentimentos reconhecidos e gerenciados e com um profundo entendimento do ambiente que o cerca, é hora de colocar seus pontos fortes em prática visando extrair os pontos fortes das pessoas e da empresa que o cercam. É o momento onde um grande líder aparece, motivando, inspirando e guiando todos para um único objetivo.

A seguir, compartilho alguns casos que demonstram o exercício da inteligência emocional (e a falta dela) e os impactos (positivos ou negativos) na equipe.

Caso 1 – O *Scrum Master* "direto ao ponto"

Jorge é uma pessoa objetiva e sem muita paciência para longas dissertações e excesso de elucubração. Possui uma capacidade única de enxergar soluções e objetivos simples. Porém, seu jeito direto e objetivo de lidar com as situações transmitia uma certa rispidez para o restante da Equipe *Scrum*, que, consequentemente, ficava com receio de envolver Jorge na solução de problemas e impedimentos.

Certo dia, um membro da Equipe de Desenvolvimento convidou Jorge para tomar um café e explicou o receio da Equipe em envolvê-lo na solução de problemas e impedimentos. Baseado nesse *feedback*, Jorge fez algumas reflexões e decidiu:

➢ **Reconhecer seus sentimentos:** reconheceu que a maneira de expressar sua objetividade era um pouco ríspida devido à sua pouca paciência com falta de objetividade e elucubração.
➢ **Regular seus sentimentos:** buscou manter sua forma direta e objetiva de lidar com as situações, mas tentando ouvir mais as outras pessoas e prestando mais atenção em sua forma de falar.
➢ **Reconhecer o ambiente social:** entendeu que boa parte da Equipe *Scrum* não tinha um *mindset* tão objetivo e direto como o seu e não aprovava sua abordagem às vezes ríspida.
➢ **Regular o ambiente social:** entendeu que, mais do que nunca, era sua responsabilidade fornecer *coaching* e *mentoring* para que o restante da Equipe *Scrum* conseguisse vislumbrar soluções mais diretas e objetivas, sem perder tempo com excesso de elucubração.

Caso 2 – O novo *Scrum Master* que foi um grande programador no passado

Eduardo foi um ótimo desenvolvedor durante anos, tornando-se referência técnica dentro da empresa. Seu gerente funcional lançou um desafio, perguntando se ele gostaria de ser o *Scrum Master* do novo projeto de migração de sistemas. Eduardo topou o desafio e logo os problemas começaram.

A Equipe de Desenvolvimento possuía programadores com os mais variados perfis: Victor era um programador tão bom quanto Eduardo e desenvolvia em uma velocidade impressionante. Roberto era um bom programador, mas tinha um estilo mais analítico e desenvolvia em um ritmo mais lento. Garcia era novo na empresa e, embora fosse um programador experiente, não conhecia muito as técnicas de *Extreme Programming* utilizadas na empresa, tais como Desenvolvimento Orientado a Testes (TDD), e estava acostumado a trabalhar com o método *Waterfall* de desenvolvimento de *software*. Ferdinando era um programador júnior muito bom, porém ainda inexperiente e com o ímpeto exagerado dos jovens em formação. Leandro era imaturo tanto no aspecto pessoal quanto no profissional.

Eduardo se entendeu com Victor logo de cara, porém tinha dificuldades terríveis no relacionamento com os demais membros da Equipe de Desenvolvimento. Sua fala constante era: "não entendo qual é a desses caras! Roberto é muito lento, Garcia não se esforça para aprender *Scrum*, Ferdinando é moleque e Leandro, muito imaturo". Seu gerente funcional lhe deu a seguinte recomendação: "meu caro, você já conversou com eles? Fez o que um bom *Scrum Master* deve fazer? Fornecer *coaching* a eles, motivá-los e, o principal de tudo, ouvi-los? Entender quais são as dificuldades e os impedimentos deles e ajudá-los?". Eduardo respondia sempre: "nunca precisei de ninguém para me motivar. Por que eles precisam?".

Um belo dia, ao final do expediente, Eduardo refletiu sobre o ocorrido e decidiu:
- ➢ **Reconhecer seus sentimentos:** reconheceu que tinha dificuldades terríveis em liderar a Equipe de Desenvolvimento pelo fato de ter sido um ótimo programador no passado e nunca ter dependido da motivação de outras pessoas. Em sua concepção, todos deveriam ser como ele.
- ➢ **NÃO regular seus sentimentos:** decidiu pressionar a Equipe de Desenvolvimento, ameaçando fazer trocas na composição da Equipe. Consequentemente, a Equipe perdeu toda a motivação, e essa desmotivação começou a se refletir em atraso nas entregas, defeitos entregues ao final de cada *Sprint* e insatisfação do *Product Owner* com o projeto. Para compensar (e piorar), Eduardo começou a programar, tornando explícita a sua falta de confiança na Equipe, e Victor começou a ficar sobrecarregado tentando salvar o projeto. Com o passar do tempo, Victor se cansou de ter que trabalhar mais devido à desmotivação do restante da Equipe e pediu demissão.

Caso 3 – O *Scrum Master* que não era levado a sério pela Equipe de Desenvolvimento

Augusto foi contratado para assumir o papel de *Scrum Master* em um novo projeto. Houve uma identificação inicial muito forte entre Augusto e o restante da Equipe *Scrum*, porém, no decorrer do projeto, tornava-se evidente que Augusto, embora um grande conhecedor do *Scrum*, não conhecia nada sobre o produto que estava sendo desenvolvido e nada sobre a tecnologia utilizada.

Todos gostavam muito de Augusto, mas o viam como o "contador de piadas", o "animador de auditório", o "boa praça", jamais como um *Scrum Master*. O restante da Equipe *Scrum* passou a envolvê-lo cada vez menos no projeto, deixando Augusto totalmente deslocado e sem função. Algumas pessoas incentivaram Augusto a ser mais firme e se impor na base da força e ele decidiu:

> - **Reconhecer seus sentimentos:** reconheceu que não conhecia muito o produto e a tecnologia utilizada e que não estava fazendo muito esforço para aprender. Reconheceu também que era carismático e que as pessoas gostavam de ouvi-lo e de conversar com ele.
> - **Regular seus sentimentos:** decidiu se dedicar de coração aos estudos sobre o produto e a tecnologia utilizada no projeto.
> - **Reconhecer o ambiente social:** entendeu que o restante da Equipe *Scrum* o considerava alguém bom de conversa, mas que não agregava muito ao projeto.
> - **Regular o ambiente social:** decidiu ter uma conversa franca com a Equipe de Desenvolvimento sobre seus esforços em aprender mais sobre o produto e a tecnologia utilizada, solicitando ajuda e compreensão de todos. Também passou a usar seu carisma para motivar a Equipe em vez de usá-lo só para "jogar conversa fora".

2.2.3. Técnicas de negociação

As técnicas de negociação precisam ser bem utilizadas, principalmente em situações de conflitos. E pode acreditar que os conflitos em projetos sempre serão inevitáveis.

Primeiramente, vamos listar as oito principais fontes de conflito em um projeto:
1. **Prazo:** o prazo determinado para o projeto não é factível o suficiente para a entrega de um mínimo de conjunto de funcionalidades que garantam qualidade.
2. **Prioridades:** as partes interessadas e o *Product Owner* possuem opiniões divergentes sobre as prioridades dos requisitos do *Product Backlog*.
3. **Recursos:** disponibilidade de recursos, principalmente em estruturas matriciais (conforme abordado no Capítulo 1).
4. **Opiniões técnicas:** os membros da Equipe de Desenvolvimento possuem divergências sobre questões técnicas do projeto.
5. **Entendimento dos requisitos:** a Equipe de Desenvolvimento tem dificuldades para entender os requisitos definidos pelo *Product Owner*.
6. **Definição de quando algo está pronto (*done*):** muitas vezes a Equipe de Desenvolvimento e o *Product Owner* possuem visões divergentes de quando um determinado requisito está realmente concluído.
7. **Custo:** o orçamento reservado para o projeto pode restringir o escopo da solução, podendo gerar falta de qualidade.
8. **Personalidades:** cada ser humano possui sua personalidade própria e individualidade.

Ao depararem com qualquer uma dessas fontes de conflito, tanto o *Scrum Master* quanto o *Product Owner* deverão conhecer bem algumas técnicas de negociação, que são as seguintes:
- Perde-perde.
- Ganha-perde.
- Ganha-ganha.

Vamos exercitar essas técnicas no cenário hipotético a seguir.

Rachel é a *Product Owner* de um determinado projeto e vive reclamando com a Equipe de Desenvolvimento que as entregas das *Sprints* sempre chegam com problemas. A Equipe de Desenvolvimento alega que está atendendo à definição de pronto (*done*), que é desenvolver e compilar no repositório. Rachel alega que na definição de pronto também deveriam constar testes unitários, integrados e de regressão. A Equipe de Desenvolvimento discorda do ponto de vista de Rachel, alegando que entregará menos requisitos do *Product Backlog* dentro das *Sprints*, consequentemente atrasando o projeto. Rachel alega que prefere estender o prazo do projeto recebendo entregas de qualidade do que estender o prazo do projeto consertando problemas de *Sprints* anteriores. Marcos, o *Scrum Master* da Equipe *Scrum*, intervém no impasse e negocia entre as partes.

Cenário perde-perde

– Rachel, a Equipe de Desenvolvimento está certa! Não podemos atrasar o prazo do projeto. É você quem deve fazer esses testes!

– Equipe de Desenvolvimento, a Rachel fará os testes, mas a cada problema ou *bug* encontrado vocês serão penalizados e deverão elaborar um relatório justificando a causa dos problemas e o que está sendo feito para corrigir. Se o prazo do projeto for ultrapassado, o membro da Equipe que produzir mais defeitos será demitido.

Perceba que o resultado da negociação foi ruim para ambas as partes. Rachel continua insatisfeita com a definição de pronto (*done*) acordada e Marcos preferiu coagir a Equipe de Desenvolvimento para evitar erros em vez de fornecer *coaching* e orientação. Resumindo: todas as partes saíram perdendo.

Cenário ganha-perde

– Rachel, a Equipe de Desenvolvimento está certa! Não podemos atrasar o prazo do projeto. É você quem deve fazer esses testes!

– Equipe de Desenvolvimento, continuem mantendo esse ritmo! Não podemos atrasar o prazo deste projeto!

Neste caso o resultado foi bom para a Equipe de Desenvolvimento, que continuará mantendo o seu entendimento sobre a definição de pronto (*done*), e ruim para

Rachel, que continuará sofrendo com entregas não testadas. Resumindo: a Equipe de Desenvolvimento ganhou e Rachel perdeu.

Este é o típico caso de negociação conhecida como "soma zero". Apesar de uma parte ter ganhado a disputa, o projeto como um todo saiu perdendo.

Cenário ganha-ganha

– Equipe de Desenvolvimento, é melhor atrasarmos um pouco o projeto e garantirmos qualidade em vez de atrasarmos o projeto por causa de problemas. Este projeto tem grande visibilidade e é a imagem de todos nós que está em jogo. Queremos ser lembrados por termos construído um produto que é um diferencial para a empresa ou por termos feito uma "bomba"?

– Rachel, e se a Equipe de Desenvolvimento começasse a fazer os testes unitários e integrados e você fizesse o teste de regressão? Dessa forma a Equipe não ficará tão sobrecarregada, conseguirá entregar mais qualidade para você e você faz os testes de regressão para dar a validação final. O que acha?

Nessa mediação, os dois lados cederam um pouco, nenhum dos dois lados saiu insatisfeito e a resolução garantirá uma melhor qualidade para o projeto. Resumindo: todos ganharam.

2.2.4. Técnicas de resolução de conflitos

O conflito pode ser uma valiosíssima fonte de criação, onde as diferenças de opinião e de personalidade entre as pessoas podem (e devem) ser usadas a favor dos projetos. Para que isso ocorra, o *Scrum Master* deve saber lidar com o conflito e entender quais abordagens ele pode utilizar.

Força

É o famoso "é assim e ponto final, quem decide aqui sou eu". Costuma ser a pior forma de lidar com o conflito e só deve ser utilizada quando este já ultrapassou a esfera profissional e foi para a pessoal. Costuma ser uma solução ganha-perde.

Retirada

Acontece com mais frequência do que se imagina. Trata-se daquele *Scrum Master* que acha que o conflito se "resolve automaticamente" e sempre sai com algo como "hoje estou com dor de cabeça, amanhã falamos sobre isso". O problema é que a tal "dor de cabeça" costuma se estender por várias semanas.

Conciliação

Neste caso, o *Scrum Master* tenta fazer com que os lados cedam um pouco e pode ser até efetivo em curto prazo, mas, por se tratar de uma solução perde-perde, o conflito pode voltar à tona e em nível maior do que a situação anterior.

Acomodação

Conhecida popularmente como "panos quentes". É aquele caso em que o líder fala exatamente o que cada parte quer ouvir e enfatiza mais os pontos em comum do que os pontos de desacordo. Novamente, pode ser uma solução de curto prazo.

Colaboração

É a busca por consenso e bom senso. Pode funcionar, dependendo do nível em que o conflito se encontra.

Confronto

Costuma ser a melhor forma de resolução de conflitos. É sentar com as partes, tentar entender a causa-raiz do conflito e propor alternativas para uma solução ganha-ganha.

"Vitor, como sei qual é o estágio de conflito existente na Equipe *Scrum*?"

Identifique um dos cenários a seguir:

Nível 1 – Problema a resolver

- **Característica:** informação compartilhada e colaboração.
- **Ambiente:** pessoas possuem diferentes opiniões e utilizam fatos que justificam seus pontos de vista.
- **Exemplo:** "Leo, entendo que você acha que o TDD dá mais trabalho. Mas no projeto anterior não o utilizamos e tivemos diversos problemas e retrabalhos".

Nível 2 – Desacordo

➢ **Característica:** proteção pessoal.
➢ **Ambiente:** autoproteção torna-se importante. Distanciamento dos membros da equipe.
➢ **Exemplo:** "eu fiz exatamente o que nosso *Product Owner* pediu. Acho que ele não soube definir o que queria".

Nível 3 – Contestação

- **Característica:** buscar a vitória.
- **Ambiente:** pessoas assumem lados. Conflito começa a ser acusatório.
- **Exemplo:** "nosso *Product Owner* sempre define as coisas erroneamente".

Nível 4 – Cruzada

- **Característica:** proteger o próprio grupo.
- **Ambiente:** equipe segregada. Um lado acredita que o outro deve ser removido.
- **Exemplo:** "essa Equipe de Desenvolvimento faz tudo errado. Inviável trabalhar com eles".

Nível 5 – Guerra Mundial

- **Característica:** destruir o outro.
- **Ambiente:** combativo. Pessoas não se falam mais.
- **Exemplo:** "ou ele ou eu".

Como um bom *Scrum Master*, priorize sempre que as decisões e os conflitos da Equipe *Scrum* sejam resolvidos pelos próprios envolvidos, mas atue como um *coach* e um intermediador.

Nível do conflito	Quem resolve	Papel do *Scrum Master*	Técnica
1	Envolvidos	Mediar/Negociar	Colaboração/Confronto
2	Envolvidos	Mediar/Negociar *Coaching*	Colaboração/Confronto
3	Envolvidos	Mediar/Negociar *Coaching*	Conciliação/Confronto
4	Envolvidos com intervenção do *Scrum Master*	Mediar/Negociar *Coaching* Intervir	Conciliação/Confronto
5	*Scrum Master*	Intervir	Confronto/Força

Um bom *Scrum Master* será um ótimo mediador de conflitos se, além de aplicar bem as técnicas de resolução de conflitos descritas, também for forte nas outras *soft skills* descritas anteriormente: escuta ativa, inteligência emocional e técnicas de negociação.

2.3. Formando equipes auto-organizadas de alto desempenho

No Capítulo 1 foram mencionadas algumas características de uma boa Equipe de Desenvolvimento. Relembrando:
- Auto-organizada.
- Multifuncional.
- Jamais negocia qualidade.
- Recomenda-se ter de cinco a nove integrantes.

Das características mencionadas, considero a auto-organização o elemento-chave para Equipe de Desenvolvimento funcionar em alto desempenho.

Para corroborar minha opinião, vou evocar dois princípios do Manifesto Ágil[8]:
- "Construa projetos em torno de indivíduos motivados. Dê a eles o ambiente e o suporte necessário e confie neles para fazer o trabalho"
- "As melhores arquiteturas, requisitos e designs emergem de equipes auto-organizadas"

Nenhuma equipe se torna auto-organizada e motivada da noite para o dia. Por essa razão vamos entender a importância do *Scrum Master* enquanto líder, facilitador, *coach* e motivador de pessoas para ajudar a Equipe de Desenvolvimento na sua trajetória em busca de auto-organização e alto desempenho.

A seguir listarei algumas técnicas muito importantes que o *Scrum Master* pode e deve utilizar para ajudar na formação de equipes auto-organizadas de alto desempenho.

2.3.1. Liderança situacional

Costumo falar em tom de brincadeira que o *Scrum Master* deve ter um "seletor" dentro dele a ser alterado conforme a pessoa ou Equipe com que ele está lidando.

Esse "seletor" possui quatro opções, conforme figura a seguir:

---

[8] Declaração de princípios que fundamentam o desenvolvimento ágil de *software*. Contou com 17 signatários: Kent Beck, Mike Beedle, Arie van Bennekum, Alistair Cockburn, Ward Cunningham, Martin Fowler, James Grenning, Jim Highsmith, Andrew Hunt, Ron Jeffries, Jon Kern, Brian Marick, Robert C. Martin, Steve Mellor, Ken Schwaber, Jeff Sutherland e Dave Thomas.

Diagrama D4-D1

D4	D3	D2	D1
Alta competência / Alto comprometimento	Competência média / Comprometimento variado	Alguma competência / Baixo comprometimento	Baixa competência / Alto comprometimento

Quadrante de Liderança Situacional (S1-S4):

- **S3 – SUPORTAR**: Baixo Direcionamento e Alto Suporte — "Vamos falar, D3 decide"
- **S2 – COACHING**: Alto Direcionamento e Alto Suporte — "Vamos falar, líder decide"
- **S4 – DELEGAR**: Baixo Direcionamento e Baixo Suporte — "D4 decide"
- **S1 – DIRECIONAR**: Alto Direcionamento e Baixo Suporte — "Líder decide"

Eixos: COMPORTAMENTO DIRETIVO (Baixa → Alta)

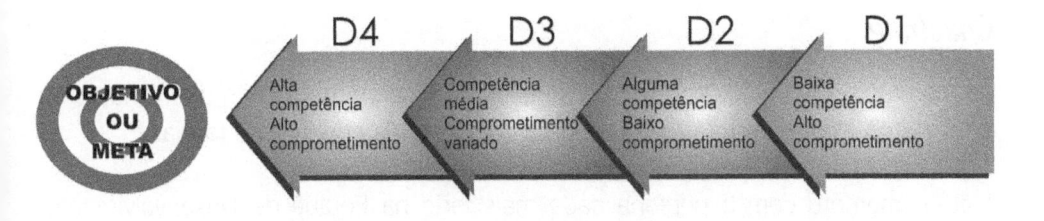

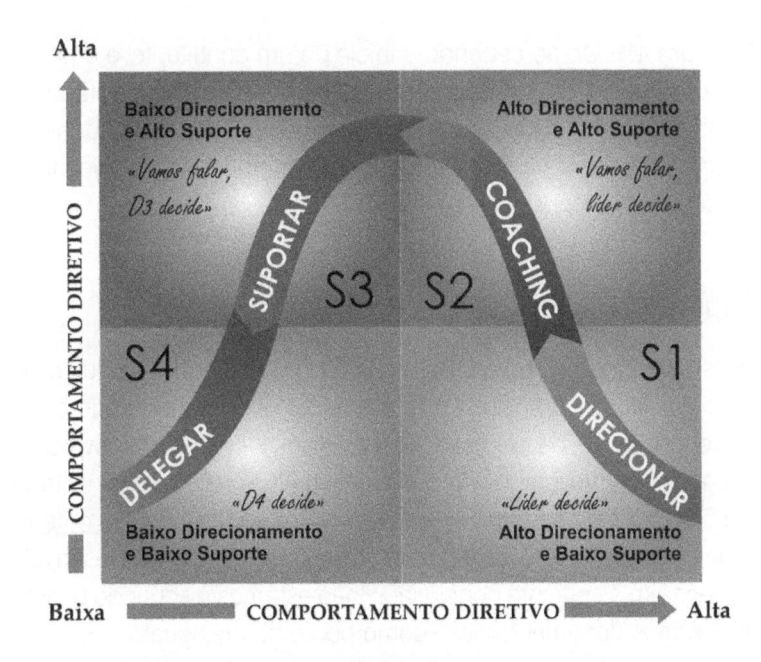

Essas quatro opções do "seletor" são os quatro estágios da liderança situacional que serão descritos a seguir narrando situações reais vivenciadas por uma Equipe de Desenvolvimento em um projeto piloto de transição utilizando *Scrum*.

Direcionar

O conceito de equipe auto-organizada era totalmente novo para os membros da Equipe de Desenvolvimento do projeto piloto. Eles ficavam aguardando o *Scrum Master* dizer o que cada um tinha que fazer. O *Scrum Master* disse que ele iria atuar mais como um *coach* do que um atribuidor de tarefas. Ele orientou os membros da Equipe de Desenvolvimento a listar as tarefas utilizando um quadro *Kanban* e eles mesmos decidissem quem iria fazer o quê, acionando-o em caso de qualquer dúvida, problema ou impedimento.

Coaching

Os membros da Equipe de Desenvolvimento começaram a seguir o direcionamento do *Scrum Master* e decidiram sobre a melhor forma de conduzir as tarefas.

João, o membro com a personalidade mais forte na Equipe de Desenvolvimento, começou a tomar a frente das discussões sobre as tarefas e acabava tomando as decisões, nem sempre com a concordância do restante da Equipe.

O *Scrum Master,* percebendo o início de um conflito, teve uma conversa com João e o aconselhou a utilizar sua personalidade forte para incentivar os demais membros a tomarem as decisões corretas e não decidir por eles. Ao mesmo tempo, o *Scrum Master* incentivou os demais membros a sempre se posicionarem caso não concordassem com as posições de João.

Suportar

Após superado o problema entre João e o restante da Equipe de Desenvolvimento, o *Scrum Master* percebeu que a equipe foi amadurecendo a cada dia. Na reunião de retrospectiva da primeira *Sprint* foram identificados diversos pontos positivos e nenhum ponto de melhoria ou negativo. O *Scrum Master* solta uma provocação na reunião: "primeira *Sprint*, primeiro projeto *Scrum* e nenhum item de melhoria? Tudo lindo e maravilhoso?". Então os membros da Equipe de Desenvolvimento se olharam e chegaram à seguinte conclusão: "não estamos discutindo sobre os problemas entre nós! Vamos documentar isso como ponto de melhoria".

Delegar

O *Scrum Master* continua acompanhando a evolução da Equipe de Desenvolvimento, atuando nos problemas e impedimentos sinalizados pela Equipe, acompanhando as métricas da Equipe, monitorando o progresso do projeto e promovendo a divulgação dos resultados obtidos para o restante da empresa (etapa "Promover" do ADAPT).

Um dos grandes desafios do *Scrum Master* é entender qual tipo de liderança empregar de acordo com a situação. Você pode ter uma boa equipe auto-organizada, mas com membros que você ainda precisa direcionar ou fornecer *coaching*.

Sempre faço uma analogia da liderança situacional com o exemplo de um pai ensinando seu filho a andar de bicicleta, conforme figura a seguir:

Coaching e mentoring

Um bom *Scrum Master* deve ser também um *coach* e um mentor da Equipe *Scrum*, ajudando a desenvolver habilidades técnicas e de negócio e a resolver problemas e questões através de boas práticas como:

Não explicar o que deve ser feito, e sim orientar

Dê as diretrizes básicas e permita que o membro da Equipe se desenvolva através do aprendizado. Quanto mais o *Scrum Master* orientar em vez de direcionar, maiores as chances de formação de uma equipe auto-organizada.

Garantir confidencialidade das conversas realizadas no *coaching*

O membro da Equipe que está recebendo o *coaching* pode perder a relação de confiança com o *Scrum Master* se suas conversas individuais forem expostas perante o resto da Equipe.

Manter sentimentos pessoais fora do *coaching*

Se o *Scrum Master* tiver alguma restrição pessoal ou mesmo uma relação de maior amizade com algum membro da Equipe, esses sentimentos devem ficar completamente de fora no momento do *coaching*. O objetivo do *coaching* é ajudar a desenvolver e motivar o membro da Equipe para alcançar os objetivos do projeto alinhados com suas metas pessoais.

O *coach* deve sempre fazer perguntas que provoquem a reflexão em seus *coachees*, tanto em sessões em grupo (nas retrospectivas das *Sprints*, por exemplo) quanto de forma individual. Alguns exemplos:

- ➢ "Estamos utilizando bem os testes automatizados?"
- ➢ "Você acredita que o projeto está despertando o melhor que há dentro de você?"
- ➢ "Na última *Sprint*, tivemos uma série de itens entregues com defeitos. O que vocês acreditam que causou isso?"

O processo de *coaching* é um estímulo constante para que os *coachees* identifiquem o estado onde estão, reflitam sobre em qual estado querem chegar e quais os passos necessários para isso.

2.3.2. Motivando as equipes

Quanto mais motivadas forem as Equipes *Scrum*, melhores serão os resultados tanto de um projeto piloto quanto de todos os projetos que venham a ser conduzidos com *Scrum*. A seguir, algumas dicas importantes para o *Scrum Master* motivar suas equipes.

Compartilhar a visão do projeto com toda a Equipe *Scrum*

A Equipe deve saber qual o objetivo do projeto e quais os benefícios que serão gerados pela entrega do produto do projeto.

Gostaria de compartilhar uma experiência pessoal em um projeto que atuei como *Scrum Master*. Em uma determinada *Sprint*, tive a necessidade de contar com Leo, um especialista técnico, para compor a Equipe de Desenvolvimento e atuar em uma funcionalidade crítica. Leo atuaria somente naquela *Sprint* de três semanas, ou seja, sairia do projeto logo após o término da *Sprint*. Um dia após a reunião de planejamento da *Sprint*, em vez de iniciar o desenvolvimento da *Sprint*, pedi para Leo tirar o dia para conversarmos sobre o projeto e fiz questão de mostrar todo o plano de versão de entrega/*release*, explicar a importância do projeto para a empresa em termos estratégicos e financeiros, contar em que ponto estávamos, quantas *Sprints* faltavam e como aquele trabalho dele de três semanas era crucial em um contexto de um projeto de 15 *Sprints* com prazo fixo. Leo fez um ótimo trabalho nas três semanas e saiu do projeto ao final da *Sprint*. Na reunião de retrospectiva final do projeto, Leo mencionou que a conversa que tivemos no início da *Sprint* foi fundamental para que ele se dedicasse como se aquelas fossem as três semanas finais do projeto.

Torne as informações do projeto visíveis para todos: *Product Backlog*, plano de versão de entrega/*release*, métricas de velocidade, métricas de defeitos, quadros de tarefas, etc.

Ter metas realísticas

Evite trabalhar em projetos com prazos absurdos que ou não serão cumpridos ou comprometerão a qualidade.

Fica difícil transmitir qualquer motivação para a Equipe quando todos percebem que estão trabalhando em um projeto estilo "barca furada". Esse tipo de projeto é muito frequente em casos onde uma área comercial vende o produto com o prazo já definido em contrato para o cliente. Quando a Equipe *Scrum* começa a trabalhar no plano de versão de entrega/*release*, descobre que o prazo não é realista para entregar o prometido para o cliente. Geralmente, o cliente não aceita postergar o prazo e a Equipe toma uma das seguintes ações:

> Corre para entregar, mesmo sendo algo malfeito.
> Entrega o que chamo de MVP (*Minimum Viable Product*) "manco" e corre o risco de não atender às expectativas do cliente.

Ajudar a construir uma identidade da equipe

Incentive a formação de uma equipe auto-organizada capaz de ter sua identidade única.

Nem sempre um conjunto de pessoas trabalhando juntas forma uma equipe, então trabalhe para que essas pessoas reunidas trabalhem como uma equipe colaborativa, auto-organizada e de alto desempenho.

Prover uma forte liderança

Trabalhe fortemente as *soft skills* e técnicas descritas neste capítulo para ser um motivador, inspirador, incentivador e facilitador da Equipe *Scrum*.

> Faça as Equipes trabalharem por você e não para você!

Alinhar os níveis de autoridade com a equipe

Um dos grandes desafios de uma nova Equipe auto-organizada é saber em quais situações ela está totalmente empoderada para tomada de decisões. Muitas vezes a Equipe possui autonomia para todas as decisões técnicas, porém não possui autonomia para efetuar a aquisição de um item com um fornecedor externo. Para a regra do jogo ficar clara entre todos, levante quais os possíveis itens de tomada de decisão que o grupo enfrentará e juntos utilizem a técnica dos 7 Níveis de Autoridade, derivada da abordagem *Management 3.0*, criada por Jurgen Appelo. Nesta técnica temos uma pontuação de 1 a 7 a ser definida para cada tipo de decisão tomada, onde:

- **1 – Dizer (eu direi a elas)** – Decisão autocrática, onde a Equipe deverá seguir uma orientação de comando.
- **2 – Vender (eu tentarei vender a elas)** – Decisão autocrática, porém com a tentativa de convencimento da Equipe.
- **3 – Consultar (eu consultarei e então decidirei)** – Decisão autocrática, porém com insumos fornecidos pela Equipe.
- **4 – Concordar (nós concordaremos juntos)** – Decisão colaborativa, tanto por parte da liderança quanto por parte da Equipe.
- **5 – Aconselhar (eu aconselharei, mas eles decidem)** – Decisão da Equipe, com conselho prévio do líder.
- **6 – Perguntar (eu perguntarei após eles decidirem)** – Decisão da Equipe, sujeita a questionamentos do líder.
- **7 – Delegar (eu delegarei completamente)** – Decisão soberana da Equipe, sem questionamento.

2.3.3. Construindo o espaço da equipe

No *Scrum* é muito importante que a Equipe tenha um espaço (*Space Team*) que favoreça a comunicação face a face e seja um ambiente colaborativo.

A seguir mencionarei algumas características de um bom espaço de equipe:
- Membros da equipe sentados próximos uns aos outros (coalocados/*common*).
- Quadro *Kanban* para gerenciamento do *backlog* da *Sprint*.
- Quadro *Kanban* para deixar visíveis as ações identificadas nas reuniões de retrospectivas das *Sprints*.
- Gráficos *burnup* e *burndown* da *Sprint* e da versão de entrega/*release*.
- Gráficos com métricas como velocidade, defeitos, testes bem ou malsucedidos.

- *Product Backlog* visível para que toda a Equipe esteja alinhada com o objetivo do projeto ou a versão de entrega/*release*.
- Comida e bebida disponíveis.
- Quadro branco para a Equipe exercitar ideias.
- Uma "sala de guerra" (*war room*) para a Equipe se reunir em casos de projetos críticos ou com prazos agressivos.
- Espaço que permita a Equipe ver o céu. Evite ambientes enclausurados.
- Espaço onde os membros da equipe consigam ter um pouco de silêncio e privacidade para concentração ("caverna"/*caves*). Algumas empresas já incorporaram essa cultura e criaram as chamadas áreas de descompressão. Se sua empresa não possui essas áreas, basta encontrar um espaço para sua "caverna". Pode ser a copa, a sala de café, o refeitório, o jardim.

O *Scrum Master* deve fazer o que estiver a seu alcance para a criação e manutenção de um ambiente colaborativo, sempre buscando promover os seguintes aspectos:

Informação irradiada

Tornar as informações do projeto visíveis em quadros brancos e nas paredes faz com que as demais partes interessadas, e até mesmo as pessoas que não estão envolvidas diretamente no projeto, tenham visibilidade do andamento do projeto, evitando muitas vezes reuniões de *status report* ou envio constante de e-mails.

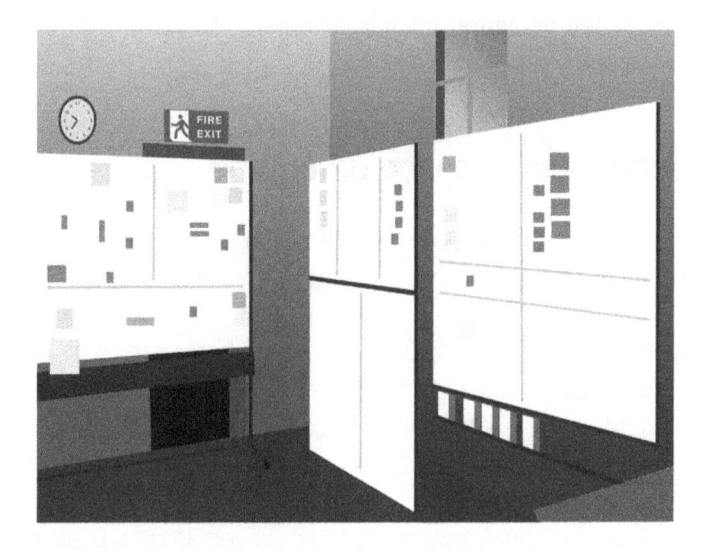

Conhecimento tácito

Promover o conhecimento através da observação e não da escrita. Exemplo: Vitor é um programador júnior que não sabia fazer *debug* em seu código. Um belo dia ele observou Márcia fazendo e viu como aplicar essa técnica garantiria que ele observaria passo a passo o comportamento de seu código. Logo a seguir ele começou a fazer *debug* pelo simples fato de observar Márcia. Não houve uma passagem de conhecimento formal ou informal.

Comunicação osmótica

Informação que flui por osmose através de conversas e questões do dia a dia. Exemplo: Ademir descobre um problema importante no meio do desenvolvimento do projeto e exclama: "encontrei um problema sério!". Todos os membros da Equipe sentados próximos a ele param o que estão fazendo, prestam atenção em Ademir e sabem que estão diante de um problema, ou seja, a informação fluiu por osmose.

2.4. Disseminando o *Scrum* em toda a empresa

"Vitor, após a execução dos primeiros projetos com *Scrum*, como disseminá-lo para as demais Equipes da empresa?"

Leve em consideração dois fatores:
➢ Urgência na disseminação.
➢ Existência de *coaches*.

Se a urgência for alta, o ideal é espalhar membros das equipes dos projetos iniciais em outras equipes, conforme figura a seguir:

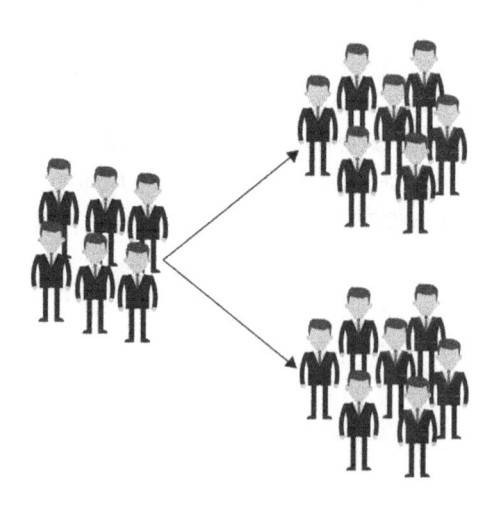

Porém, alguns pontos devem ser observados:
- ➢ A divisão deve fazer sentido levando em consideração conhecimentos técnicos. Por exemplo, não será muito prático juntar programadores Java e .Net em um projeto procedural desenvolvido com Oracle PL/SQL.
- ➢ É importante o acompanhamento de um *coach* interno ou externo à empresa para evitar que a rápida divisão de Equipes gere uma disseminação de conhecimentos equivocados em *Scrum*.
- ➢ Algumas Equipes criam uma sinergia muito forte e separá-las pode trazer mais prejuízos do que benefícios para o processo de disseminação.

Se a urgência não for tão alta, outra técnica de disseminação que pode ser utilizada é o aumento gradativo da Equipe até chegar ao número máximo de integrantes (nove pessoas) e logo após separá-los, espalhando-os em outras Equipes.

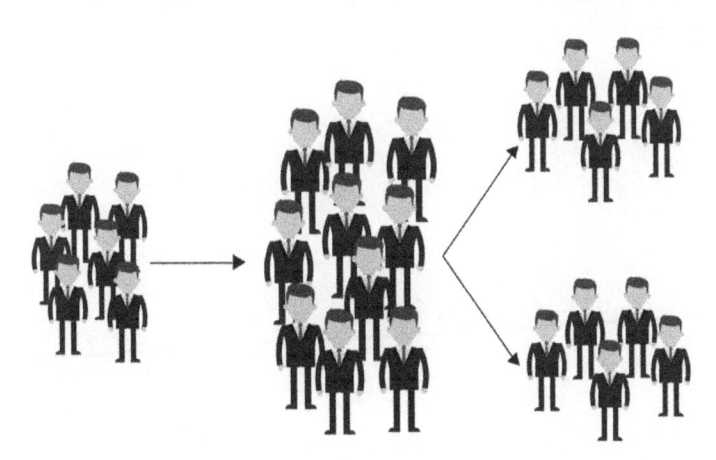

Os mesmos pontos de atenção descritos para o cenário de rápida separação de Equipes devem ser considerados:
- ➢ Levar em consideração conhecimentos técnicos no momento da divisão.
- ➢ Acompanhamento de *coaches*.
- ➢ Evitar quebrar Equipes que trabalham de forma sinérgica.

Em casos onde não valha a pena separar as Equipes formadas, devido à sinergia criada e aos conhecimentos técnicos, ou se a empresa possuir muitos funcionários, o ideal é investir na contratação de um *coach* interno ou externo à empresa.

"Vitor, o que é melhor na sua opinião? *Coach* interno ou externo?"

Vamos relembrar rapidamente as vantagens de cada um:

Coach interno:

- Conhece o ambiente da empresa.
- Identifica rapidamente os apoios e as resistências.
- Entende rapidamente os pontos de melhoria a serem trabalhados.

Coach externo

- Visão imparcial, sem se envolver em aspectos políticos e pessoais.
- Experiência adquirida em sessões de *coaching* realizadas em outras empresas.

2.5. Simulado

Hora de revisar os conceitos do capítulo! Sua meta é acertar sete questões!

Boa sorte!

1. Os membros da Equipe de Desenvolvimento estão executando uma interminável série de *Sprints*, sentindo-se desconectados e isolados da versão de entrega/ *release* planejada. Como *Scrum Master*, o que você deve fazer para reduzir essa sensação de isolamento e desconexão da Equipe?
    (a) Adicionar ferramentas de *feedback*.
    (b) Tornar o *Product Backlog* visível a todos.
    (c) Tornar o *Sprint Backlog* mais visível.
    (d) Criar um espaço ágil da equipe.

2. É muito importante que uma Equipe *Scrum* enfrente os conflitos em vez de evitá-los. De acordo com esse princípio, qual técnica deve ser aplicada pelo *Scrum Master* para mediar e resolver conflitos entre os membros da Equipe?
    (a) Escuta ativa.
    (b) Discutir o problema com os outros.
    (c) Comunicação não verbal.
    (d) Tomar e comunicar a decisão.

3. Após finalizar o primeiro projeto *Scrum* com sucesso, a empresa decidiu disseminá-lo para todas as áreas. O *Scrum Master* sugere contratar um *coach* como estratégia de disseminação. Em qual condição essa estratégia pode ser considerada uma boa ideia?
    (a) Quando há urgência na disseminação do *Scrum*.
    (b) Quando não há urgência na disseminação do *Scrum*.
    (c) Quando separar as Equipes não for prático.

4. Você percebeu que um dos membros da Equipe *Scrum*, um desenvolvedor que trabalha há muitos anos na empresa, está adotando uma postura cética e resistindo ao processo de transição para o *Scrum*. Como *Scrum Master*, qual é a melhor ação para você lidar com essa resistência?
    (a) Desafiar o *status quo*.
    (b) Alterar a composição da equipe.
    (c) Prover treinamento.
    (d) Reforçar a mensagem da alta direção.

5. Uma empresa está em processo de transição para a utilização de *Scrum*. Algumas pessoas estão tendo que sair de sua zona de conforto e, por conta disso, estão criando resistências. O *Scrum Master* identificou que a maior causa da resistência é a falta de visibilidade de resultados práticos. Qual é a melhor ação para o *Scrum Master* lidar com essas resistências?
   (a) Fornecer treinamento e incluir essas pessoas na Equipe *Scrum*.
   (b) Manter algumas das boas práticas e regras.
   (c) Nenhuma ação é necessária, o apoio será espontâneo.
   (d) Fornecer mais poder e prestígio aos resistentes.

6. Você é um gerente de projetos designado para assumir o papel de *Scrum Master* e formar uma equipe auto-organizada. Porém, você tem vários desafios: a maior parte da Equipe tem uma postura passiva e espera que você determine as tarefas, um dos membros da Equipe possui uma personalidade forte e está tomando decisões em nome da Equipe sem o aval de todos e a Equipe não discute os problemas ocorridos durante a *Sprint*. Qual são as melhores ações que você deve tomar para ajudar na auto-organização desta Equipe?
   (a) Informe a Equipe que o seu papel é de um *coach* e facilitador e não de delegar tarefas. Faça *coach* com o membro de personalidade forte para que ele se torne um mentor da Equipe, em vez de um tomador de decisões. Oriente os membros da Equipe para que eles discutam problemas e expressem suas preocupações.
   (b) Tome as decisões em nome da Equipe. Remova o membro de personalidade forte da Equipe. Oriente os membros da Equipe para que eles não discutam problemas nem expressem suas preocupações.
   (c) Substitua os membros da Equipe por pessoas experientes em *Scrum*. Tire o controle do membro de personalidade forte e assuma as tomadas de decisões. Pergunte todo dia aos membros da Equipe se existem preocupações a serem discutidas.
   (d) Mantenha seu papel de gerente de projetos e não use *Scrum* ainda. Treine mais suas habilidades interpessoais para lidar com o membro de personalidade forte. Agende reuniões diárias para a discussão de problemas e preocupações da Equipe.

7. **Duas pessoas que não gostam de *Scrum* estão resistindo ativamente ao processo de transição, influenciando os demais membros da Equipe *Scrum* do projeto piloto. Qual é a melhor ação que o *Scrum Master* deve tomar?**
   (a) Atribuir papéis de importância a eles.
   (b) Identificar a real causa da resistência verificando se existe alguma dificuldade pessoal.
   (c) Removê-los da Equipe.
   (d) Fazer *coaching*.

8. **Os membros de uma Equipe de Desenvolvimento estão tendo alguns problemas de relacionamento e se dividiram em dois grupos com ideias, pensamentos e comportamentos diferentes. Cada grupo reclama da atitude do outro grupo para o *Scrum Master*. Qual é a melhor ação que o *Scrum Master* deve tomar para lidar com esse conflito?**
   (a) Agendar uma reunião com a Equipe de Desenvolvimento para o conflito ser resolvido pela própria Equipe.
   (b) Ser enérgico e remover da Equipe os membros causadores do conflito.
   (c) Agendar e mediar uma reunião com a Equipe de Desenvolvimento para que eles discutam o motivo do conflito e tentem chegar a um acordo.
   (d) Orientar a Equipe de Desenvolvimento a se reunir, a chegar a um acordo e a comunicar o *Scrum Master* depois.

9. **Tatiane está assumindo o papel de *Scrum Master* pela primeira vez. Embora a Equipe de Desenvolvimento goste muito dela, sente que ela não se impõe de forma necessária quando precisa resolver impedimentos da Equipe gerados por outras áreas da empresa. Em uma reunião de retrospectiva da *Sprint*, a Equipe de Desenvolvimento deu esse *feedback* para ela. Ela reconheceu que tinha dificuldades em se impor e prometeu mudar seu comportamento. Qual é a próxima etapa que Tatiane deve seguir?**
   (a) Ignorar o *feedback* da Equipe de Desenvolvimento e continuar sendo ela mesma.
   (b) Começar a se impor perante as áreas da empresa que geram impedimentos para a Equipe de Desenvolvimento.
   (c) Solicitar ajuda com um *coach* interno ou externo à empresa.
   (d) Entender como as áreas geradoras de impedimento se comportam para regular a melhor forma de se impor com cada área.

10. Fred é o *Scrum Master* de um projeto de desenvolvimento de *software* em .Net, após ter sido um desenvolvedor exímio dessa linguagem durante anos. Ele percebe que Carlos não está utilizando as melhores práticas do *Extreme Programming*, podendo comprometer a qualidade da entrega da *Sprint*. Para piorar, Fred não simpatiza pessoalmente com Carlos. Qual é a melhor ação que Fred deve tomar para lidar com essa situação?

(a) Dar uma bronca em Carlos na frente de toda a Equipe de Desenvolvimento e mostrar a todos o que não deve ser feito.

(b) Conversar em particular com Carlos, orientando-o a usar as boas práticas do *Extreme Programming*, visando atingir qualidade e não comprometer a entrega e a velocidade da *Sprint*.

(c) Conversar em particular com Carlos, explicando para ele como usar as boas práticas do *Extreme Programming*, visando atingir qualidade e não comprometer a entrega e a velocidade da *Sprint*.

(d) Orientar os demais membros da Equipe de Desenvolvimento para que eles revisem o código desenvolvido por Carlos.

2.6. Respostas

1. B
Criar um espaço de equipe ágil ajuda, mas, no caso desta Equipe de Desenvolvimento, o artefato principal do espaço que resolve o problema é o *Product Backlog*. É através do *Product Backlog* que a Equipe terá uma melhor visibilidade do que já foi feito e do que ainda falta ser feito.

2. A
Um bom *Scrum Master* será um ótimo mediador de conflitos se, além de aplicar bem as técnicas de resolução de conflitos, também for forte em outras *soft skills* como: escuta ativa, inteligência emocional e técnicas de negociação.

3. C
Quando as Equipes estão trabalhando com alto desempenho e separá-las pode trazer mais perdas do que ganhos, o ideal é ter um *coach* (interno ou externo) ajudando na disseminação do *Scrum* em outras Equipes.

4. C
A questão aborda um membro que se enquadra como cético, onde podemos utilizar como técnicas:
- Deixar o tempo fazer o seu papel.
- Fornecer treinamentos e *workshops*.
- Compartilhar experiências em outras empresas.
- Atribuir papéis de importância aos céticos.
- Construir uma relação de confiança.
- Identificar um cético influente na empresa.

Desafiar o *status quo* seria uma boa ação se o membro resistente se enquadrasse como apegado ao processo.

Alterar a composição da equipe seria uma boa ação se o membro resistente se enquadrasse como seguidor do processo.

5. A
Trata-se de uma pessoa com perfil pragmático. Lembrando as principais características dos pragmáticos:
- Apoiam mudanças desde que visualizem os resultados na prática.

➤ Estão abertos a analisar pontos de vista diferentes.
➤ Mais focados em resultados do que em estruturas.

As sugestões para conquistar o apoio dos pragmáticos são:
➤ Incluí-los na Equipe *Scrum* do projeto piloto.
➤ Tornar os resultados do projeto piloto visíveis para os pragmáticos que não fizeram parte da Equipe *Scrum* do projeto piloto.
➤ Fornecer treinamento aos pragmáticos.
➤ Mostrar casos de sucesso em outras empresas.
➤ Não vender a ideia de que o *Scrum* será a "bala de prata" nem que será a solução de todos os problemas atuais.
➤ Convidar os pragmáticos a participarem da CM (Comunidade de Melhorias).

6. A
Esta é uma questão que abrange diversos conceitos abordados no capítulo.

Para cada situação, o *Scrum Master* deverá utilizar um estilo de liderança, ou seja, a liderança situacional.

Para evitar a postura passiva da Equipe, ele deve direcioná-la explicando qual o comportamento esperado.

Para lidar com o conflito com o membro de personalidade forte ele deve fornecer *coaching*.

Para a falta de discussão ele deve dar suporte à equipe, orientando-a a promover mais discussões.

O que deve ser evitado:
➤ Tomar decisões em nome da Equipe, pois fere totalmente o conceito de auto-organização de uma boa Equipe *Scrum*.
➤ Resolver o conflito na base da força.
➤ Interferir na auto-organização da Equipe. Deixe-a amadurecer com os erros.
➤ Desistir de usar *Scrum* por conta das dificuldades iniciais encontradas.

7. C
A questão aborda membros que se enquadram como sabotadores, onde podemos utilizar como técnicas:
➤ Demonstrar os pequenos passos de sucesso da transição.
➤ Ter um forte apoio e abordagem *top-down*.

- Compor a Comunidade de Melhorias (CM) com pessoas influentes da empresa.
- Remover da Equipe *Scrum*.
- Demitir.

8. C
Estamos diante de um conflito nível 3 (contestação), uma vez que o caráter do conflito é acusatório. Esse nível de conflito deve ser resolvido preferencialmente pela própria Equipe, tentando entender o real motivo do conflito (técnica de negociação: confronto) ou tentando conciliar as diferenças, com o *Scrum Master* mediando, ou ajudando nas negociações, ou fazendo *coaching*.

A alternativa A é uma boa opção para os conflitos nível 1 (problema a ser discutido) ou nível 2 (desacordo), onde o conflito não está em âmbito pessoal.

A alternativa B (força) deve ser a última forma de resolução de conflito e somente utilizada quando o conflito estiver no nível 5 (guerra mundial).

A alternativa D (retirada) é uma técnica de resolução de conflito ineficaz, pois o *Scrum Master* está adotando uma postura omissa perante o conflito.

9. D
Esta questão trata sobre inteligência emocional e descreve que Tatiane passou pelas duas primeiras etapas da inteligência emocional:
- Reconhecer suas dificuldades.
- Regular suas dificuldades através da promessa de mudança de comportamento.

A próxima etapa da inteligência emocional é reconhecer o ambiente social, ou seja, entender o comportamento das áreas geradoras de impedimento para depois entender como se impor.

10. B
Questão que testa seus conhecimentos de boas práticas de *coaching* e *mentoring*.

A alternativa B é a única que segue todas as boas práticas, pois:
- Fred não explicou o que devia ser feito e sim orientou.
- Fred garantiu confidencialidade através de uma conversa individual.
- Fred manteve seus sentimentos pessoais fora do *coaching*, mesmo não simpatizando com Carlos.
- Todas as demais alternativas de alguma forma violam essas boas práticas.

3. Estratégias de planejamento, monitoramento e controle em projetos *Scrum*

Este capítulo abordará o ponto crucial de qualquer projeto, independentemente da metodologia ou *framework* utilizado: **o planejamento**.

"Vitor, mas planejar não está relacionado com métodos tradicionais?"

Não! Mesmo com *Scrum* devemos fazer um bom planejamento para termos um projeto de sucesso. A diferença entre um planejamento tradicional e um planejamento ágil são os processos empíricos que conduzem o bom andamento de um projeto *Scrum*.

"Vitor, somente planejar garante o sucesso de um projeto?"

Também não! É muito importante coletarmos métricas e **monitorarmos** o andamento do projeto para verificarmos se o que foi realizado está de acordo com o que foi planejado. Caso não esteja, devemos tomar as ações de **controle** para colocar o projeto nos eixos novamente.

3.1. Estratégias de planejamento

Neste tópico abordaremos o ciclo de planejamento de um projeto *Scrum*, que é composto por:
- Estratégias de avaliação financeira do projeto.
- Estratégias de criação da visão/*inception* do produto.
- Estratégias de identificação do MVP (*Minimum Viable Product*) e do *roadmap*.
- Estratégias de elaboração do *Product Backlog*.
- Estratégias de planejamento da versão de entrega/*release*.
- Estratégias de planejamento da *Sprint*.

3.1.1. Estratégias de avaliação financeira do projeto

Todo projeto, antes de ser iniciado, deve ser avaliado sob uma perspectiva financeira. Os retornos financeiros previstos (ROI – *Return Of Investment*) compensarão o dinheiro investido no projeto?

A seguir avaliaremos algumas técnicas que podem ser utilizadas para a avaliação financeira:
- Valor presente líquido.
- Taxa interna de retorno.
- Análise de custo-benefício.
- *Payback*.
- *Cost of delay*.

Valor presente líquido

Imagine o seguinte cenário: para o projeto A estão previstos R$ 100.000,00 de custos, porém em quatro anos está prevista uma receita de R$ 150.000,00. Para o projeto B estão previstos R$ 125.000,00 de custos e uma receita prevista de R$ 200.000,00 em sete anos.

Você ficaria tentado em escolher o projeto B, pois, comparando o ROI dos projetos:
Projeto A = 150.000 (receita) – 100.000 (custo) = 50.000 (retorno)
Projeto B = 200.000 (receita) – 125.000 (custo) = 75.000 (retorno)

Contudo, você precisa levar em consideração que R$ 150.000,00 daqui a quatro anos não equivalem a R$ 150.000,00 na data corrente. O mesmo se aplica aos R$ 200.000,00 daqui a sete anos. Converta os valores futuros para valor presente, conforme a seguinte fórmula:

$$PV = \frac{FV}{(1+i)^n}$$

Onde:
PV = Valor Presente
FV = Valor Futuro
i = Inflação
n = Período

Considerando no exemplo que a inflação está girando em torno de 7% a.a., os valores presentes dos projetos calculados serão:
Projeto A = 150.000 / $(1,07)^4$ = 114.434,28
Projeto B = 200.000 / $(1,07)^7$ = 124.549,95

Após isso, calcule o valor presente líquido de cada projeto:
Projeto A = 114.434,28 − 100.000,00 = 14.434,28
Projeto B = 124.549,95 − 125.000,00 = (450,05)

Com base no cálculo do valor presente líquido de cada projeto, chega-se à conclusão de que o projeto B, embora passe uma percepção de maior retorno, na verdade terá um pequeno prejuízo ao longo de sete anos, enquanto o projeto A terá retorno garantido.

Taxa interna de retorno

A taxa interna de retorno é um percentual que iguala o valor presente das receitas ao valor presente dos custos, ou seja, torna o valor presente líquido igual a zero. Serve para identificar o percentual de retorno que um determinado projeto terá.

Usando o exemplo visto no tópico anterior:

Projeto A:
100.000 = 114.434,28 / (1 + i)
i = Taxa de Retorno Interno = aproximadamente 14,43%

Quanto maior a taxa interna de retorno, mais atrativo é o projeto.

Análise de custo-benefício

Outra forma de avaliar se o projeto entregará uma solução de valor é fazer a análise de custo-benefício.

Tendo uma estimativa de alto nível dos custos do projeto e o valor do retorno dos benefícios que o projeto trará, aplica-se a seguinte fórmula:

> **Índice de custo-benefício = Valor dos benefícios / Valor dos custos**

Se o índice for maior que zero, significa que os benefícios são maiores que os custos do projeto, tornando o projeto elegível para execução.

Se o índice for menor que zero, significa que os custos são maiores que os benefícios gerados pelo projeto, tornando o projeto questionável para execução.

Payback

Payback é o tempo necessário para os retornos financeiros do projeto se equivalerem aos custos dispendidos para implementá-lo.

Por exemplo, o projeto A teve um custo de R$ 500.000,00 e, após sua implantação, gera um retorno financeiro de R$ 100.000,00 por mês. Logo:

> **Tempo de payback = 500.000 / 100.000 = 5 meses**

Ou seja, o projeto começa a "se pagar" a partir do quinto mês após sua implantação.

Quanto maior o tempo de *payback*, maior será o risco do projeto, pois variáveis como economia, inflação e mudanças nas condições de mercado podem afetar diretamente os retornos financeiros do projeto, fazendo aumentar o tempo de *payback* ou até mesmo inviabilizar o *payback*.

Cost of delay (CoD)

O *cost of delay* (CoD) é uma técnica utilizada para determinar qual será o impacto se determinado projeto não for implementado ou tiver o início postergado.

O CoD leva quatro aspectos em consideração:
- **Valor para o negócio ou usuário:** o projeto gera algum retorno financeiro? Otimiza algum processo? Gera algum produto inovador ou diferencial no mercado?
- **Criticidade de tempo:** o prazo é fixo e predeterminado? Deve atender a alguma norma regulatória? O produto deve ser lançado antes do produto da empresa concorrente?
- **Risco e oportunidade:** o projeto mitiga ou elimina algum risco negativo existente na empresa? O projeto explora ou melhora alguma oportunidade (risco positivo) existente na empresa?
- **Duração/Esforço:** qual a duração ou esforço necessário para a conclusão do projeto?

Primeiramente, devemos pontuar cada um desses aspectos em uma escala de 1 a 10. Exemplo:

Projeto	Valor para negócio	Criticidade de tempo	Risco/Oportunidade	Duração/Esforço
A	10	3	1	10
B	4	8	2	1
C	3	3	5	5

Depois somamos as colunas "Valor para negócio", "Criticidade de tempo" e "Risco/Oportunidade" e calculamos o *cost of delay*. Assim, teremos:

Projeto	Cost of delay	Duração/Esforço
A	14	10
B	14	1
C	11	5

Por fim, calculamos o peso dividindo o resultado da coluna *Cost of delay* pela duração/esforço do projeto. Teremos:

Projeto	Cost of delay	Duração/Esforço	Peso
A	14	10	1,4
B	14	1	14
C	11	5	2,2

Priorizando os projetos de acordo com o peso, teremos:

Projeto	Cost of delay	Duração/Esforço	Peso
B	14	1	14
C	11	5	2,2
A	14	10	1,4

Resumindo, priorizamos os projetos que possuem maior valor e que serão entregues ao menor esforço ou duração.

> *Curiosidade: sabia que, em vez de usar escala de 1 a 10 no cálculo do cost of delay, você poderia usar a sequência matemática de Fibonacci (1, 2, 3, 5, 8, 13, 21...) e também jogar Planning Poker[9]?*

---

[9] Jogo de baralho que utiliza a sequência matemática de Fibonacci para fazer estimativas. Saiba mais sobre *Planning Poker* em meu livro "Gerenciamento Ágil de Projetos".

3.1.2. Estratégias de criação da visão/*inception* do produto

A visão/*inception* do produto é muito importante, pois delimita as fronteiras do projeto, traçando de onde se quer partir para onde se quer chegar de uma forma macro.

Já vi muitos projetos *Scrum* fracassarem justamente por não terem suas visões criadas. Ora, se uma Equipe começa a trabalhar sem saber até onde ela tem que chegar, serão grandes as chances de o projeto possuir intermináveis *Sprints*, gerando a sensação de que todos estão caminhando no deserto.

Algumas perguntas devem ser respondidas nesta etapa de visão/*inception* do produto.

Qual a visão que o cliente tem sobre o produto?

É muito importante entender o que cliente pensa sobre o produto a ser criado. Quais são as principais características do produto na visão do cliente? Qual a expectativa do cliente com relação ao produto?

O produto atenderá a qual problema ou objetivo mensurável de negócio?

A falta de resposta a esta pergunta é a grande causa de fracasso de nove entre dez projetos realizados.

Já ouvi muito frases como: "eu acho que vai aumentar o lucro" ou "porque eu quero" ou "porque o CEO pediu". Isso não representa nenhum objetivo mensurável, nenhuma justificativa plausível para se iniciar um esforço para desenvolvimento de um produto.

Exemplos de objetivos mensuráveis: "este produto visa atingir um novo nicho de mercado com potencial de até 10% dos consumidores *mobile*" ou "este produto visa automatizar o atual processo operacional, gerando ganho de produtividade de até 80% da área" ou "este produto visa captar receita e alcançarmos um ROI (*Return Of Investment*) previsto de R$ 500.000,00".

Qual a expectativa das partes interessadas com relação às restrições do projeto que entregará o produto?

Para um bom alinhamento de expectativas, costumo aplicar uma matriz com um método de distribuição de 18 pontos entre seis tópicos importantes para o projeto:

	1	2	3	4	5
Satisfação das partes interessadas					
Prazo					
Custo					
Escopo					
Qualidade					
Moral da Equipe					

No exemplo a seguir percebemos que, na visão das partes interessadas, a maior preocupação é com relação ao prazo, sendo que o custo e o escopo podem ser negociáveis:

	1	2	3	4	5
Satisfação das partes interessadas				X	
Prazo					X
Custo	X				
Escopo	X				
Qualidade				X	
Moral da Equipe			X		

No exemplo anterior também percebemos que existe uma preocupação com qualidade, com o moral da Equipe e com a satisfação das partes interessadas.

A seguir um outro exemplo, onde o escopo e o custo são as maiores preocupações, sendo que o prazo pode ser negociável:

	1	2	3	4	5
Satisfação das partes interessadas			X		
Prazo	X				
Custo				X	
Escopo				X	
Qualidade			X		
Moral da Equipe			X		

A seguir, um exemplo não muito positivo, onde se busca atingir escopo, tempo e custo, mesmo em detrimento da satisfação das partes interessadas, da qualidade do produto e do moral da Equipe. Sério candidato a ser um projeto que terá sua famosa "Fase 2", aquela que serve para corrigir todos os problemas de qualidade da "Fase 1".

	1	2	3	4	5
Satisfação das partes interessadas	X				
Prazo					X
Custo					X
Escopo					X
Qualidade	X				
Moral da Equipe	X				

A seguir, outro exemplo também não muito positivo, onde tudo é importante, tornando difícil identificar a real expectativa das partes interessadas:

	1	2	3	4	5
Satisfação das partes interessadas			X		
Prazo			X		
Custo			X		
Escopo			X		
Qualidade			X		
Moral da Equipe			X		

Perceba que o intuito desta matriz, além de obter um bom alinhamento de expectativas das partes interessadas do projeto, é provocar negociações sobre as restrições do projeto (também conhecidas como *trade-offs*).

Respondidas as perguntas iniciais, vamos estabelecer a visão do produto através de algumas técnicas:

➢ *Vision box*.
➢ Termo de abertura do projeto (*project charter*).
➢ *Elevator statement*.
➢ *Press release*.
➢ Exploração 360°.
➢ *Inception* enxuta.

> **Existem diversas outras técnicas para elaboração da visão do produto/inception. Não se limite somente às técnicas descritas neste livro; combine-as criando a sua própria técnica (alguém pensou em Shu-Ha-Ri?).**

Vision box

Na técnica *vision box* cria-se uma suposta "caixa" onde o produto será vendido, com seus principais atrativos e suas principais características. Veja um exemplo na imagem a seguir:

Termo de abertura do projeto

Sim! O termo de abertura do projeto mencionado no *PMBOK® Guide* pode ser um documento de visão, pois nele temos:
➢ Finalidade ou justificativa do projeto.
➢ Objetivos mensuráveis do projeto.
➢ Benefícios esperados.

- Premissas e restrições.
- Riscos de alto nível.

Exemplo:
- **Produto:** plataforma *on-line* para curso preparatório para a certificação EXIN *Agile Scrum Master*.
- **Justificativa:** suprir carência de opções de plataforma *on-line* para alunos que desejam se tornar certificados EXIN *Agile Scrum Master*.
- **Objetivo mensurável:** ser detentora da formação de 60% a 70% das pessoas certificadas em EXIN *Agile Scrum Master*.
- **Benefício esperado:** aumento de receita e tornar a plataforma *on-line* um centro de referência em formação em *Scrum*.
- **Restrição:** a Equipe do projeto deve possuir experiência em *Scrum* e desenvolvimento de plataformas EAD.
- **Premissas:** infraestrutura atual atenderá aos requisitos técnicos para a disponibilização da plataforma *on-line*. Apoio de empresas parceiras para a divulgação da plataforma *on-line*.
- **Riscos:** infraestrutura atual não atender aos requisitos técnicos, tornando a plataforma *on-line* lenta para os clientes finais. Empresas parceiras não apoiarem a divulgação da plataforma *on-line*.

Uma boa técnica para tornar o termo de abertura do projeto visual e colaborativo é a adoção do *Project Model Canvas*, disseminado amplamente por José Finocchio Júnior.

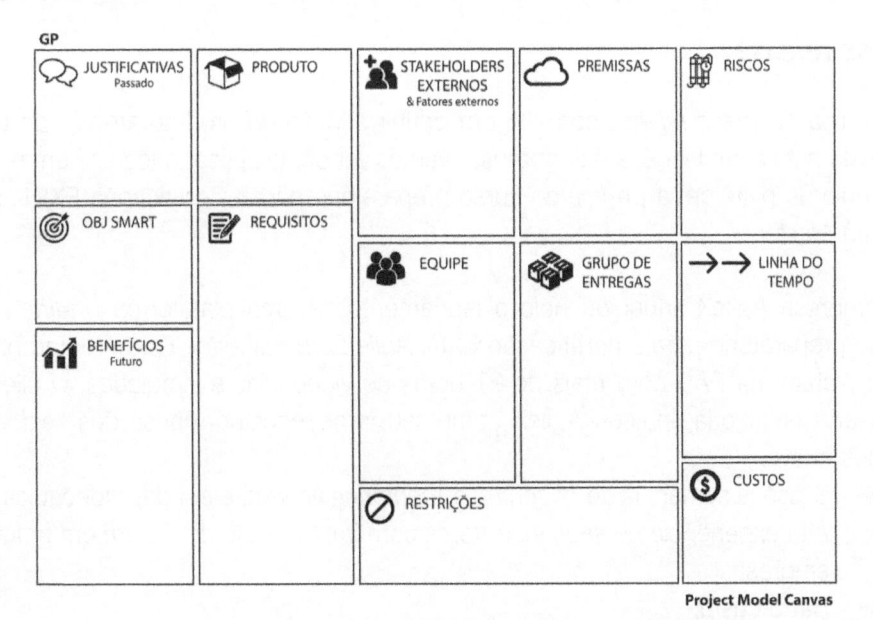

Project Model Canvas

Elevator statement

Nesta técnica o objetivo do projeto deve ser determinado em sete etapas:
- **Para:** público-alvo do projeto.
- **Que:** expectativas do público-alvo do projeto.
- **O/A:** produto do projeto.
- **É um/uma:** breve descrição do produto do projeto.
- **Que:** objetivo do projeto.
- **Ao contrário de:** produto concorrente ou anterior.
- **Nós:** diferencial do produto do projeto.

A seguir, um exemplo de aplicação da técnica de *elevator statement*:
- **Para:** *Scrum Masters*.
- **Que:** desejam dar o próximo passo em seu aprimoramento profissional.
- **A:** plataforma *on-line* para curso preparatório para a certificação EXIN *Agile Scrum Master*.
- **É uma:** plataforma EAD com mais de 21 horas de videoaulas e simulados.
- **Que:** é detentora da formação de 60% a 70% das pessoas certificadas em EXIN *Agile Scrum Master*.
- **Ao contrário de:** outras plataformas EAD existentes no mercado.
- **Nós:** fornecemos sessões semanais de *coaching* e *mentoring* ao vivo, visando tirar todas as dúvidas dos alunos interessados em obter a certificação.

Press release

A técnica de *press release* consiste em definir a visão do produto através de uma suposta nota a ser lançada na imprensa. Vamos ver como aplicar a técnica em nosso exemplo de plataforma *on-line* do curso preparatório para a certificação EXIN *Agile Scrum Master*.

"A empresa AgileX anunciou hoje o lançamento de uma plataforma *on-line* para curso preparatório para a certificação EXIN *Agile Scrum Master*. Este produto provê uma plataforma EAD com mais de 21 horas de videoaulas e simulados. O cliente, Massari Consultoria, indicou AgileX como seu fornecedor por causa dos seguintes pontos-chave:
- Sessões semanais de *coaching* e *mentoring* ao vivo, além das videoaulas.
- Alta experiência de seus instrutores com implantação de *Scrum* em grandes empresas.
- Baixo custo.

> Acessibilidade da plataforma, estando disponível para todos os sistemas operacionais de PCs, *notebooks*, *tablets* e celulares.

Eles também identificaram alguns benefícios adicionais:
> Didática leve e bem-humorada de seus instrutores.
> A preocupação em capacitar as equipes para obterem a certificação EXIN *Agile Scrum Master*.

A AgileX notou que o benefício mais importante em seu produto foi propagar a mensagem do *Scrum* para profissionais que desejam dar o próximo passo de sucesso em suas carreiras."

Exploração 360°

A técnica de exploração 360° é utilizada na metodologia *Crystal* (que será abordada no Capítulo 5), onde a viabilidade de uma visão de produto é analisada em sete aspectos:
> **Valor de negócio:** o produto está alinhado com os objetivos estratégicos da empresa? O benefício gerado *versus* o custo e os esforços necessários indica que o produto deve ser desenvolvido?
> **Requisitos:** quais são as características de alto nível do que o produto deve ter? Quais suas interações com outras pessoas ou produtos? A possível interação com essas outras pessoas ou produtos podem gerar algum impacto ou impedimento no projeto?
> **Modelo de dados:** qual o modelo de dados de alto nível que ajudará a definir a estrutura do produto? Essa modelagem inicial pode ajudar a Equipe a estimar o tamanho e a dificuldade do produto a ser desenvolvido?
> **Tecnologia:** quais as tecnologias necessárias para o desenvolvimento do produto? É viável combinar todas essas tecnologias? A empresa possui infraestrutura para trabalhar com elas? É necessário desenvolver um *spike*[10] antes de iniciar o projeto?
> **Plano do projeto:** quais são os principais marcos do projeto? As partes interessadas concordam? Os marcos estão factíveis com as possíveis restrições de escopo, tempo e custo?
> **Composição da Equipe:** a Equipe possui experiência no produto que está sendo desenvolvido? A Equipe possui experiência nas tecnologias necessárias? A Equipe está sendo composta por todas as disciplinas necessárias?

---

[10] *Spike* é um curto exercício de prova de conceito onde a equipe investiga um problema ou risco. Saiba mais sobre *spike* em meu livro "Gerenciamento Ágil de Projetos".

> **Metodologia de trabalho:** será utilizado *Scrum*? Todas as partes interessadas do projeto estão de acordo? A Equipe possui experiência em *Scrum*? É o primeiro projeto em *Scrum* na empresa?

Perceba que a técnica de exploração 360° consiste em validar diversos aspectos críticos do projeto antes mesmo dele começar. Qualquer restrição ou inviabilidade pode gerar o cancelamento do projeto ainda em sua fase de visão/*inception*.

Esta técnica pode durar entre dias até duas semanas.

Inception enxuta

Técnica desenvolvida pelo agilista e consultor Paulo Caroli, visando tornar o processo de criação da visão/*inception* criativo, simples e colaborativo.

Em seu excelente livro[11], Paulo Caroli descreve nove etapas para a criação de uma boa visão de produto/*inception*:
> Descrever a visão do produto (podendo usar a técnica de *elevator statement*, por exemplo).
> Priorizar os objetivos do produto.
> Descrever os principais usuários do produto, seus perfis e suas necessidades.
> Entender as principais funcionalidades do produto.
> Compreender os níveis de incerteza, esforço e valor de negócio por funcionalidade.
> Descrever as jornadas mais importantes dos usuários.
> Criar um plano de entrega incremental do produto, impulsionado pelo conceito de MVP (*Minimum Viable Product*).
> Estimar o esforço por amostragem.
> Calcular os custos e especificar datas e cronograma de entrega.

A seguir listo algumas boas práticas para a construção de uma boa visão de produto/*inception*:
> Reservar uma sala durante uma ou duas semanas para realizar a *inception* e batizá-la de Sala do Projeto, Sala da Justiça, Sala de Guerra, Sala *Scrum*, Imersão Ágil ou qualquer outro nome que você queira. Isso ajuda a criar uma identificação e sinergia entre os envolvidos.

---
[11] CAROLI, P. **Direto ao Ponto:** criando produtos de forma enxuta. São Paulo: Casa do Código, 2015. 148p.

- ➢ Disponibilidade integral de **toda** a Equipe Scrum durante as reuniões de visão de produto/*inception*.
- ➢ Convocar as demais partes interessadas para a primeira reunião, para a última ou na periodicidade que todos os envolvidos julgarem necessária.
- ➢ Não ultrapassar duas semanas. Repense o produto ou o *mindset* da Equipe caso uma visão/*inception* não consiga ser definida em duas semanas.
- ➢ Focar sempre em responder "o que o produto é", "o que o produto não é", "o que o produto faz", "o que o produto não faz". Tornar as respostas visuais através de quadros brancos e *post-its*.
- ➢ Utilizar artefatos visuais e colaborativos na sala de reunião: *post-its*, quadro branco, *flipchart* e canetas.
- ➢ Comida e bebida! Ninguém é de ferro para ficar o dia inteiro discutindo sobre a visão do produto/*inception* sem ter alguns minutos de integração e descontração.

O *Scrum Master* é o grande facilitador dessa reunião, garantindo que todos os pontos de vista sejam ouvidos e que as reuniões sejam conduzidas de forma colaborativa e objetiva.

Caso surjam itens importantes para serem discutidos, mas que tirem o foco do que está sendo debatido no momento, utiliza-se a técnica de *parking lot*. Esta técnica consiste em colar *post-its* em um quadro branco com um lembrete de itens que precisam ser discutidos depois. O *Scrum Master* deve sempre monitorar o *parking lot* e garantir que todos os itens dele sejam discutidos em momentos oportunos.

> **Atenção:** cuidado para suas reuniões de visão de produto/inception não seguirem uma linha onde se espera que o Product Owner seja um vidente e defina todos os requisitos do produto da forma mais detalhada possível. Lembre-se de que a visão de produto/inception é uma ideia inicial com requisitos de alto nível.

3.1.3. Estratégias de identificação do MVP (*Minimum Viable Product*) e do *roadmap*

O MVP (*Minimum Viable Product* – Mínimo Produto Viável), também conhecido como MMF (*Minimally Marketable Feature* – Funcionalidade Mínima Comercializável), corresponde ao conjunto mínimo de funcionalidades de um produto.

Muitas vezes, vejo as Equipes começando o projeto com ideias mirabolantes e requisitos extremamente detalhados, mas se esquecendo de duas pequenas perguntas-chave:
- ➢ Qual é o mínimo de funcionalidades que o produto precisa para ter alguma vida?
- ➢ Esse conjunto mínimo de funcionalidades já atende ao objetivo de negócio do qual derivou o desejo de construir o produto?

Vamos a alguns exemplos:
- ➢ **Produto:** XBPhone.
    - ✓ **Características:** aparelho celular inovador que responde a comandos oculares e mentais.
    - ✓ **Objetivo de negócio:** lançar um novo modelo de aparelho celular para as pessoas fazerem ligações.
    - ✓ **Qual é o mínimo de funcionalidades de que o produto precisa para ter alguma vida?** Ter capa, visor, botão liga e desliga, fazer e receber chamadas.
    - ✓ **Esse conjunto mínimo de funcionalidades já atende ao objetivo de negócio do qual derivou o desejo de construir o produto?** Sim.
- ➢ **Produto:** sistema de cotação de seguros.
    - ✓ **Características:** sistema que permita corretores efetuarem cotações de seguros e encaminharem propostas para a seguradora.
    - ✓ **Objetivo de negócio:** fornecer seguros calculados com valores competitivos em relação à concorrência.
    - ✓ **Qual é o mínimo de funcionalidades de que o produto precisa para ter alguma vida?** Processo de cálculo do valor do seguro.
    - ✓ **Esse conjunto mínimo de funcionalidades já atende ao objetivo de negócio do qual derivou o desejo de construir o produto?** Sim.

- **Produto:** guia de sobrevivência para uma viagem à Lua.
  - ✓ **Características:** livro que descreve os itens que você deve levar para uma viagem lunar.
  - ✓ **Objetivo de negócio:** mostrar como as pessoas podem sobreviver na Lua.
  - ✓ **Qual é o mínimo de funcionalidades de que o produto precisa para ter alguma vida?** Descrever quais são os itens indispensáveis para garantir a sobrevivência.
  - ✓ **Esse conjunto mínimo de funcionalidades já atende ao objetivo de negócio do qual derivou o desejo de construir o produto?** Sim.

Agora vamos mostrar um exemplo onde um MVP não é identificado de maneira correta:

- **Produto:** Guia de sobrevivência para uma viagem à Lua.
  - ✓ **Características:** livro que descreve os itens que você deve levar para uma viagem lunar.
  - ✓ **Objetivo de negócio:** mostrar como as pessoas podem sobreviver na Lua.
  - ✓ **Qual é o mínimo de funcionalidades de que o produto precisa para ter alguma vida?** Descrever quais são os itens indispensáveis para comunicação com a Terra e para lazer.
  - ✓ **Esse conjunto mínimo de funcionalidades já atende ao objetivo de negócio do qual derivou o desejo de construir o produto?** Não! O intuito principal do livro é mostrar como sobreviver! Como falaremos de comunicação e lazer se nem começamos a falar sobre os itens básicos de sobrevivência?

"Vitor, mas o MVP não corre o risco de ser um produto muito "cru" para o meu cliente começar a usar?"

Nem sempre o MVP é um produto já disponível para o cliente, e sim uma prévia do produto sobre o qual o cliente pode dar *feedback*, solicitar mudanças ou mesmo abortar o projeto.

O MVP faz parte de um processo de evolução do produto. Veja exemplo de evolução de MVP na figura a seguir, onde o objetivo de negócio inicial era atravessar um rio em segurança com seis pessoas a bordo:

Uma técnica muito boa que pode ser utilizada para esta evolução do MVP é o MVP *Canvas*, colocando as principais funcionalidades na linha do tempo, de forma a visualizarmos a evolução do MVP e criarmos o nosso *roadmap* do produto.

3.1.4. Estratégias de elaboração do *Product Backlog*

A principal característica de um *Product Backlog* é ser DEEP.

"Vitor, o que seria um *Product Backlog* profundo?"

Na verdade, não estou me referindo à palavra *deep*, tradução em inglês da palavra profundo, e sim ao acrônimo DEEP, que significa:
- **D**etalhado apropriadamente
- **E**stimado
- **E**mergente
- **P**riorizado

Detalhado apropriadamente

A grande arte da construção de um *Product Backlog* é saber detalhá-lo apropriadamente. Requisitos mais prioritários devem estar mais detalhados e requisitos menos prioritários devem estar menos detalhados – afinal de contas, como iremos detalhar requisitos que serão desenvolvidos em um futuro de médio a longo prazo se nem conhecemos o comportamento dos requisitos que serão desenvolvidos a curto prazo? E se surgirem mudanças, inclusões ou exclusões de requisitos, mudanças de prioridades?

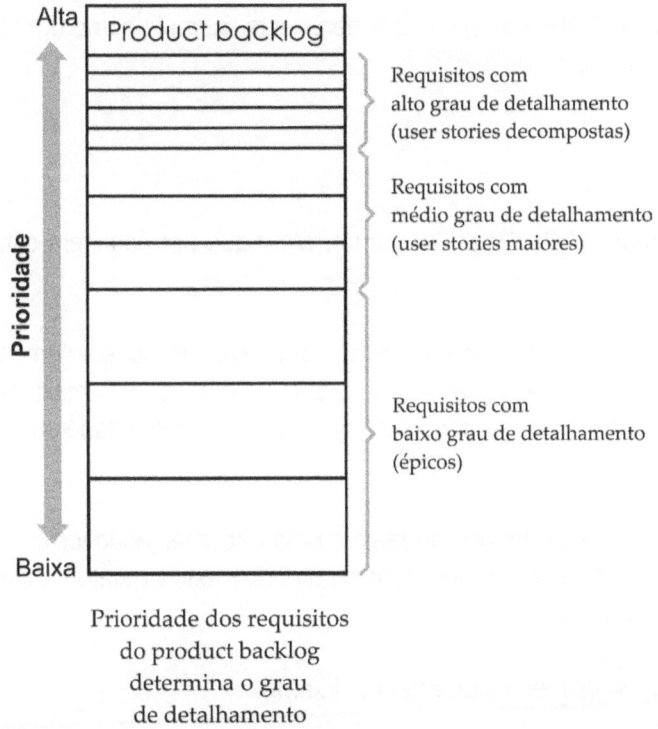

Prioridade dos requisitos
do product backlog
determina o grau
de detalhamento

Traduzido e adaptado de Roman Pichler: <http://www.romanpichler.com>.
Licenciado por Creative Commons Attribution-ShareAlike 3.0 Unported License (CC BY SA)

Estimado

Cada requisito do *Product Backlog* deve ter condições de ser estimado pela Equipe *Scrum*.

"Vitor, que tipo de estimativa?"

Pode ser em horas ideais, *story points*, pontos de função ou qualquer outra métrica de estimativa que a Equipe utilize.

Exemplos de requisitos que podem ser estimados:
➢ "Como autor, quero um relatório trimestral das vendas de meus livros"
➢ "Como vendedor, quero consultar minhas vendas do mês para verificar se minha meta mensal foi cumprida"

Exemplos de requisitos que podem gerar dúvidas ao serem estimados:
- "Como autor, quero gerenciar as vendas de meus livros". Requisito vago, pois a palavra gerenciar tem um sentido muito amplo.
- "Crítica 47". Nem dá para considerar este exemplo como um requisito. Vago e sem nenhuma definição.

Emergente

Aceite que o *Product Backlog* não é um artefato que permanecerá estático durante todo o projeto.

Um bom *Product Backlog* deve ser revisado e refinado constantemente, incluindo novos requisitos identificados, excluindo requisitos que não são mais relevantes para o produto, detalhando melhor requisitos que ganharam prioridade ou mesmo repriorizando requisitos.

"Vitor, utilizo um modelo híbrido onde gero uma documentação formal e escrita com os requisitos do *Product Backlog*. Como gerenciar este artefato se ele pode sofrer constantes mudanças?"

Simples: crie versionamentos do artefato. Exemplo:

Versão	Data	Autor	Descrição
1.0	01/07/2015	Vitor Massari	Criação do documento.
1.1	20/08/2015	Vitor Massari	Inclusão dos requisitos com IDs 51 e 52, identificados na reunião de revisão da *Sprint* 1.
1.2	15/09/2015	Vitor Massari	Criação dos requisitos com IDs 53, 54 e 55 decorrentes do refinamento do requisito ID 9.

"Vitor, mas então podemos mudar a qualquer momento a linha de base de escopo?"

Sim. E o que o bom e velho *PMBOK® Guide* recomenda quando se altera uma linha de base? Avaliar o impacto da mudança.

A alteração da linha de base gerará impacto no prazo do projeto e consequentemente no custo? Se sim, o prazo e o custo são as restrições fixas do projeto? Não? Qual a nova estimativa de prazo e custo com as mudanças da linha de base? Estão dentro de parâmetros esperados pela empresa?

> **Mito: projetos ágeis aceitam mudanças a qualquer momento.**
> **Verdade: toda mudança deve ser avaliada perante as restrições do projeto.**

"Vitor, se a mudança também é avaliada em projetos ágeis, então qual é a diferença em relação aos projetos tradicionais?"

Em projetos tradicionais existe um Comitê de Controle de Mudanças que faz uma avaliação mais formal sobre toda e qualquer mudança na linha de base do projeto. Em projetos ágeis essa avaliação é feita pela Equipe *Scrum* em conjunto com outras partes interessadas pertinentes: patrocinador, gerente de projetos, escritório de projetos, cliente, etc.

Priorizado

Cada requisito do *Product Backlog* deve estar devidamente priorizado e ordenado. Lembrando que a priorização deve seguir a seguinte linha de raciocínio:
➢ Requisitos mínimos que já atendem ao objetivo de negócio do qual derivou o desejo de construir o produto (MVP – *Minimum Viable Product*).
➢ Requisitos importantes para o produto.
➢ Requisitos desejáveis para produto.

Exemplo:
Projeto: Viagem Lunar

ID	User story	Prioridade/Ordem
10	Como tripulante da viagem lunar, preciso ter acesso a música ambiente	1
20	Como tripulante da viagem lunar, preciso ter acesso a alimentação	2
30	Como tripulante da viagem lunar, preciso ter acesso ao mapa da Lua	3
40	Como tripulante da viagem lunar, preciso ter acesso a *kits* médicos	4
50	Como tripulante da viagem lunar, preciso ter acesso a rádio transmissor	5
60	Como tripulante da viagem lunar, preciso ter acesso a uma churrasqueira elétrica	6
70	Como tripulante da viagem lunar, preciso ter acesso a água	7

Analisando este *Product Backlog*, será que ele está priorizado de acordo com o objetivo de negócio de uma viagem lunar? Faz sentido se preocupar mais com música ambiente do que ter acesso a alimentação?

E se agrupássemos este *Product Backlog* em quatro categorias?
- ➤ Itens de sobrevivência (MVP).
- ➤ Itens de comunicação (importantes).
- ➤ Itens de lazer (desejáveis).
- ➤ Itens supérfluos (questionáveis).

Teríamos:

ID	User story	Categoria
20	Como tripulante da viagem lunar, preciso ter acesso a alimentação	Sobrevivência
40	Como tripulante da viagem lunar, preciso ter acesso a *kits* médicos	Sobrevivência
70	Como tripulante da viagem lunar, preciso ter acesso a água	Sobrevivência
30	Como tripulante da viagem lunar, preciso ter acesso ao mapa da Lua	Comunicação
50	Como tripulante da viagem lunar, preciso ter acesso a rádio transmissor	Comunicação
10	Como tripulante da viagem lunar, preciso ter acesso a música ambiente	Lazer
60	Como tripulante da viagem lunar, preciso ter acesso a uma churrasqueira elétrica	Supérfluo

Estabelecendo as prioridades:

ID	User story	Categoria	Prioridade/Ordem
70	Como tripulante da viagem lunar, preciso ter acesso a água	Sobrevivência	1
20	Como tripulante da viagem lunar, preciso ter acesso a alimentação	Sobrevivência	2
40	Como tripulante da viagem lunar, preciso ter acesso a *kits* médicos	Sobrevivência	3
50	Como tripulante da viagem lunar, preciso ter acesso a rádio transmissor	Comunicação	4
30	Como tripulante da viagem lunar, preciso ter acesso ao mapa da Lua	Comunicação	5
10	Como tripulante da viagem lunar, preciso ter acesso a música ambiente	Lazer	6
60	Como tripulante da viagem lunar, preciso ter acesso a uma churrasqueira elétrica	Supérfluo	7

Agora vamos refletir. Que valor de negócio a *user story* "Como tripulante da viagem lunar, preciso ter acesso a uma churrasqueira elétrica" agrega ao produto? O benefício obtido supera o custo e o esforço gastos? Se estamos considerando o requisito como supérfluo, por que não eliminá-lo do *Product Backlog*?

Existem diversas técnicas utilizadas para a priorização do *Product Backlog*. Em meu livro "Gerenciamento Ágil de Projetos" abordo algumas técnicas como:

- Esquemas simples.
- Método dos 100 pontos.
- *MoSCoW*.
- *Monopoly money*.
- Análise de *Kano*.
- Priorização relativa.
- *Backlog* orientado a riscos.

Também podemos utilizar algumas técnicas de avaliação financeira de projetos, como *cost of delay*. Exemplo:

User story	Valor para negócio	Criticidade de tempo	Risco/ Oportunidade	Cost of delay	Esforço
Como supervisor financeiro, quero relatórios estatísticos das movimentações financeiras para realizar análise preditiva	8	2	2	10	2
Como órgão regulador, quero receber todas as movimentações financeiras do mês	1	10	3	14	5
Como auditor interno, quero consultar todas as movimentações financeiras do período	1	1	10	12	6

Escrevendo boas *user stories*

Uma boa *user story* deve ser objetiva, clara e sucinta. Basicamente, trata-se de alguém que quer algo para obter algum retorno.

Costumo indicar uma técnica para a escrita de uma boa *user story*:
- Primeiro escreva qual é o requisito do produto.
- Depois pergunte "por que eu escrevi este requisito?".
- Tente responder identificando qual o valor de negócio associado a este requisito na visão das partes interessadas.
- Escreva a *user story* onde:
  ✓ **Alguém:** partes interessadas.
  ✓ **Quer o que:** requisito.
  ✓ **Para obter qual retorno:** valor de negócio.
- Pergunte "como este requisito será validado?".
- Escreva a resposta como critério de aceitação da *user story*.

Vamos a um exemplo de um projeto de construção de um *smartphone* cuja bateria dura mais que uma semana:

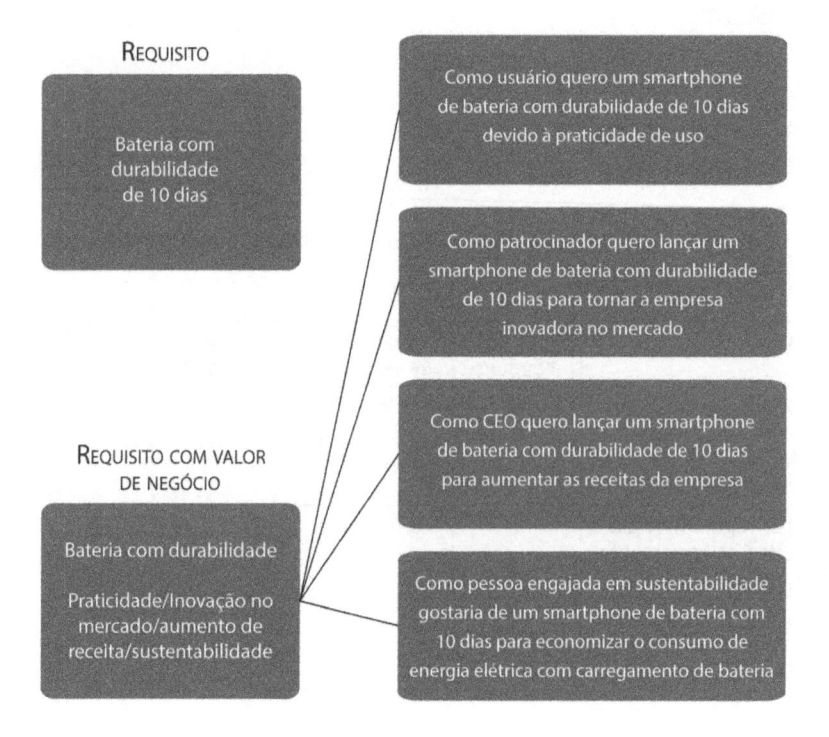

REQUISITO
Bateria com durabilidade de 10 dias

Como usuário quero um smartphone de bateria com durabilidade de 10 dias devido à praticidade de uso

Como patrocinador quero lançar um smartphone de bateria com durabilidade de 10 dias para tornar a empresa inovadora no mercado

Como CEO quero lançar um smartphone de bateria com durabilidade de 10 dias para aumentar as receitas da empresa

REQUISITO COM VALOR DE NEGÓCIO
Bateria com durabilidade
Praticidade/Inovação no mercado/aumento de receita/sustentabilidade

Como pessoa engajada em sustentabilidade gostaria de um smartphone de bateria com 10 dias para economizar o consumo de energia elétrica com carregamento de bateria

A seguir, mais um exemplo:
- "Como *chef* de cozinha, quero uma faca afiada para fazer cortes precisos na picanha".
  - ✓ **Alguém:** *chef* de cozinha.
  - ✓ **Quer o que:** uma faca afiada.
  - ✓ **Qual o retorno ou benefício:** ter bons cortes de picanha.
  - ✓ **Como validar:** verificando a facilidade para cortar a picanha.

Outro exemplo:
- "Como editor, quero gerenciar as vendas dos livros para melhor controle"
  - ✓ **Alguém:** editor
  - ✓ **Quer o que:** gerenciar vendas dos livros.
  - ✓ **Qual o retorno ou benefício:** ter melhor controle.
  - ✓ **Como validar:** hummmmm.... complicou, hein?

Este último exemplo mostra uma *user story* vaga e sem muitos detalhes. O contexto da palavra "gerenciar" é muito amplo e torna a *user story* um épico.

"Vitor, não posso ter épicos em meu *Product Backlog*?"

Pode, desde que eles sejam requisitos com prioridade baixa no *Product Backlog* ou requisitos que estão no *Product Backlog* como uma visão ou desejo de alto nível. O único ponto de atenção é que qualquer estimativa feita pode sofrer variações no momento em que o épico for detalhado e decomposto em *user stories* menores.

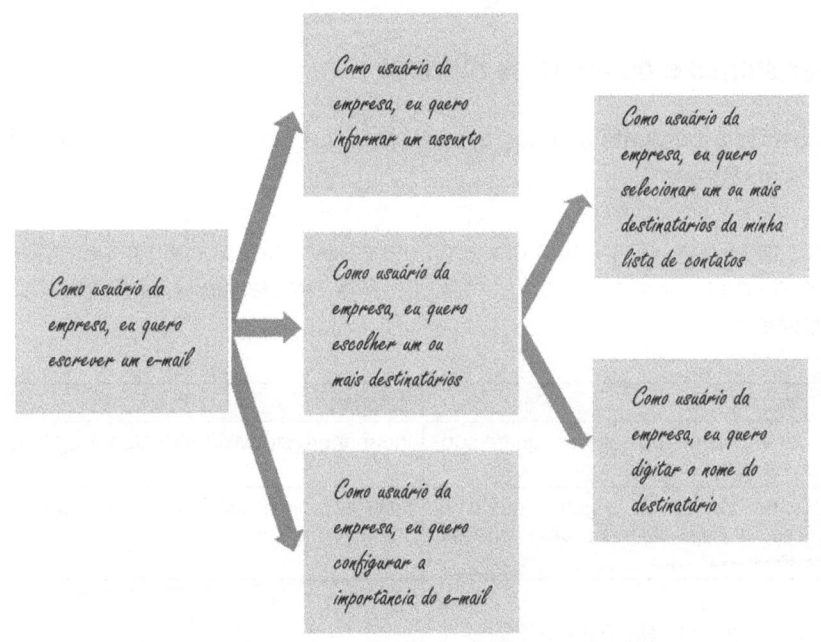

Como usuário da empresa, eu quero informar um assunto

Como usuário da empresa, eu quero selecionar um ou mais destinatários da minha lista de contatos

Como usuário da empresa, eu quero escrever um e-mail

Como usuário da empresa, eu quero escolher um ou mais destinatários

Como usuário da empresa, eu quero digitar o nome do destinatário

Como usuário da empresa, eu quero configurar a importância do e-mail

Traduzido e adaptado de Roman Pichler: <http://www.romanpichler.com>.
Licenciado por Creative Commons Attribution-ShareAlike 3.0 Unported License (CC BY SA)

Uma boa técnica para decompor épicos é identificar suas operações e ações detalhadas e convertê-las em diversas *user stories*. Utilizar a técnica CRUD (*Create* – Inserção/*Read* – Leitura/*Update* – Atualização/*Delete* – Exclusão) também pode ser uma boa alternativa.

Vamos utilizar o conceito de decomposição no épico descrito no exemplo anterior:
- **Épico:** "Como editor, quero gerenciar as vendas dos livros para melhor controle"
- ***User story* decomposta:** "como editor, quero cadastrar, consultar e atualizar as vendas dos livros para melhor controle"

Podemos melhorar? Sim! O ideal é ter uma única ação ou operação por *user story*. Então, aplicando esse conceito no exemplo anterior, teremos:
- "Como editor, quero cadastrar as vendas dos livros para melhor controle"

> "Como editor, quero consultar as vendas dos livros para melhor controle"
> "Como editor, quero atualizar as vendas dos livros para melhor controle"

"Vitor, e se eu tiver um projeto mais técnico, com regras de cálculo envolvidas ou mesmo um projeto de engenharia onde preciso ter informações mais detalhadas ou até desenhos de protótipos? Como representarei isto através de *user stories*?"

As *user stories* e os modelos híbridos

Respondendo à pergunta anterior: a *user story* não é a única forma de representar requisitos no *Scrum*.

Podemos ter a *user story* como um lembrete e associar um documento mais formal e detalhado a ele. Vejamos um exemplo de *Product Backlog* híbrido detalhado em um *software*:

ID	User story	Detalhes
20	Como corretor de seguros, quero submeter uma proposta para cálculo	intranet.projeto/wiki/ProductBacklog:Req_Id20
40	Como corretor de seguros, quero visualizar o resultado de uma proposta submetida	intranet.projeto/wiki/ProductBacklog:Req_Id40

Exemplo da página *Wiki Req_Id20*:

Para cálculo da proposta submetida, deverão ser consideradas as seguintes regras:

Regra de cálculo 1:
Somar os campos A, B e C preenchidos

Regra de cálculo 2:
Utilizar o resultado da regra de cálculo 1 e dividir por 3

Regra de cálculo 3:
.
.
.

Na página *Wiki Req_Id40* poderíamos ter um protótipo de tela ou um *wireframe*[12] representando as informações visualizadas pelo corretor.

3.1.5. Estratégias de planejamento da versão de entrega/*release*

Para planejarmos as versões de entrega/*releases* de um projeto devemos seguir esses passos:
- Determinar as condições de satisfação da versão de entrega/*release*.
- Determinar a estratégia de entrega/*release*.
- Determinar a métrica utilizada para estimar velocidade.
- Estimar a quantidade de *Sprints* da versão de entrega/*release*.
- Criar o plano de versão de entrega/*release*.

Determinar as condições de satisfação da versão de entrega/*release*

O questionário de alinhamento de expectativas apresentado nas estratégias de criação da visão do produto já ajuda a responder quais as condições de satisfação da versão de entrega/*release* na visão do *Product Owner*.

As condições de satisfação são os critérios que determinarão o sucesso da versão de entrega/*release* na visão do *Product Owner*. Na visão do *Product Owner*, o principal é entregar todo o escopo? Ou atingir o prazo predeterminado? Ou não ultrapassar o orçamento do projeto? Ou entregar o projeto otimizando ao máximo a utilização de recursos?

Determinar as condições de satisfação é um fator crucial para o próximo passo do planejamento da versão de entrega/*release*: determinar qual será a estratégia de entrega.

Determinar a estratégia de entrega/*release*

Determinadas as condições de satisfação, o *Product Owner* consegue identificar quais são as principais restrições do projeto e traçar o planejamento da versão de entrega/*release* dentro dessas restrições.

---

[12] *Wireframe* é uma espécie de rascunho de protótipo, uma rápida representação gráfica do produto. Pode ser construído através de *softwares* como Microsoft PowerPoint e Visio, entre outros. Saiba mais sobre *wireframe* em meu livro "Gerenciamento Ágil de Projetos".

Lembrando que, em um projeto *Scrum*, projeto de sucesso foge da tríade clássica (escopo, tempo, custo) e deve considerar sempre a entrega de valor e qualidade dentro das restrições do projeto (vide figura a seguir).

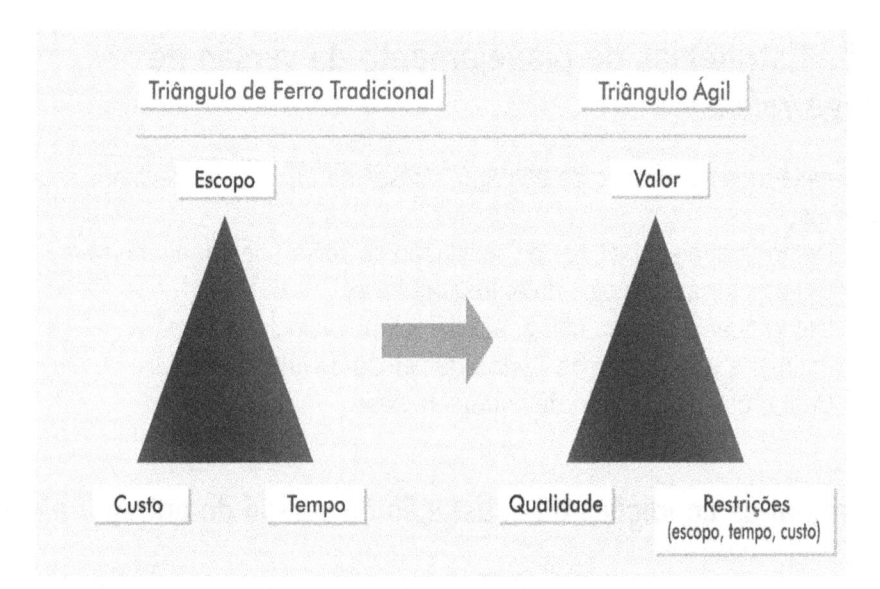

![Triângulo de Ferro Tradicional (Escopo no topo; Custo e Tempo na base) → Triângulo Ágil (Valor no topo; Qualidade e Restrições (escopo, tempo, custo) na base)]

Determinadas as principais restrições do projeto, o *Product Owner* definirá se a(s) versão(ões) de entrega/*release* será(ão):
- Orientada(s) a funcionalidades/escopo (*feature-driven*).
- Orientada(s) a prazo (*date-driven*).
- Orientada(s) a custo (*cost-driven*).

Orientada a funcionalidades/escopo (feature-driven)

"Temos que lançar o *website* com as formas de pagamento boleto bancário, cartão de crédito e débito *on-line*, pois será um diferencial com relação à concorrência".

Nesse tipo de estratégia, a prioridade é entregar funcionalidades de valor e não atingir um prazo fixo.

A métrica de velocidade da equipe será utilizada para calcular quantas *Sprints* serão necessárias para completar a versão de entrega/*release*.

O risco dessa estratégia é ultrapassar o orçamento e/ou ter uma estimativa de prazo muito variada.

Orientada a prazo (date-driven)

"Temos que lançar esta versão de entrega/*release* até dia 31/12, pois a concorrência lançará um produto similar no dia 01/01 e perderemos espaço e representatividade no mercado se lançarmos depois".

Nesse tipo de estratégia, o prazo é a restrição principal da versão de entrega/*release*, e o escopo deve ser mais flexível para caber dentro do prazo. Por essa razão, é importantíssimo que o *Product Owner* faça uma boa priorização dos requisitos que realmente agregam valor e são os diferenciais do produto.

O risco dessa estratégia é entregar escopo sem valor e/ou sem qualidade por dois motivos principais:
- Prazo insuficiente ou irreal para a entrega de valor e qualidade.
- Priorização incorreta.

Orientada a custo (cost-driven)

"Temos R$ 100.000,00 para concluir este projeto. Essa verba é inegociável, uma vez que a empresa está atravessando um momento de contenção de despesas".

Nesse tipo de estratégia, o custo é a restrição principal da versão de entrega/*release*. Similar à estratégia de entrega orientada a prazo (*date-driven*), o *Product Owner* deve priorizar os requisitos certos, tornando o escopo mais flexível.

Também temos risco de entregar escopo sem valor e/ou sem qualidade devido a:
- Orçamento insuficiente ou irreal para a entrega de valor e qualidade.
- Priorização incorreta.

Determinar a métrica utilizada para estimar velocidade

Se, através das *Sprints*, as Equipes trabalham de forma cadenciada, criando ritmo e previsibilidade, precisamos definir qual será a métrica utilizada para aferir essa cadência, denominada velocidade.

Algo que insisto muito em treinamentos e sessões de *mentoring* que faço é o seguinte: pouco importa a métrica de velocidade – uma vez que você cria a cadência, será possível estimar prazo e custo. Logo, em minha opinião, não existe métrica ideal para determinar a velocidade. Podem ser utilizadas:

- Story points.
- Horas.
- Pontos de função.
- Bolinhas de gude.
- Etc.

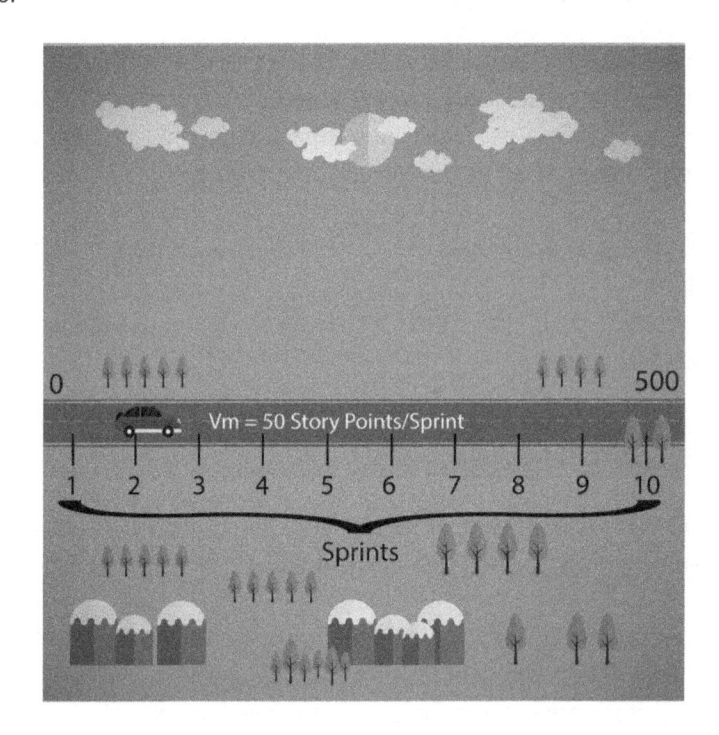

Vm = 50 Story Points/Sprint

Sprints

Story points

Utilizar a sequência matemática de Fibonacci (1, 2, 3, 5, 8, 13, 21, etc.) para estimar esforço, geralmente através de *Planning Poker*, possui como vantagens:
- Ser uma métrica relativa, levando em consideração esforço e complexidade sem se preocupar com informações exatas, como quantidade de dias/horas.
- Ser uma métrica estática. Exemplo: um requisito com baixo esforço sempre será classificado com 1 *story point*, independentemente da quantidade de horas/dias necessários para conclusão.
- Ser uma métrica simples, não sendo necessários grandes cálculos ou regras complexas para definir o significado de cada categoria de *story point*.
- Promover discussões e convergência de opiniões, evitando estimativas feitas por um único especialista ou estimativas superestimadas (aquelas com a famosa "gordura aleatória").

Podemos apontar como desvantagens:
> Métrica subjetiva demais, podendo causar problemas de entendimento principalmente em projetos regidos através de contrato entre empresa e fornecedor.
> Possível dificuldade da Equipe em utilizá-la nas estimativas, causando distorções na métrica de velocidade e tornando a curva de aprendizado do uso de *story points* mais demorada.

Algumas equipes costumam converter *story points* para quantidade de horas, por exemplo: requisitos estimados como 1 *story point* equivalem a quatro horas de trabalho, 2 *story points* equivalem a oito horas de trabalho e assim por diante. Particularmente, não sou muito adepto dessa abordagem de converter *story points* em horas porque, em minha opinião, quebra o conceito de subjetividade das *story points*. Mas lembrando que não existe o certo e o errado: experimente e utilize o que for melhor para o seu projeto (*Shu-Ha-Ri*).

Se sua equipe estiver com dificuldade em começar a estimar em *story points*, utilize a técnica *Agile Planning Board*, criada pelo *Agile Coach* Edson Sousa. Esta técnica utiliza uma matriz de combinações considerando esforço e entendimento.

Os esforços são categorizados em: pequeno, médio e grande (P, M, G). O entendimento é categorizado em: sem dúvida, dúvida técnica (como fazer?), dúvida de negócio (o que fazer?). Dessa forma, teremos a seguinte matriz:

	P	M	G
Sem dúvida	1	2	3
Dúvida técnica	5	8	13
Dúvida de negócio	20 ou 21	40	100

Horas

Para utilizarmos horas como métrica de velocidade precisamos fugir do mantra de que uma *Sprint* de 160 horas equivale a um mês. É cientificamente comprovado que, das oito horas trabalhadas ao dia, as horas realmente produtivas variam de três a cinco, pois as pessoas precisam ler e-mails, atender a telefonemas, interagir socialmente com as pessoas, tomar café, entre outras atividades que não fazem parte dos trabalhos do projeto.

Então devemos utilizar o conceito de horas ideais, que representam a quantidade de horas que efetivamente será gasta no projeto, descontando as horas gastas em outros tipos de trabalho ou distrações.

Para estimarmos em horas ideais, precisamos partir de algumas premissas:
- ➣ Determinar a disponibilidade média de horas da Equipe dentro da *Sprint*.
- ➣ A quantidade de horas estimada em um determinado requisito deve ser utilizada somente em seu desenvolvimento.
- ➣ Uma vez que será utilizada uma métrica mais precisa, a Equipe precisa ter todas as informações e recursos em mãos ao iniciar o desenvolvimento do requisito e atingir a quantidade de horas estimadas.
- ➣ Não haver interrupções dentro da disponibilidade média de horas da Equipe.

Para determinar a disponibilidade média de horas ideais de uma Equipe de Desenvolvimento utilizamos a sequência de fórmulas a seguir:

> *% de disponibilidade da Equipe = (Σ % de disponibilidade de cada membro da Equipe) / quantidade de membros da Equipe*
>
> *Quantidade de horas ideais da Sprint = quantidade média de dias úteis da Sprint * quantidade de horas de trabalho diário * % de disponibilidade da Equipe*

Vamos para um exemplo prático.

Uma Equipe de Desenvolvimento é composta pelos integrantes a seguir, com suas respectivas disponibilidades de tempo:
- ➣ **Vitor:** 70% do tempo disponível para o projeto.
- ➣ **Sérgio:** 30% do tempo disponível para o projeto.
- ➣ **Patrícia:** 50% do tempo disponível para o projeto.
- ➣ **Letícia:** 80% do tempo disponível para o projeto.

Logo, teremos:

> **% de disponibilidade da Equipe = (70% + 30% + 50% + 80%) / 4 = 57,5%**

As *Sprints* serão de quatro semanas e a carga horária da Equipe de Desenvolvimento é de oito horas diárias. Portanto:

> **Quantidade de horas ideais da Sprint = 20 * 8 * 57,5% = 92 horas ideais**

Ou seja, a cada 160 horas corridas de trabalho, a Equipe de Desenvolvimento consegue assumir um compromisso com requisitos cujas estimativas totalizem 92 horas.

Podemos apontar como vantagens dessa abordagem:
- Ser uma métrica absoluta, fugindo da subjetividade das *story points*.
- Levar em consideração o tempo realmente gasto com o projeto.

Desvantagens:
- Não é uma métrica estática como a *story point*. Exemplo: 1 *story point* sempre será uma referência para um requisito com esforço mínimo, mas 1 hora ideal de trabalho pode inicialmente servir para um requisito com esforço mínimo e, através da curva de aprendizado da Equipe, esta mesma 1 hora passar a servir para requisitos com esforços maiores.
- Pode não funcionar em ambientes com muita interrupção e "fazejamento".
- A Equipe pode cair na tentação de usar a famosa técnica de "gordura aleatória" para estimar em horas.
- Em projetos com dependências muito complexas entre recursos e requisitos, a quantidade de horas ideais determinada por *Sprint* pode ser distorcida.

Pontos de função

A análise de ponto de função (APF) é uma antiga técnica de estimativa utilizada principalmente em projetos de desenvolvimento de *software* e leva em consideração uma série de cálculos e padrões.

Esta métrica pode ser utilizada em projetos *Scrum* seguindo o mesmo conceito da métrica em horas. Uma vez determinada a média de quantidade de pontos de função entregues dentro de uma *Sprint*, conseguimos determinar a métrica de velocidade.

Podemos apontar como vantagens:
- ➤ Ser uma métrica reconhecida e baseada em cálculos matemáticos.
- ➤ Ser comumente utilizada em contratos empresa-fornecedor, podendo facilitar na transição inicial de ambos para o uso de *Scrum*.

Desvantagens:
- ➤ Trata-se de uma métrica subjetiva e complexa. Na opinião de muitos (inclusive do autor que vos escreve), se for para usar uma métrica subjetiva, use as *story points*, que são bem mais simples e fáceis de utilizar.
- ➤ Pode tornar o processo de estimativa extremamente demorado e complexo, gerando desperdício no projeto.

> **Importante: pratique o mindset ágil e determine métricas SIMPLES. Evite métricas complexas que podem gerar problemas de entendimento e desperdício.**

Estimar a quantidade de *Sprints* da versão de entrega/*release*

Para determinarmos a estimativa da quantidade de *Sprints* de uma versão de entrega/*release*, precisamos levar em consideração todos os resultados das etapas anteriores do planejamento da versão de entrega/*release*, que são:
- ➤ Determinar as condições de satisfação da versão de entrega/*release*.
- ➤ Determinar a estratégia de entrega/*release*.
- ➤ Determinar a métrica utilizada para determinar velocidade.

Também devemos levar em consideração:
- ➤ Se a velocidade da equipe é conhecida ou não.
- ➤ Há quanto tempo os membros da Equipe de Desenvolvimento trabalham juntos.
- ➤ Conhecimento técnico da Equipe de Desenvolvimento, considerando ferramentas e tecnologias necessárias para a construção do produto e experiência com *Scrum*.
- ➤ Conhecimento de negócio que a Equipe de Desenvolvimento possui sobre o produto que será desenvolvido.

Usando como exemplo o *Product Backlog* a seguir e utilizando a técnica *MoSCoW* para priorizar e estimar:

ID	User story	Prioridade	Estimativa
70	Como tripulante da viagem lunar, preciso ter acesso a água	Must have	8
20	Como tripulante da viagem lunar, preciso ter acesso a alimentação	Must have	7
40	Como tripulante da viagem lunar, preciso ter acesso a kits médicos	Must have	2
50	Como tripulante da viagem lunar, preciso ter acesso a rádio transmissor	Should have	5
30	Como tripulante da viagem lunar, preciso ter acesso ao mapa da Lua	Should have	8
10	Como tripulante da viagem lunar, preciso ter acesso a música ambiente	Could have	8
60	Como tripulante da viagem lunar, preciso ter acesso a uma churrasqueira elétrica	Won't have	5
Estimativa total			43

Se considerarmos que a Equipe de Desenvolvimento possui uma velocidade média e histórica de 15 (*story points*, horas, pontos de função, palitos de fósforo, etc.) por *Sprint*, teremos uma estimativa de três *Sprints* para conclusão desta versão de entrega/*release*, montando o plano da seguinte forma:

Release	Sprint	ID	User story	Prioridade	Estimativa
1	1	70	Como tripulante da viagem lunar, preciso ter acesso a água	Must have	8
1	1	20	Como tripulante da viagem lunar, preciso ter acesso a alimentação	Must have	7
1	2	40	Como tripulante da viagem lunar, preciso ter acesso a *kits* médicos	Must have	2
1	2	50	Como tripulante da viagem lunar, preciso ter acesso a rádio transmissor	Should have	5
1	2	30	Como tripulante da viagem lunar, preciso ter acesso ao mapa da Lua	Should have	8
1	3	10	Como tripulante da viagem lunar, preciso ter acesso a música ambiente	Could have	8
1	3	60	Como tripulante da viagem lunar, preciso ter acesso a uma churrasqueira elétrica	Won't have	5

> **Lembre-se sempre de que estimativa não significa adivinhação. Uma estimativa pode sofrer uma variação positiva ou negativa, principalmente em cenários com muitos riscos e muitas incertezas.**
>
> **Quanto mais inicial for o estágio de desenvolvimento do produto, maior poderá ser a variação da estimativa.**

Para o exemplo anterior, suponha que a Equipe começasse o projeto já conhecendo sua velocidade histórica, mas em fase de criação da visão produto sua velocidade pudesse sofrer uma variação de 60% a 160%, ou seja, a velocidade da Equipe poderia variar de 9 a 24. Conforme os riscos e incertezas vão sendo eliminados, mais refinada será a estimativa. Veja a imagem do cone das incertezas a seguir:

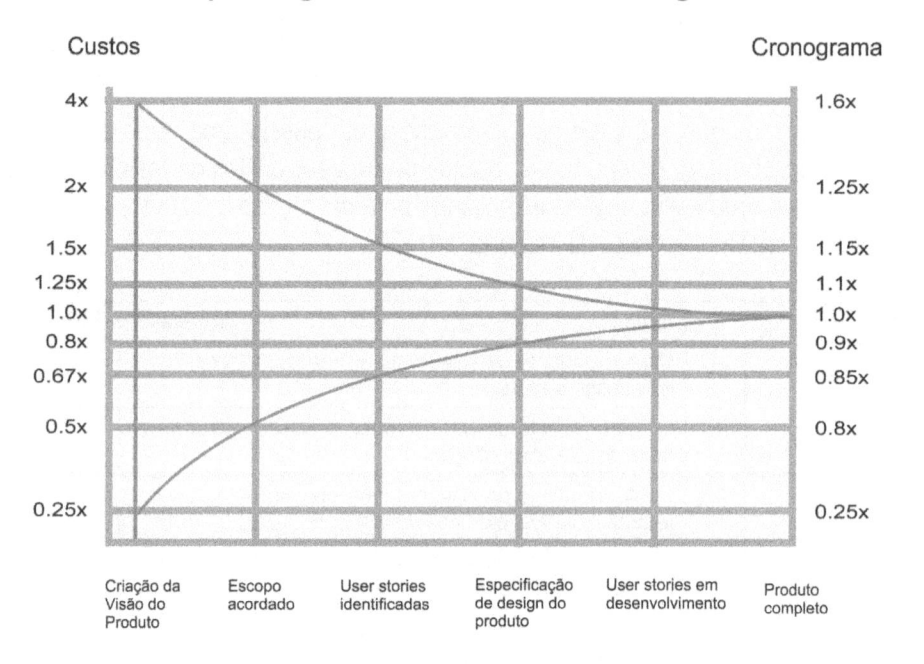

"Vitor, mas como vou conseguir estimar, se no *Scrum* trabalhamos com escopo aberto?"

Não sou muito adepto da expressão "escopo aberto". Escopo aberto é como caminhar no deserto, ou seja, não tem fim.

Prefiro dizer que o *Scrum* trabalha com escopo **flexível**, que pode ser refinado no decorrer do projeto, mas sabemos aonde queremos chegar através da visão do produto que foi criada no início do projeto.

"Ok, Vitor, mas como vou estimar esse escopo flexível se não tenho todos os requisitos extremamente detalhados?"

Muitos acreditam que, em projetos onde reinam altos riscos e altas incertezas, detalhar tudo é a solução para mitigação/eliminação desses riscos, ou seja, é muito mais fácil dar uma estimativa precisa no cenário a seguir:

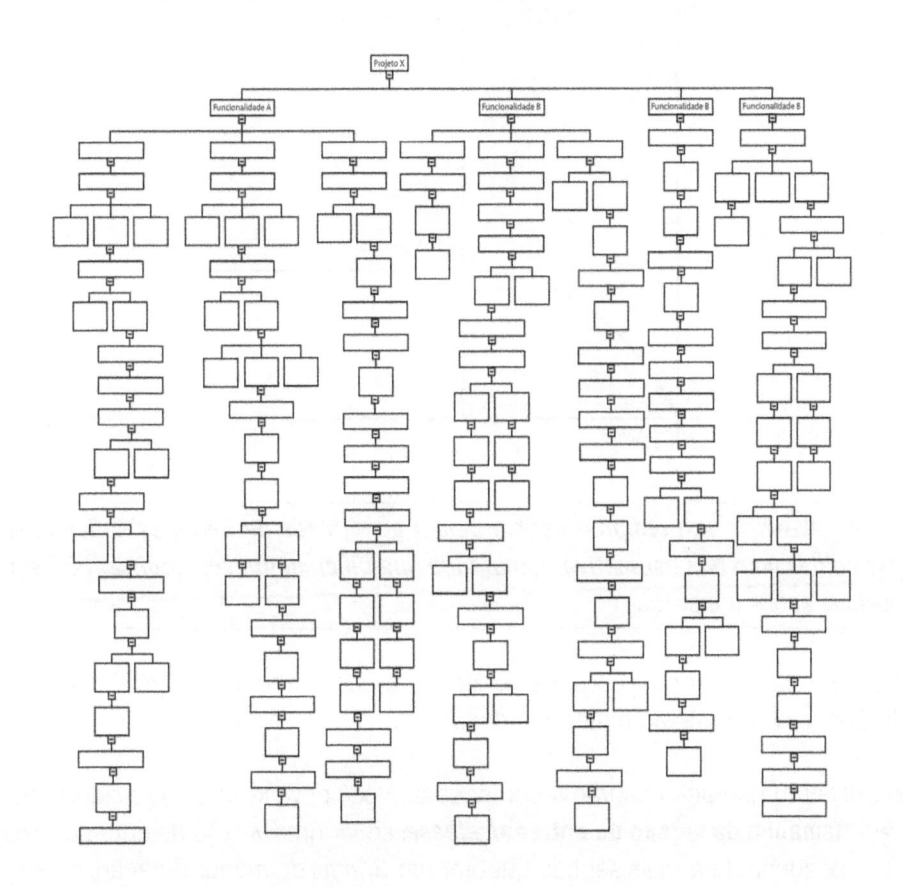

Do que estimar no cenário a seguir:

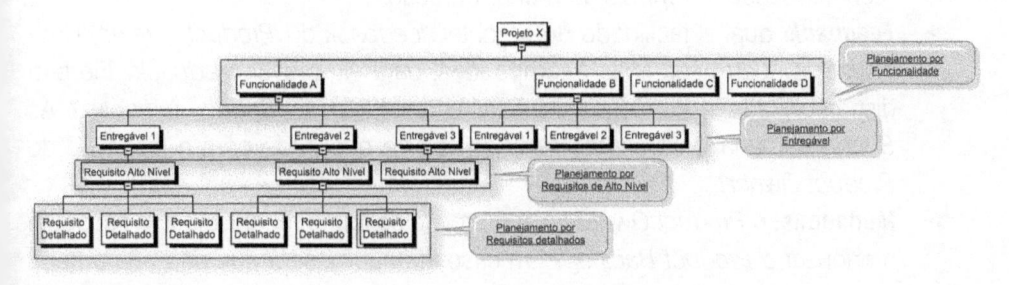

Ledo engano, pois existe um tempo e um nível de detalhamento ideal para se obter precisão na estimativa. Todo o tempo gasto após esse tempo ideal torna-se desperdício, uma vez que a precisão da estimativa não aumentará. Veja esse conceito representado na figura a seguir:

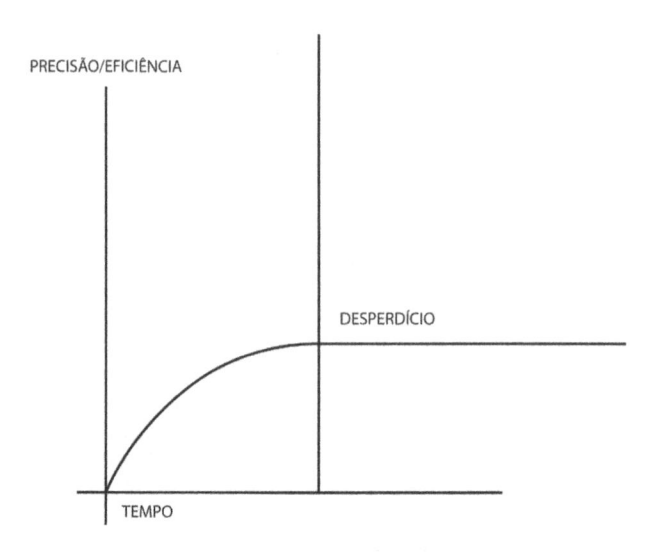

```
PRECISÃO/EFICIÊNCIA
                                    DESPERDÍCIO
                        TEMPO
```

> **Saiba investir o seu tempo e estime com a quantidade de detalhes suficientes para obter uma boa estimativa, lembrando que dificilmente você conseguirá ser preciso sobre o incerto.**

"Vitor, para passar o prazo para meu chefe eu preciso saber qual será a duração de cada *Sprint*. Qual duração é recomendada?"

Não existe uma duração padrão recomendada. Você deve levar em consideração:
- **Tamanho da versão de entrega/*release*:** se for uma versão de entrega/*release* pequena, fará mais sentido quebrar em *Sprints* de menor duração.
- **Riscos e incertezas:** quanto maiores forem os riscos e incertezas, maior a recomendação de *Sprints* de menor duração.
- **Feedback:** qual a facilidade de se obter *feedback* do *Product Owner*? Uma *Sprint* de quatro semanas é tempo ideal para ele prover *feedback*? Ele tem disponibilidade e consegue verificar o resultado de *Sprints* semanais? As *Sprints* semanais entregarão itens de valor e qualidade para a inspeção do *Product Owner*?
- **Mudanças:** o *Product Owner* do seu projeto costuma mudar muito o escopo e repriorizar o *Product Backlog*? Em caso afirmativo, será que não vale a pena encurtar a duração da *Sprint*?

- **Ritmo sustentável:** a Equipe *Scrum* resolveu trabalhar em *Sprints* semanais. Só que as semanas de quarenta horas viraram semanas de sessenta horas. Vale a pena esgotar a Equipe fisicamente e mentalmente, correndo risco de sacrificar a qualidade do que será entregue, somente para gerar entregas semanais? A duração da *Sprint* deve ser uma quantidade de tempo ideal para que a equipe trabalhe em ritmos sustentáveis.
- ***Feedback* externo:** o principal usuário do produto é o consumidor final? Como trazer esse *feedback* externo para o resultado de uma *Sprint*? É viável? Caso afirmativo, qual a periodicidade ideal para se obter um *feedback* externo para o resultado das *Sprints*?
- **Urgência:** qual a urgência do projeto? É um projeto para atender a uma lei? É um projeto para superar o concorrente? Quanto maior a urgência, maior a recomendação de *Sprints* de menor duração.

"Vitor, é a primeira vez que vamos trabalhar com *Scrum*. Não conhecemos nossa velocidade. Nosso chefe quer saber qual o prazo e quanto vamos gastar. O que devo responder?"

Simples: se você não conhece a métrica de sua Equipe, não há como estimar um prazo. Você deve executar de uma a três *Sprints* para obter a métrica de velocidade e responder com mais propriedade sobre prazo e custo.

"Vitor, tenho que dar uma resposta imediata! Meu chefe não quer saber sobre executar *Sprints*, cone de incertezas e obter métricas. Ele quer a resposta agora! O que devo responder?"

Neste caso você utiliza a boa e velha conhecida técnica do "chute" – afinal de contas, como conseguir ser preciso sobre o incerto? Só "chutando" mesmo! Lembrando que o "chute" é um lance de sorte: você pode tanto acertar quanto errar, mas se você errar será cobrado por isso.

"Vitor, mas se minha estimativa pode sofrer variações, o que eu respondo para o meu chefe? A estimativa que a Equipe passou com base em sua velocidade ou jogo uma 'gordurinha aleatória' para garantir riscos?"

Nada de "gordurinha aleatória" ou estimativas supervalorizadas. Utilize um fator de ajuste levando em consideração:

- Há quanto tempo os membros da Equipe de Desenvolvimento trabalham juntos.

> Conhecimento técnico da Equipe de Desenvolvimento, considerando ferramentas e tecnologias necessárias para a construção do produto e experiência com *Scrum*.
> Conhecimento de negócio que a Equipe de Desenvolvimento possui sobre o produto que será desenvolvido.

Esse fator de ajuste pode ser obtido considerando a tabela a seguir:

Fator de ajuste	Tempo trabalhando junto	Conhecimento técnico	Conhecimento de negócio
0,80	Menos de três meses	Baixo	Baixo
0,75	Menos de três meses	Baixo	Médio
0,70	Menos de três meses	Baixo	Alto
0,75	Menos de três meses	Médio	Baixo
0,50	Menos de três meses	Médio	Médio
0,50	Menos de três meses	Médio	Alto
0,75	Menos de três meses	Alto	Baixo
0,50	Menos de três meses	Alto	Médio
0,35	Menos de três meses	Alto	Alto
0,60	Entre três meses e um ano	Baixo	Baixo
0,55	Entre três meses e um ano	Baixo	Médio
0,50	Entre três meses e um ano	Baixo	Alto
0,55	Entre três meses e um ano	Médio	Baixo
0,30	Entre três meses e um ano	Médio	Médio
0,25	Entre três meses e um ano	Médio	Alto
0,50	Entre três meses e um ano	Alto	Baixo
0,25	Entre três meses e um ano	Alto	Médio
0,20	Entre três meses e um ano	Alto	Alto
0,50	Mais de um ano	Baixo	Baixo
0,45	Mais de um ano	Baixo	Médio
0,40	Mais de um ano	Baixo	Alto
0,45	Mais de um ano	Médio	Baixo
0,35	Mais de um ano	Médio	Médio
0,20	Mais de um ano	Médio	Alto
0,40	Mais de um ano	Alto	Baixo
0,20	Mais de um ano	Alto	Médio
0	Mais de um ano	Alto	Alto

Vamos interpretar esta tabela com exemplos práticos.

Se os membros de uma Equipe de Desenvolvimento foram recentemente contratados, nunca trabalharam com *Scrum* e não conhecem o mercado do produto que será desenvolvido, o fator de ajuste será de +/- 0,8, ou seja, se essa Equipe estimar uma versão de entrega/*release* em dez *Sprints* (cenário mais provável), isso pode significar que a versão de entrega/*release* poderá variar entre duas (cenário otimista) a 18 (cenário pessimista) *Sprints*.

No caso de uma Equipe cujos membros trabalham juntos há menos de um ano, mas conhecem bem as ferramentas e técnicas necessárias para o desenvolvimento do produto, conhecem bem *Scrum* e conhecem bem o mercado ou área de negócio do produto, esse fator de ajuste será de +/- 0,2, ou seja, se essa Equipe estimar uma versão de entrega/*release* em dez *Sprints* (cenário mais provável), isso pode significar que a versão de entrega/*release* poderá variar entre oito (cenário otimista) a 12 (cenário pessimista) *Sprints*.

Este fator de ajuste é idêntico ao conceito de "pulmão", utilizado na técnica de Corrente Crítica criada por Eliyahu M. Goldratt.

> **Dê visibilidade dessa variação para as partes interessadas do projeto e faça os cálculos de orçamento do projeto levando em consideração o cenário pessimista.**

Agora devemos levar em consideração as condições de satisfação e a estratégia de entrega da versão de entrega/*release* para montar o nosso plano.

Estratégia de entrega orientada a funcionalidades (feature-driven)

Nesta estratégia o foco principal é a entrega de funcionalidades, ou seja, o escopo. Dessa forma, teremos que trabalhar com um *buffer* de prazo e custo.

"Vitor, como crio esse *buffer*? Jogo uma 'gordura aleatória'?"

Não. Você deve utilizar a tabela de fator de ajuste explicada anteriormente.

Estratégia de entrega orientada a prazo ou a custo (date-driven ou cost-driven)

Utilizar *Scrum* em projetos com restrição de prazo ou custo é o grande desafio de uma boa Equipe *Scrum*.

> **Nesta estratégia, mais do que nunca, é primordial saber priorizar as coisas certas através de boas técnicas e identificar o MVP.**

Vamos utilizar um exemplo de *Product Backlog* onde o projeto deve ser concluído em dois meses e a velocidade da Equipe de Desenvolvimento é 15 por *Sprint* mensal:

ID	User story	Prioridade	Estimativa
70	Como tripulante da viagem lunar, preciso ter acesso a água	Must have	8
60	Como tripulante da viagem lunar, preciso ter acesso a uma churrasqueira elétrica	Won't have	5
40	Como tripulante da viagem lunar, preciso ter acesso a *kits* médicos	Must have	2
50	Como tripulante da viagem lunar, preciso ter acesso a rádio transmissor	Should have	5
30	Como tripulante da viagem lunar, preciso ter acesso ao mapa da Lua	Should have	8
10	Como tripulante da viagem lunar, preciso ter acesso a música ambiente	Could have	8
20	Como tripulante da viagem lunar, preciso ter acesso a alimentação	Must have	7
Estimativa total			**43**

Nosso plano inicial ficaria da seguinte forma:

Release	Sprint	ID	User story	Prioridade	Estimativa
1	1	70	Como tripulante da viagem lunar, preciso ter acesso a água	Must have	8
1	1	60	Como tripulante da viagem lunar, preciso ter acesso a uma churrasqueira elétrica	Won't have	5
1	1	40	Como tripulante da viagem lunar, preciso ter acesso a *kits* médicos	Must have	2
1	2	50	Como tripulante da viagem lunar, preciso ter acesso a rádio transmissor	Should have	5
1	2	30	Como tripulante da viagem lunar, preciso ter acesso ao mapa da Lua	Should have	8
1	3	10	Como tripulante da viagem lunar, preciso ter acesso a música ambiente	Could have	8
1	3	20	Como tripulante da viagem lunar, preciso ter acesso a alimentação	Must have	7

Se temos dois meses para o concluir o projeto, a *Sprint* 3 ficará fora do projeto ou fará parte de uma versão de entrega/*release* posterior. Dessa forma, temos o seguinte plano:

Release	Sprint	ID	User story	Prioridade	Estimativa
1	1	70	Como tripulante da viagem lunar, preciso ter acesso a água	Must have	8
1	1	60	Como tripulante da viagem lunar, preciso ter acesso a uma churrasqueira elétrica	Won't have	5
1	1	40	Como tripulante da viagem lunar, preciso ter acesso a *kits* médicos	Must have	2
1	2	50	Como tripulante da viagem lunar, preciso ter acesso a rádio transmissor	Should have	5
1	2	30	Como tripulante da viagem lunar, preciso ter acesso ao mapa da Lua	Should have	8

> **Pergunta: esta versão de entrega/release será um sucesso ou fracasso?**

Sem dúvida alguma um **fracasso**, pois um dos itens essenciais do produto viagem lunar, a alimentação da tripulação, ficou de fora da versão de entrega/*release* devido a uma má priorização.

> **Então novamente o reforço em saber priorizar as coisas certas e principalmente a preocupação em identificar o MVP (Minimum Viable Product) certo.**

Agora vamos continuar com o mesmo exemplo, mas com a priorização correta:

Release	Sprint	ID	User story	Prioridade	Estimativa
1	1	70	Como tripulante da viagem lunar, preciso ter acesso a água	Must have	8
1	1	20	Como tripulante da viagem lunar, preciso ter acesso a alimentação	Must have	7
1	2	40	Como tripulante da viagem lunar, preciso ter acesso a *kits* médicos	Must have	2
1	2	50	Como tripulante da viagem lunar, preciso ter acesso a rádio transmissor	Should have	5
1	2	30	Como tripulante da viagem lunar, preciso ter acesso ao mapa da Lua	Should have	8

Perceba que as duas *Sprints* estão comprometidas de acordo com a velocidade da Equipe.

"Vitor, e se aparecer uma mudança no decorrer das *Sprints*? Como fazer?"

Não vai ter jeito, algum requisito terá que ficar de fora ou ser alocado para a versão de entrega/*release* seguinte. Esse é o risco de ter todas as *Sprints* comprometidas de acordo com a velocidade da Equipe.

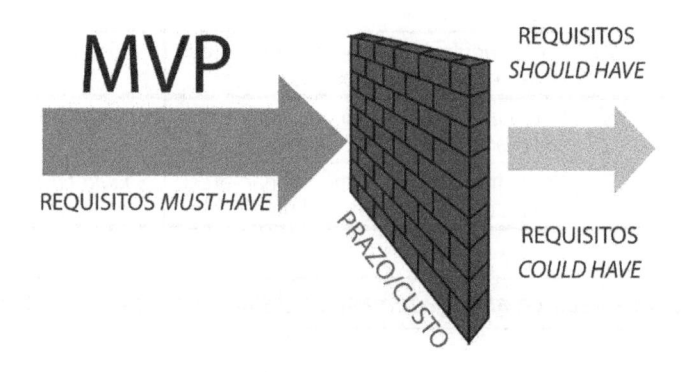

O ideal é ter um *buffer* de funcionalidades, justamente para ter um tempo de contorno para lidar com:
- ➢ trabalho que não foi completado dentro de uma *Sprint*;
- ➢ eventuais mudanças de escopo;
- ➢ revisão de estimativas.

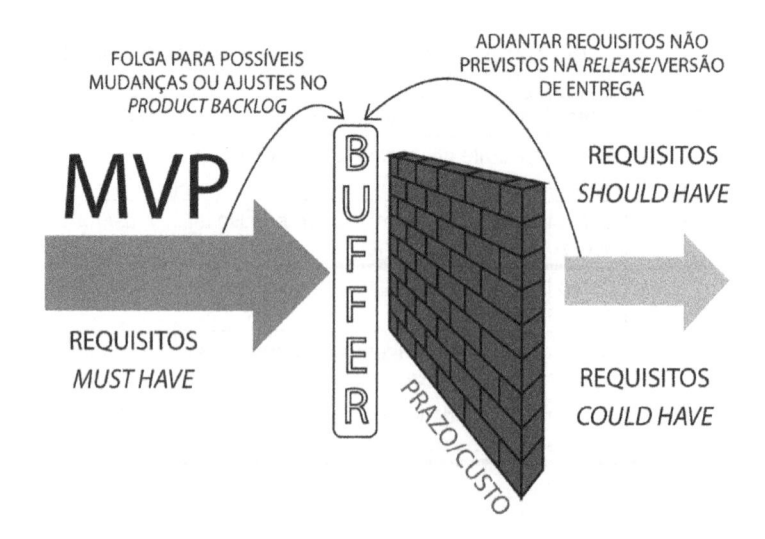

Temos assim o seguinte plano:

Release	Sprint	ID	User story	Prioridade	Estimativa
1	1	70	Como tripulante da viagem lunar, preciso ter acesso a água	Must have	8
1	1	20	Como tripulante da viagem lunar, preciso ter acesso a alimentação	Must have	7
1	2	40	Como tripulante da viagem lunar, preciso ter acesso a *kits* médicos	Must have	2
1	2	–	*Buffer* para mudanças, riscos ou problemas	–	13

Criar o plano de versão de entrega/*release*

A criação do plano de versão de entrega/*release* consiste em documentar quantas *Sprints* farão parte de uma versão de entrega/*release*.

Planejamento de Release

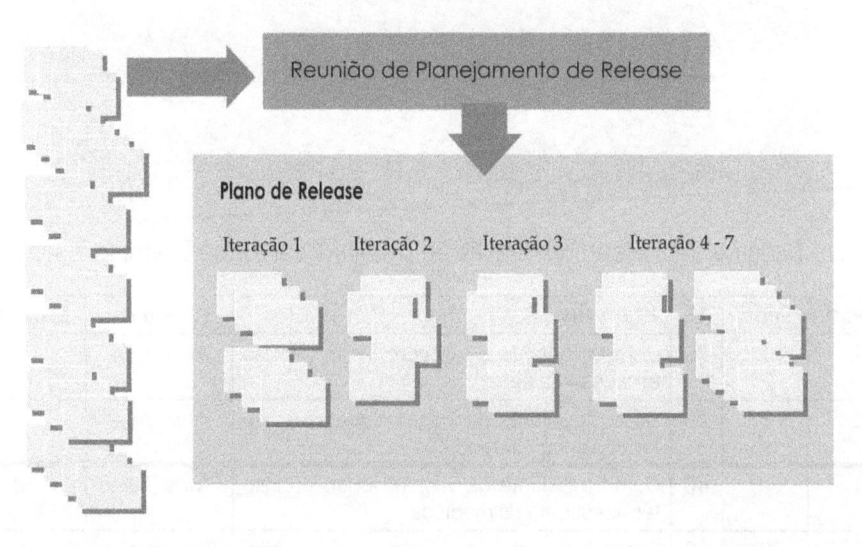

Este plano pode ser representado de forma visual (*post-its* ou *software* específico) conforme figura a seguir:

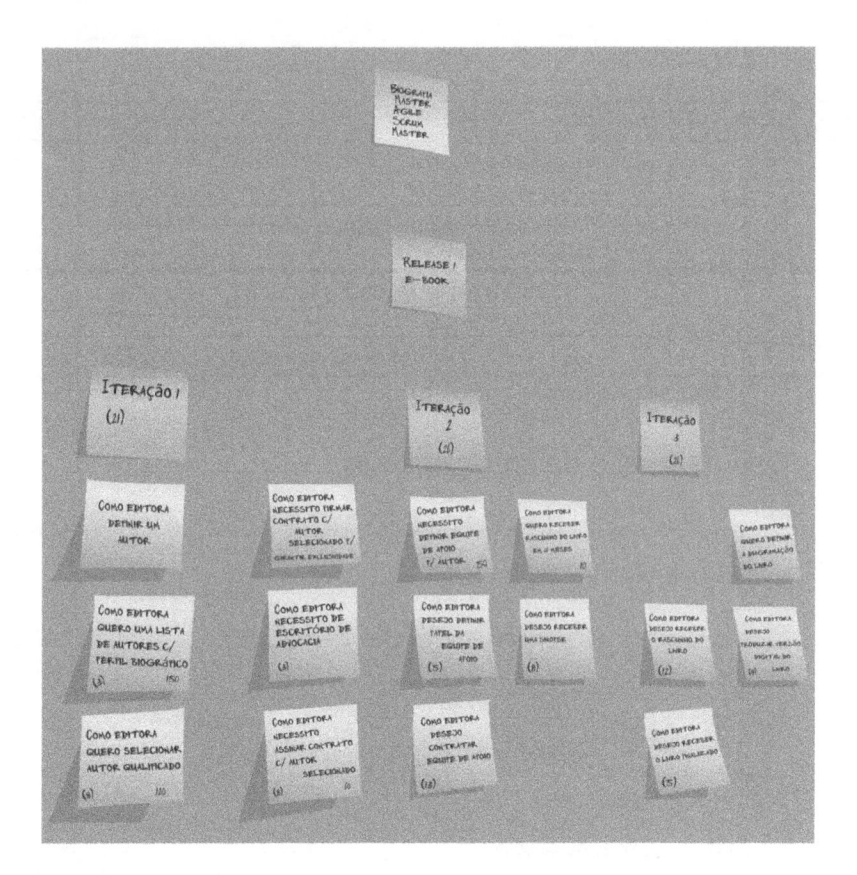

Também pode ser representado através de planilhas conforme exemplo a seguir:

Release	Sprint	ID	User story	Prioridade	Estimativa
1	1	70	Como tripulante da viagem lunar, preciso ter acesso a água	Must have	8
1	1	20	Como tripulante da viagem lunar, preciso ter acesso a alimentação	Must have	7
1	2	40	Como tripulante da viagem lunar, preciso ter acesso a *kits* médicos	Must have	2
1	2	50	Como tripulante da viagem lunar, preciso ter acesso a rádio transmissor	Should have	5
1	2	30	Como tripulante da viagem lunar, preciso ter acesso ao mapa da Lua	Should have	8
2	1	10	Como tripulante da viagem lunar, preciso ter acesso a música ambiente	Could have	8
2	1	60	Como tripulante da viagem lunar, preciso ter acesso a uma churrasqueira elétrica	Won't have	5

Ou também documentado através do Microsoft Project:

	Início	Fim
Projeto Viagem Lunar	**01/11/15**	**31/01/16**
Release 1	01/11/15	31/12/15
Sprint 1	01/11/15	30/11/15
Como tripulante da viagem lunar, preciso ter acesso a água	01/11/15	30/11/15
Como tripulante da viagem lunar, preciso ter acesso a alimentação	01/11/15	30/11/15
Sprint 2	01/12/15	31/12/15
Como tripulante da viagem lunar, preciso ter acesso a *kits* médicos	01/12/15	31/12/15
Como tripulante da viagem lunar, preciso ter acesso a rádio transmissor	01/12/15	31/12/15
Como tripulante da viagem lunar, preciso ter acesso ao mapa da Lua	01/12/15	31/12/15
Release 2	02/01/16	31/01/16
Sprint 1	02/01/16	31/01/16
Como tripulante da viagem lunar, preciso ter acesso a música ambiente	02/01/16	31/01/16
Como tripulante da viagem lunar, preciso ter acesso a uma churrasqueira elétrica	02/01/16	31/01/16

"Vitor, Microsoft Project para projetos *Scrum*? Será que vamos deixar de ser ágeis se usarmos?"

Não! De forma alguma. Através do Microsoft Project você pode monitorar o projeto em diversas visões: projeto, versão de entrega/*release*, *Sprints* e *user stories*. É mais uma forma de se criar um modelo híbrido de gestão de projetos utilizando *Scrum* e uma ferramenta tradicional como o Microsoft Project.

3.1.6. Estratégias de planejamento da *Sprint*

O resultado do planejamento de cada *Sprint* sempre deve ser:
➢ Definir qual a meta da *Sprint*, ou seja, definir o que a Equipe de Desenvolvimento deve entregar para o *Product Owner*.
➢ Definir quais tarefas são necessárias, estimá-las e colocá-las no *Sprint Backlog*.

Para esse resultado ser alcançado, devemos:
- ➢ Ter um *Product Backlog* priorizado para o planejamento.
- ➢ Ter uma definição de preparado (*ready*) clara para incluir um requisito no *Sprint Backlog*.
- ➢ Ter uma definição de pronto (*done*) clara para determinar as tarefas necessárias que serão incluídas no *Sprint Backlog*.
- ➢ Definir qual a estratégia de planejamento da *Sprint*.

Ter um *Product Backlog* priorizado para o planejamento

Começarei este tópico com uma regra de impacto.

> **Regra número 1: jamais uma reunião de planejamento da Sprint deve ser adiada ou começar sem um Product Backlog priorizado.**

Se o *Product Owner* aparecer com um *Product Backlog* que não estiver devidamente priorizado, o *Scrum Master* deve trabalhar junto com ele para orientá-lo na priorização e garantir a realização da reunião de planejamento.

"Vitor, e se o *Product Owner* estiver doente ou precisar faltar bem no dia da reunião de planejamento? Podemos adiá-la?"

Não! A reunião deve acontecer de qualquer jeito. Nesse caso, o *Scrum Master* apresentará o *Product Backlog* devidamente priorizado e conduzirá a reunião de planejamento.

Por essa razão, dois pontos são muito importantes:
- ➢ O monitoramento e o refinamento constantes do *Product Backlog* por parte do *Product* Owner, para mantê-lo sempre atualizado.
- ➢ A parceria entre *Scrum Master* e *Product Owner*. Muitos acreditam que o *Scrum Master* facilita somente as ações da Equipe de Desenvolvimento. Negativo! O *Scrum Master* deve facilitar todo o processo *Scrum* ou, como costumo dizer, ele deve "fazer a roda girar".

Ter uma definição de preparado (*ready*) clara para incluir um requisito no *Sprint Backlog*

Antes de determinar se um requisito do *Product Backlog* será decomposto em tarefas que integrarão o *Sprint Backlog*, devemos fazer a seguinte pergunta: "o requisito está preparado?".

"Vitor, o que significa estar preparado? Já não foi escrito pelo *Product Owner*? Se foi escrito é porque está preparado, oras!"

Não! Preparado significa atender a uma série de pré-requisitos, como:
- Por que este requisito está no *Product Backlog*? O valor de negócio do requisito está claro para toda a *Equipe Scrum*?
- Como validar este requisito? Os critérios de aceitação foram definidos pelo *Product Owner* e estão claros para todo o restante da Equipe *Scrum*?
- O requisito é um épico ou já foi decomposto para a realização de uma estimativa mais precisa pela Equipe de Desenvolvimento?
- A Equipe de Desenvolvimento sente-se confortável para decompor este requisito em tarefas ou são necessários mais esclarecimentos por parte do *Product Owner*?

Se as respostas a todas as perguntas anteriores forem **SIM**, o requisito está preparado (*ready*). Caso contrário, é necessário discutir com o *Product Owner* até que toda a Equipe *Scrum* se sinta confortável para prosseguir para o próximo requisito. Mas cuidado: o *Scrum Master* não deve permitir que cada discussão de requisito se torne uma saga tortuosa.

> *O Scrum Master tem um papel importantíssimo nas reuniões de planejamento, sendo o grande facilitador e mediador do restante da Equipe Scrum.*

Ter uma definição de pronto (*done*) clara para determinar as tarefas necessárias que serão incluídas no *Sprint Backlog*

Aqui a regra é muito simples:

> *Quanto mais itens forem contemplados para determinar se um requisito está pronto (done) ou não, menores as chances de problemas, bugs, retrabalhos, insatisfação do Product Owner e insatisfação das demais partes interessadas do projeto.*

A definição de pronto (*done*) varia muito de projeto para projeto. Por exemplo, em um projeto de TI podemos considerar:
- Testes unitários.
- Testes integrados.
- Testes de regressão.
- Refatoração.
- Homologação.

Em outros tipos de projetos técnicos, podemos considerar:
- Testes de resistência.
- Testes de estresse.
- Prototipação.

É muito importante que essa definição de pronto (*done*) esteja clara para toda a Equipe *Scrum* e todas as partes interessadas do projeto. É função do *Scrum Master* sempre se certificar de que todos estão cientes e confortáveis com os critérios utilizados para a definição de pronto (*done*).

Uma definição de pronto (*done*) ruim ou não muito clara para todos pode gerar grandes estragos em seu projeto. Revisite um exemplo de estrago gerado no item 2.2.3 (Técnicas de negociação > Cenários perde-perde e ganha-perde).

> *Dica: em um grande projeto, com muitas partes interessadas envolvidas, que tal deixar esse alinhamento da definição de pronto (done) nas mãos do gerente de projetos?*

Definir qual a estratégia de planejamento da *Sprint*

A Equipe de Desenvolvimento deve decidir se o planejamento da *Sprint* será:
- Orientado a velocidade (*velocity-driven*).
- Orientado a comprometimento (*commitment-driven*).

Planejamento orientado a velocidade (velocity-driven)

Nesta abordagem a Equipe de Desenvolvimento se compromete a entregar requisitos de acordo com a capacidade de entrega por *Sprint*, ou seja, de acordo com sua velocidade (em *story points*, horas ideais, dias, pontos de função, palitos de fósforo, etc.).

São seis passos seguidos neste tipo de abordagem de planejamento:
1. Determinar as prioridades do *Product Backlog*.
2. Determinar a velocidade-alvo da Equipe de Desenvolvimento.
3. Determinar a meta da *Sprint*.
4. Selecionar os requisitos cujos esforços somados não ultrapassem a velocidade-alvo da Equipe de Desenvolvimento.
5. Decompor os requisitos em tarefas.
6. Estimar as tarefas.

Muitos não gostam desta abordagem porque acreditam que as Equipes de Desenvolvimento se tornam reféns de suas velocidades, não se preocupando em verificar se as tarefas tomarão mais tempo que o previsto, fazendo com que requisitos inicialmente comprometidos dentro da *Sprint* acabem ficando fora dela.

Planejamento orientado a comprometimento (commitment-driven)

Nesta abordagem a Equipe de Desenvolvimento decompõe cada requisito em tarefas para identificar se consegue entregá-lo dentro da *Sprint* ou não. A velocidade da Equipe não é a preocupação principal, e sim saber se a quantidade de horas estimadas para cada tarefa cabe dentro da *Sprint* ou não.

O fluxo a seguir descreve o planejamento orientado a comprometimento:

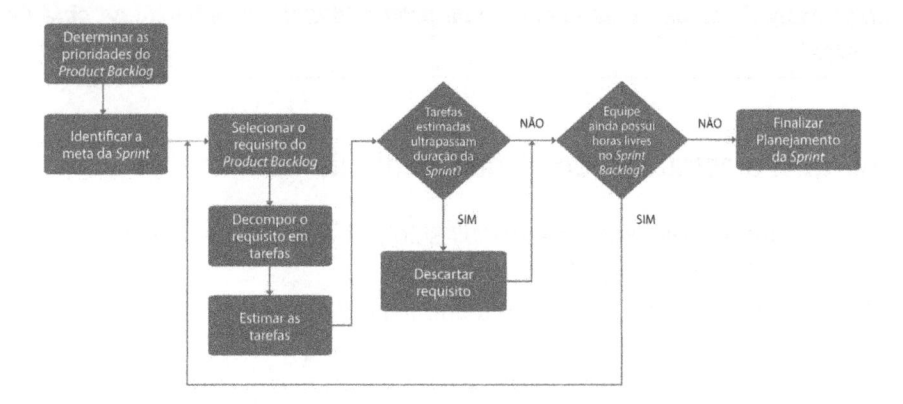

A figura a seguir ilustra de uma forma mais lúdica o fluxo anterior:

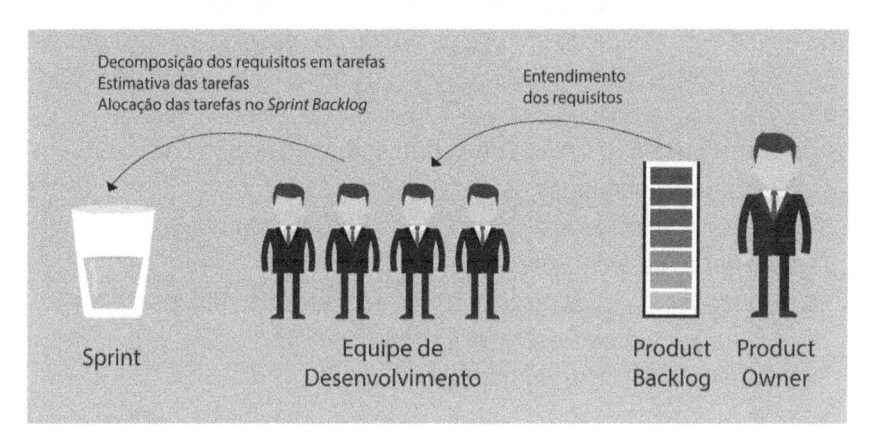

Criando matriz de rastreabilidade no Sprint Backlog

Independentemente da estratégia de planejamento utilizada, uma técnica muito interessante é a criação de uma matriz de rastreabilidade entre o requisito do *Product Backlog* e as tarefas do *Sprint Backlog*, conforme exemplos a seguir:

Product Backlog:

Release	Sprint	ID	User story
1	1	20	Como corretor de seguros, quero submeter uma proposta para cálculo
1	1	40	Como corretor de seguros, quero visualizar o resultado de uma proposta submetida

Sprint Backlog:

ID	Tarefa	Horas	*Product Backlog* ID
1	Criar estrutura de tabelas para armazenar dados de proposta	2	20
2	Criar *front-end* com os campos necessários para a captura da proposta	12	20
3	Criar *front-end* para *login* do corretor	6	20
4	Criar processo de cálculo da cotação com base nos campos capturados	16	40
5	Criar *front-end* para exibição dos resultados da cotação para o corretor	12	40

Uma outra maneira é tornar essa rastreabilidade visual através de *softwares* de gerenciamento ágil de projetos ou quadro *Kanban*:

Uma boa prática que deve ser utilizada na estimativa das tarefas do *Sprint Backlog* é mantê-las entre quatro e 16 horas. Tarefas estimadas com mais de 16 horas devem ser decompostas em tarefas menores. Essa boa prática faz com que o *Sprint Backlog* se torne mais fácil de gerenciar e facilita a comunicação dos itens concluídos na reunião *Daily Scrum*.

Ao decompor as tarefas, deve-se evitar determinar responsáveis individuais para elas. Contudo, dependendo do tipo e do porte do projeto, ou se o projeto tiver recursos compartilhados e for inevitável ter que determinar responsáveis individuais na reunião de planejamento, use ferramentas de nivelamento de recursos para auxiliá-lo.

3.2. Estratégias de monitoramento e controle

Monitorar um projeto significa verificar se o que foi realizado está dentro do planejado e, através de inspeção e adaptação, tomar as devidas ações de controle.

Neste tópico falaremos sobre:
- Monitoramento da *Sprint* através da reunião *Daily Scrum* e inspeções diárias.
- Monitoramento de *bugs*/defeitos.
- Monitoramento e refinamento do *Product Backlog*.
- Monitoramento do produto através da revisão da *Sprint*.
- Monitoramento da versão de entrega/*release*.
- Monitoramento de processos através da retrospectiva da *Sprint*.

3.2.1. Monitoramento da *Sprint* através da reunião *Daily Scrum* e inspeções diárias

Normalmente, as pessoas costumam me fazer a seguinte pergunta: "Vitor, quero usar *Scrum*. Por onde eu começo?"

Em vez de recomendar fazer a transição dos papéis ou mudar a estrutura de planejamento e coleta de requisitos, costumo orientar as empresas e pessoas a começarem a transição da seguinte forma:
- Utilize quadro de tarefas ou quadro *Kanban*.
- Faça a reunião diária (*Daily Scrum*).

"Vitor, por quê?"

O quadro *Kanban* promove a gestão visual e o sistema puxado, ou seja, os membros da Equipe de Desenvolvimento são responsáveis por conduzir as tarefas em cada etapa do quadro *Kanban*, sem dependerem de uma voz de comando. O quadro *Kanban* também promove o trabalho em Equipe.

É algo fácil de implementar, pois tudo que sua empresa precisa é um espaço para um quadro branco e *post-its*. Não é nenhuma mudança radical e a cultura começa a ser implementada aos poucos.

Sobre a reunião diária (*Daily Scrum*), trata-se de uma poderosíssima ferramenta de monitoramento e controle, também fácil de implementar e que já introduz diversos princípios ágeis de forma intuitiva, tais como:
- Ter disciplina em eventos *timeboxed*, uma vez que os 15 minutos da reunião devem ser respeitados.
- Geração de conhecimento compartilhado.
- Inspeção e adaptação frequente.
- Gerenciamento de risco, área comumente negligenciada em projetos, feito de forma diária.
- Atualização do plano do projeto em tempo real.

Essa reunião é sempre uma boa chance de atualizar o quadro *Kanban* e o gráfico *Sprint burndown*.

Sprint BurnDown

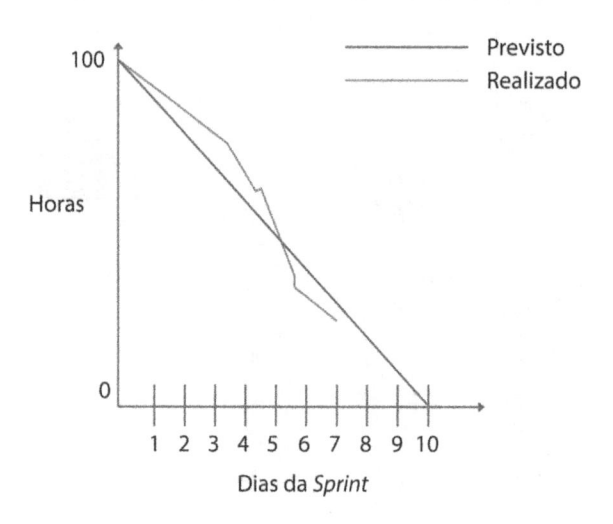

[Gráfico: eixo Y "Horas" de 0 a 100, eixo X "Dias da Sprint" de 1 a 10, com linhas "Previsto" e "Realizado"]

Algumas dicas importantes para o *Scrum Master* na condução da reunião *Daily Scrum*:

Respeite os 15 minutos da reunião

Jamais permita que a reunião se estenda nem que seja por cinco segundos. Interceda na reunião caso o foco saia das três perguntas-chave:
- O que foi feito?
- O que será feito?
- Quais são os impedimentos?

Se surgir algum assunto que necessite ser discutido posteriormente, utilize a técnica do *parking lot*, descrita anteriormente, para que o assunto não caia no esquecimento.

Utilize artefatos visuais como cronômetro ou ampulhetas com Equipes que estão com dificuldades em manter o *timebox* de 15 minutos da reunião. Caso necessário, utilize técnicas de impacto, como sair da sala após os 15 minutos da reunião. Sim, eu sei que você deve estar achando que é um pouco radical, mas pense que é tudo pela disciplina ao *timebox*. ☺

Fale somente quando necessário – a reunião é da Equipe de Desenvolvimento

Evite ser o centro das atenções. Essa reunião é o momento da Equipe de Desenvolvimento inspecionar, adaptar e gerenciar riscos. Deixe a Equipe falar e tome nota dos possíveis riscos e impedimentos em que você irá atuar. Se surgirem assuntos que devem ser discutidos posteriormente, atualize o *parking lot* para não cair no esquecimento.

Não transforme a reunião diária em uma reunião de *status report*

Já vi muitas empresas deixarem de realizar a reunião diária, pois elas se tornaram sem vida, sem propósito, uma mera reunião para reportar o status do projeto para o *Scrum Master*.

Lembre-se, o *Scrum Master* é líder servidor e facilitador de todo o processo *Scrum*. Ele não pode ser visto como o "chefe" da Equipe, mesmo que hierarquicamente ele tenha este cargo dentro da estrutura organizacional da empresa.

A reunião deve ter vida e gerar engajamento. Evite permitir que os membros da Equipe de Desenvolvimento se limitem a chegar na reunião com um caderno de anotações simplesmente fazendo a leitura do caderno olhando para o *Scrum Master*.

Algumas dicas para o *Scrum Master* gerar engajamento durante as reuniões:
- Ter comida nas reuniões.
- Fazer a reunião de pé.
- Quem se atrasar para a reunião contribui com um valor simbólico para a "caixinha do projeto".
- Levar bolinhas de plástico para um membro da Equipe jogar para o próximo membro que irá falar.

Deixe de participar da reunião, se necessário

Em alguns projetos, dentro da estrutura organizacional da empresa, o *Scrum Master* é o chefe ou gerente funcional dos membros da Equipe de Desenvolvimento. Embora no *Scrum* não exista esse papel do "chefe", uma vez que o *Scrum Master* deve atuar como um líder servidor e facilitador de todo o processo *Scrum*, muitas vezes os membros da Equipe acabam tendo dificuldades em separar o *Scrum Master* do chefe. Por conta disso, nas reuniões diárias, os membros da Equipe de Desenvolvimento não se sentem confortáveis em falar sobre problemas e impedimentos.

A melhor forma de resolver isso é deixar o *Scrum Master* de fora da reunião.

"Vitor, mas o *Scrum Master* não deve participar para ficar atento com relação aos impedimentos?"

É o ideal, mas se a presença dele na reunião gera mais desconforto do que ganhos, deixe ele identificar esses possíveis impedimentos através do quadro *Kanban* atualizado.

Com o passar do tempo, os membros da Equipe conseguem fazer essa separação entre *Scrum Master* e chefe, principalmente se o *Scrum Master* tiver uma atuação motivadora e trabalhar para ajudar e servir a Equipe.

Não permita que a reunião diária seja o momento para os membros da Equipe de Desenvolvimento tirarem "o corpo fora"

Se começarem a surgir frases na reunião diária como: "terminei minha parte, mas estou aguardando a parte do Tobias desde segunda" ou "dependo do Celso para efetuar os testes, mas ele não libera a versão", é hora de parar tudo e voltar para os itens 2.2 (Usando *soft skills*) e 2.3 (Formando equipes auto-organizadas de alto desempenho).

Você está conduzindo reuniões diárias com uma Equipe que ainda não está com um alto desempenho no quesito auto-organização.

Tome cuidado com reuniões diárias que não possuem impedimentos

É muito raro ter um projeto onde não exista qualquer tipo de impedimento. Se as reuniões começarem a seguir uma linha onde impedimentos nunca são reportados, provoque a Equipe fazendo perguntas como: "pessoal, realmente estamos trabalhando no projeto perfeito, onde não há nenhum tipo de problemas e impedimentos". Redobre o monitoramento nesse tipo de situação, pois "surpresas" não muito agradáveis costumam aparecer.

Traga ouvintes que possam ser beneficiados com as informações e também ajudem na remoção de impedimentos

Geralmente a reunião diária é realizada com a presença dos membros da Equipe de Desenvolvimento e do *Scrum Master*. Se for útil para a reunião ter o *Product Owner* participando como ouvinte, traga-o.

"Vitor, sou gerente de projetos. Posso participar? Ou a Equipe *Scrum* vai achar que estou tentando interferir ou mesmo monitorar o andamento do projeto?"

Se for útil para o projeto e para a reunião, participe! Mas participe sempre se colocando como ouvinte, atentando para os impedimentos sinalizados, principalmente aqueles cuja remoção foge do controle do *Scrum Master*. É importante que você transmita a mensagem de que você não está participando da reunião para monitorar os trabalhos da Equipe de Desenvolvimento, mas para ser mais um ponto de apoio na remoção de impedimentos e para construir uma relação de confiança com a Equipe.

"Vitor, sou membro do escritório de gerenciamento de projetos (PMO). Posso participar da reunião?"

Mesma resposta da pergunta anterior. É útil para o projeto? É útil para a reunião? Ajudará na remoção de impedimentos mais graves? Construirá uma relação de confiança com a Equipe de Desenvolvimento? Caso afirmativo, participe, sem dúvida!

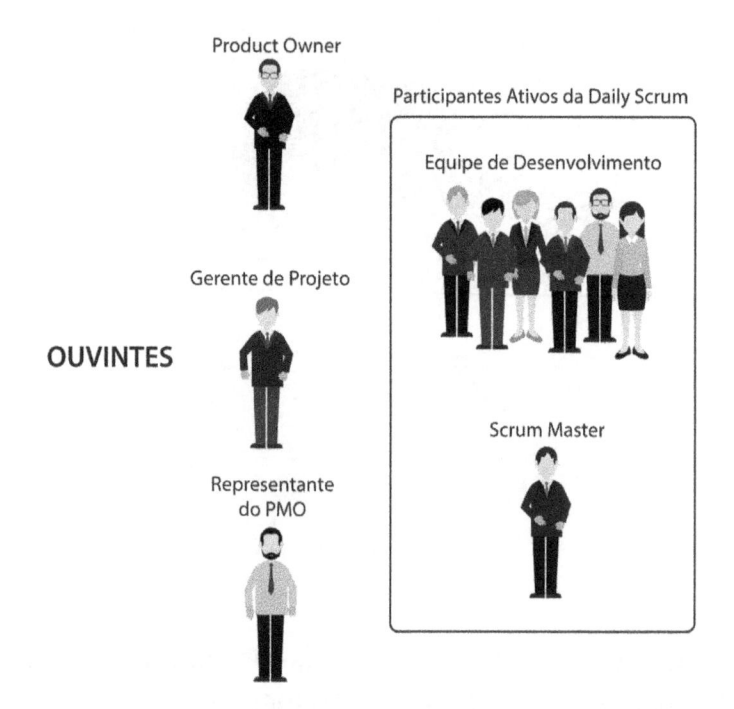

Product Owner

Participantes Ativos da Daily Scrum
Equipe de Desenvolvimento
Scrum Master

OUVINTES
Gerente de Projeto
Representante do PMO

> **Atenção:** não abra mão da realização da reunião diária. Existem muito mais perdas do que ganhos não realizando essa reunião.

Após a reunião é importante avaliar o quadro *Kanban* com relação à:
- **WIP (*Work In Process*):** existem gargalos no processo que estão gerando impedimentos? São necessários ajustes no fluxo de trabalho?
- **Itens prontos (*done*):** os itens concluídos estão atendendo à definição de pronto acordada?
- **Itens a fazer (*to do*):** existem muitos itens pendentes de iniciação? Como a Equipe de Desenvolvimento pode se organizar para concluí-los?
- **Problemas:** esses problemas estão sendo endereçados? É um problema que está na alçada da Equipe de Desenvolvimento? Ou o *Scrum Master* deve atuar para remover o impedimento gerado?
- **Nivelamento de recursos:** algum membro da Equipe de Desenvolvimento está sobrecarregado e outros membros estão com menos trabalho?

Também é importante avaliar o gráfico de *Sprint burndown*, pois ele aponta tendências sobre se as tarefas serão entregues dentro da *Sprint* ou não. Caso não sejam, a Equipe de Desenvolvimento deve tomar as devidas ações de controle para a meta da *Sprint* ser atingida.

3.2.2. Monitoramento de *bugs*/defeitos

Devemos buscar incessantemente entregas de valor e qualidade para o *Product Owner* e todas as partes interessadas do projeto. Isso significa minimizar a quantidade de *bugs* e defeitos embutidos dentro do incremento de produto entregue em cada *Sprint*.

Ao identificar um *bug*/defeito durante a *Sprint*, a Equipe de Desenvolvimento tem obrigação de criar tarefas para eliminá-lo em sua causa-raiz, evitando que seja embutido na entrega final da *Sprint*. Mas não basta simplesmente resolver: a Equipe deve medir quantos *bugs*/defeitos estão resolvendo no decorrer da *Sprint* e fazer com que todos tenham visibilidade dessas métricas.

"Vitor, utilizamos a métrica, mas alguns *bugs*/defeitos estão sendo embutidos nas entregas finais das *Sprints*. E agora?"

Bugs/defeitos identificados após a entrega para o *Product Owner* e clientes finais nunca é bom. Mas, uma vez identificados, liste-os no quadro *Kanban* em uma coluna de *bugs*/defeitos, dando visibilidade e subsídio para que o *Product Owner* inclua e priorize correções e ações na causa-raiz desses *bugs*/defeitos no *Product Backlog*.

Também é importante medir e tornar visíveis esses *bugs*/defeitos detectados no produto, conforme figura a seguir:

Defeitos

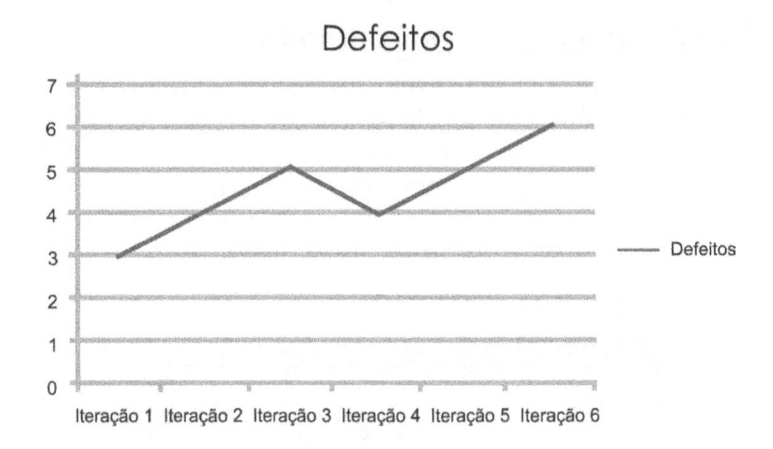

[Gráfico de linha mostrando defeitos ao longo de 6 iterações: Iteração 1: 3, Iteração 2: 4, Iteração 3: 5, Iteração 4: 4, Iteração 5: 5, Iteração 6: 6]

"Vitor, mas medir *bugs*/defeitos não desmotiva ou intimida a equipe?"

Se a métrica for usada da maneira correta, não. A métrica não deve servir para punir ou intimidar a Equipe.

No passado, alguns gerentes chegavam a solicitar relatórios de *bugs*/defeitos em processos noturnos para os responsáveis justificarem o motivo dos *bugs*/defeitos. Fuja disso! O uso da métrica para esse tipo de atitude gera intimidação, desmotivação e está longe de ser a melhor forma de incentivar os membros de uma Equipe de Desenvolvimento a evitarem *bugs*/defeitos.

A métrica deve ser utilizada como forma dos membros da Equipe de Desenvolvimento refletirem sobre o processo nas reuniões de retrospectiva das *Sprints*, identificarem ações de melhorias para evitarem *bugs*/defeitos nas *Sprints* seguintes e se cobrarem para incorporar essas ações nas *Sprints* seguintes.

Para cada métrica "negativa", gere também métricas positivas como forma de incentivar a equipe:
- Quantos testes bem-sucedidos foram efetuados.
- Quantos testes foram automatizados.
- Quantos testes foram aceitos pelo cliente.
- Quantos *bugs*/defeitos foram identificados antes de serem embutidos no produto final.
- Quantos *bugs*/defeitos de *Sprints* anteriores foram resolvidos na *Sprint*.

> **Não dê visibilidade somente ao que precisa ser melhorado – dê visibilidade ao que funciona bem também.**

Algumas pessoas preferem não coletar as métricas "negativas" (*bugs*/defeitos) e coletar somente as métricas "positivas" (testes bem-sucedidos, testes aceitos, etc.). Particularmente, não concordo muito com essa abordagem, pois, em minha opinião, cria uma visão romântica de que está tudo correndo bem com os processos, além de violar os três pilares do *Scrum*, uma vez que:

A **transparência** não está sendo seguida, não permitindo gerar **inspeção** no processo, consequentemente não sendo possível fazer a **adaptação** para tornar o processo melhor.

3.2.3. Monitoramento e refinamento do *Product Backlog*

Um erro frequente em Equipes iniciantes em *Scrum* é ter o *Product Owner* focado somente no que deve ser feito durante uma *Sprint*, sem pensar nos requisitos que continuam pendentes no *Product Backlog*.

O *Product Owner* deve sempre estar olhando para as *Sprints* futuras, conforme figura a seguir:

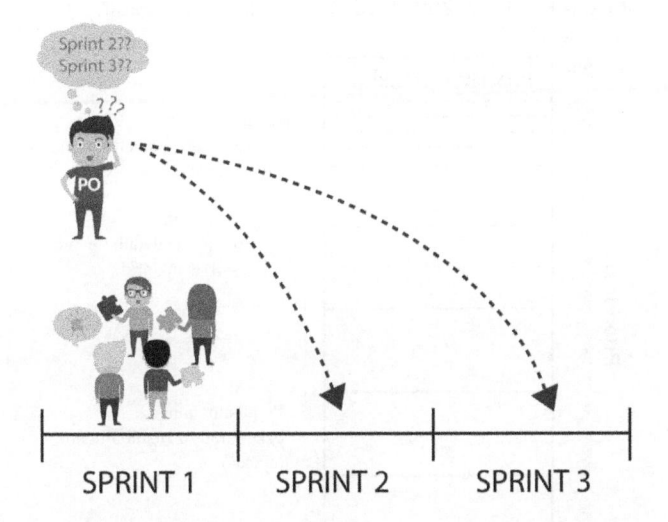

Avaliar de uma a três *Sprints* à frente costuma ser uma boa prática para monitoramento e refinamento do *Product Backlog*. Essa técnica também é chamada de *grooming*.

Para monitorar e refinar o *Product Backlog*, algumas perguntas-chave deverão ser feitas para cada requisito analisado:

- O requisito ainda possui o valor de negócio identificado?
- O requisito ainda é relevante para o produto?
- O requisito ainda é prioritário perante os requisitos seguintes?
- O requisito é um épico? Precisa ser decomposto em requisitos com maiores detalhes?

Outra pergunta-chave geral que deve ser feita observando o produto é:

> **São necessários novos requisitos para que o produto atenda ao objetivo de negócio pelo qual ele está sendo criado?**

As respostas para cada uma dessas perguntas-chave podem gerar repriorizações, exclusões, inclusões e reestimativas de requisitos, ou seja, podemos gerar mudanças na linha de base do escopo do projeto.

E o que fazemos antes de gerarmos mudanças na linha de base do escopo do projeto? Avaliamos as mudanças perante as restrições do projeto (escopo, tempo e custo).

Lembrando que um bom *Product Backlog* deve ser DEEP (detalhado apropriadamente, estimado, emergente e priorizado), conforme figura a seguir:

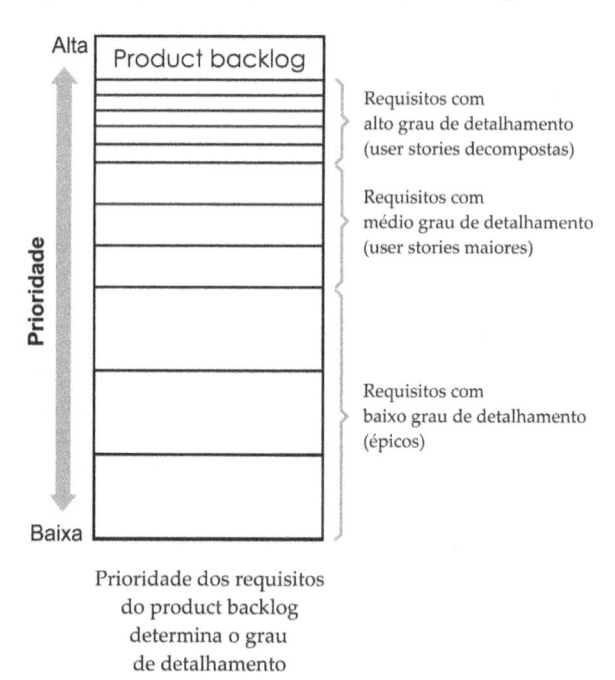

Prioridade dos requisitos
do product backlog
determina o grau
de detalhamento

Traduzido e adaptado de Roman Pichler: <http://www.romanpichler.com>.
Licenciado por Creative Commons Attribution-ShareAlike 3.0 Unported License (CC BY SA)

3.2.4. Monitoramento do produto através da revisão da *Sprint*

A revisão da *Sprint* é a reunião que demonstra para o *Product Owner* e demais partes interessadas o incremento de produto gerado na *Sprint*.

O foco dessa reunião é 100% em produto. Deixe as discussões sobre processos e pessoas para a reunião de retrospectiva da *Sprint*.

O que deve ser evitado nessa reunião

Homologação dos requisitos do Product Backlog

Evite transformar suas *Sprints* em minicascatas e deixar a homologação somente para o final. Além do mais, esse tipo de ação significa que a Equipe *Scrum* está diante de uma fraca definição de pronto (*done*) – afinal de contas, trata-se de uma variação da clássica frase "está pronto, só falta testar", pois neste caso temos "está pronto, só falta homologar".

Novamente reforço a importância de os trabalhos de análise, desenvolvimento, testes e homologação correrem em paralelo no decorrer da *Sprint*. Se a duração de sua *Sprint* é de quatro semanas, crie pontos de verificação semanais com o *Product Owner* para já identificar possíveis problemas e evitar surpresas ao final da *Sprint*. Se suas *Sprints* possuem durações menores que quatro semanas, encurte esses pontos de verificação para duas vezes na semana.

Apresentação em PowerPoint

Apresentar telas de PowerPoint não gera nenhum tipo de interação entre clientes, *Product Owner* e partes interessadas com o produto.

Utilize este recurso somente em último caso.

Discussões sobre processos e pessoas

Já presenciei reuniões de revisão de *Sprint* com diálogos muito similares aos descritos a seguir:
– Mas não foi isso que eu pedi.

– Foi sim, Sr. *Product Owner*, estava escrito no requisito.
– Mas era óbvio que além do escrito tinha essa característica também.
– Mas essa característica não estava lá, eu só fiz o que o senhor me pediu.
– Se eu pedir para você pular da ponte, você pularia?

Evite a todo e qualquer custo esse tipo de situação. Caso o *Product Owner* não aceite algum requisito durante a reunião de revisão da *Sprint*, discuta sobre o processo na reunião de retrospectiva da *Sprint* e não durante a revisão, principalmente se clientes e outras partes interessadas do projeto estiverem participando.

Boas práticas

Podemos adotar como boas práticas em uma reunião de revisão da *Sprint*:
> Deixar o *Product Owner* utilizar o produto para sentir a experiência e fornecer *feedback*.
> Convidar algum cliente ou parte interessada para utilizar o produto.

"Vitor, e se a *Sprint* não entregar nada de tangível para o *Product Owner*? Por exemplo: uma camada de arquitetura, uma base de dados, um componente eletrônico. Qual valor que essa entrega representará para o *Product Owner*?"

Os incrementos não tangíveis podem não gerar valor explícito para o *Product Owner*, mas com certeza geram valor implícito, uma vez que a entrega da *Sprint* atende a todos os itens determinados na definição de pronto (*done*) e embute qualidade no produto final.

Nesse tipo de entrega, o ideal é que a Equipe de Desenvolvimento elabore alguma apresentação dizendo quais os ganhos (qualitativos ou quantitativos) que aquele incremento agrega ao produto, por exemplo:
> "Esta camada de arquitetura já garante confiabilidade ao produto final, uma vez que todos os testes de conectividade já foram realizados durante a *Sprint*"
> "Este componente eletrônico já testado irá garantir que o aparelho seja inicializado em torno de cinco segundos"

Valor ao produto final nem sempre é composto só por entregas tangíveis. Entregas não tangíveis garantem a qualidade do produto.

3.2.5. Monitoramento da versão de entrega/release

Ao final de cada *Sprint*, é muito importante que a Equipe *Scrum* verifique a "saúde" da versão de entrega/*release* avaliando:
> Se será entregue dentro do escopo previsto.
> Se será entregue dentro do prazo estimado ou predeterminado.
> Se será entregue dentro do custo estimado ou predeterminado.
> Se serão necessárias ações corretivas/preventivas para a entrega da versão de entrega/*release* dentro das restrições do projeto.

Falarei sobre quatro técnicas que poderão ser utilizadas para o monitoramento da versão de entrega/*release*:
> Gráfico *release burndown*.
> Gráfico *release burnup*.
> Gerenciamento de valor agregado.
> Análises estatísticas.

Gráfico *release burndown*

Neste gráfico listamos o esforço remanescente na linha do tempo, representado pela quantidade de *Sprints* no eixo horizontal e pelas unidades de esforço (*story points*, horas ideais, dias ideais, pontos de função, etc.) no eixo vertical.

Para listarmos o gráfico precisamos saber:
➢ Quantidade estimada de *Sprints* da versão de entrega/*release*.
➢ Quantidade total de unidades de esforço da versão de entrega/*release*.
➢ Velocidade média da Equipe de Desenvolvimento.
➢ Velocidade da Equipe de Desenvolvimento a cada *Sprint*.
➢ Se houve adição e remoção de escopo.

Vamos analisar o exemplo a seguir para uma versão de entrega/*release* estimada em 500 *story points* e cuja velocidade média da Equipe de Desenvolvimento é de 50 *story points* por *Sprint*, resultando em dez *Sprints* estimadas para a conclusão da versão de entrega/*release*:

Sprint	Escopo concluído	Escopo adicionado	Escopo excluído	Escopo restante	Sprints restantes
1	30	–	–	470	10
2	110	–	–	360	8
3	40	–	–	320	7
4	0	50	–	370	8
5	70	–	25	275	6
6	80	–	–	195	4
7	30	–	–	165	4
8	10	35	–	190	4
9	190	–	–	0	0

Este cenário é refletido através do gráfico *burndown* a seguir:

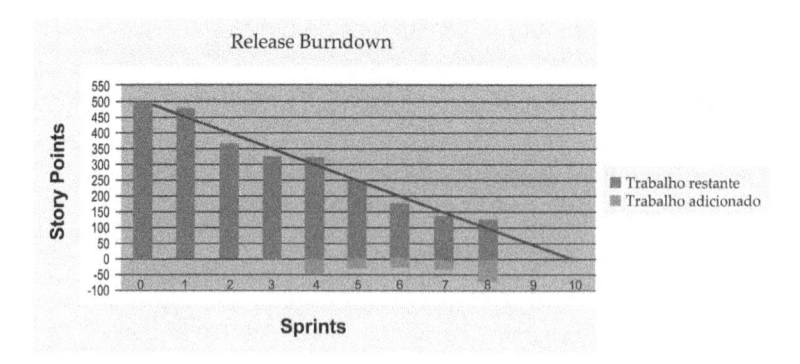

Release Burndown

Repare que:
➢ Escopo concluído é removido da parte superior da barra.
➢ Escopo adicionado é incluído na parte inferior da barra.
➢ Escopo excluído é removido da parte inferior da barra.

Este gráfico nos mostra as seguintes tendências:
- Na *Sprint* 1, a Equipe de Desenvolvimento entregou menos (30 *story points*) que o previsto (50 *story points*) e sinaliza um potencial atraso na estimativa inicial de 10 *Sprints*.
- Na *Sprint* 2, a Equipe de Desenvolvimento compensou o atraso da *Sprint* 1 e está dentro da estimativa prevista.
- Na *Sprint* 3, a Equipe de Desenvolvimento continua dentro da estimativa prevista.
- Na *Sprint* 4, houve algum problema sério, pois nada foi entregue. Para piorar, foi adicionado escopo e novamente sinaliza um potencial atraso de duas *Sprints* na estimativa inicial.
- Na *Sprint* 5, a Equipe de Desenvolvimento compensou o atraso da *Sprint* 4 e houve exclusão de escopo, reduzindo o potencial atraso para uma *Sprint* apenas.
- Na *Sprint* 6, a Equipe de Desenvolvimento compensou o atraso e está dentro da estimativa prevista.
- Na *Sprint* 7, a Equipe de Desenvolvimento entregou menos que o previsto e temos um potencial atraso de uma *Sprint*.
- Na *Sprint* 8, houve outro problema sério, pois pouco foi entregue (10 *story points*). Para piorar, foi adicionado escopo e novamente sinaliza um potencial atraso de duas *Sprints* na estimativa inicial.
- Na *Sprint* 9, a Equipe de Desenvolvimento compensou o atraso concluindo todos os requisitos pendentes e entregando a versão de entrega/*release* com uma *Sprint* a menos que a estimativa inicial.

"Vitor, por que houve tanta oscilação na velocidade da Equipe?"

Alguns possíveis motivos:
- Equipe de Desenvolvimento iniciante em *Scrum* e ainda não está madura em sua métrica de velocidade.
- Erros de estimativa, o que resultou em deixar requisitos de fora da *Sprint*.
- Uma definição de pronto (*done*) frágil, gerando diversos requisitos rejeitados pelo *Product Owner*.

Gráfico *release burnup*

Neste gráfico listamos o esforço acumulado na linha do tempo, representado pela quantidade de *Sprints* no eixo horizontal e pelas unidades de esforço (*story points*, horas ideais, dias ideais, pontos de função, etc.) no eixo vertical.

Para listarmos o gráfico precisamos saber:
➤ Quantidade estimada de *Sprints* da versão de entrega/*release*.
➤ Quantidade total de unidades de esforço da versão de entrega/*release*.
➤ Velocidade média da Equipe de Desenvolvimento.
➤ Velocidade da Equipe de Desenvolvimento.
➤ Se houve adição e remoção de escopo.

Vamos analisar o exemplo a seguir para uma versão de entrega/*release* estimada em 100 *story points* e cuja velocidade média da Equipe de Desenvolvimento é de 13 *story points* por *Sprint*, resultando em oito *Sprints* estimadas para a conclusão da versão de entrega/*release*:

Sprint	Escopo concluído	Escopo adicionado	Escopo excluído	Escopo acumulado	Linha de base	*Sprints* restantes
1	6	–	–	6	100	8
2	12	–	–	18	100	7
3	13	–	–	31	100	6
4	14	–	–	45	100	5
5	12	–	–	57	100	4
6	13	20	–	70	120	4
7	14	–	–	84	120	3
8	13	–	–	97	120	2

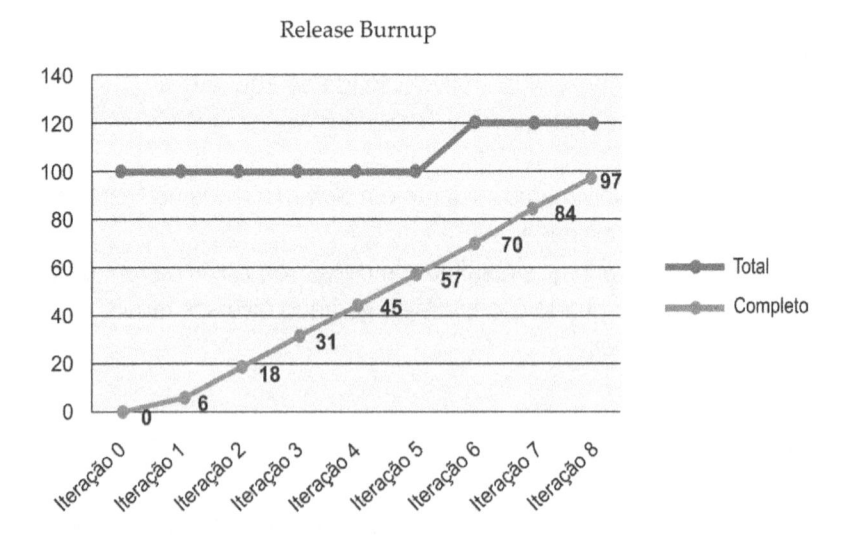

Release Burnup

Repare que:
- Escopo acumulado é plotado na linha inferior do gráfico.
- Linha de base é plotada na linha superior do gráfico.
- A previsão de término da versão de entrega/*release* é representada no gráfico quando as linhas inferior e superior se encontrarem.

Este gráfico nos mostra as seguintes tendências:
- Na *Sprint* 1, a Equipe de Desenvolvimento entregou menos (6 *story points*) que o previsto (13 *story points*) e sinaliza um potencial atraso na estimativa inicial de oito *Sprints*.
- Nas *Sprints* 2 a 5, a Equipe de Desenvolvimento manteve a velocidade média prevista, mas mantém atraso de uma *Sprint*.
- Na *Sprint* 6, houve inclusão de escopo, impactando no atraso já existente e prorrogando o término previsto em mais uma *Sprint*.
- Nas *Sprints* 7 e 8, a Equipe de Desenvolvimento manteve a velocidade média prevista, mas mantém atraso de duas *Sprints*.
- Possivelmente a versão de entrega/*release* será finalizada na *Sprint* 9.

Gerenciamento de valor agregado

A técnica do gerenciamento de valor agregado leva em consideração as seguintes informações:
- Orçamento da versão de entrega/*release* (ONT).
- Custo da versão de entrega/*release* até o momento (CA).
- Total de *Sprints* estimadas para a conclusão da versão de entrega/*release* (TS).
- Quantidade de *Sprints* concluídas (QS).
- Total de unidades de esforço (*story points*, horas ideais, dias ideais, pontos de função, etc.) estimadas para a conclusão da versão de entrega/*release* (TU).
- Quantidade de unidades de esforço concluídas (QU).

Com as informações mencionadas, podemos obter os seguintes indicadores:
- **Valor Planejado (VP):** qual o valor que deveria ter sido entregue até o momento?
- **Valor Agregado (VA):** qual o real valor do que foi entregue até o momento?
- **Índice de Desempenho de Custos (IDC):** como está a "saúde" financeira da versão de entrega/*release*? Estamos gastando mais do que deveríamos? Estamos gastando dentro do previsto?
- **Índice de Desempenho de Prazo (IDP):** a versão de entrega/*release* está dentro do prazo estimado? Está adiantada? Está atrasada?

Para obter os indicadores, basta aplicar as fórmulas a seguir:

Valor Planejado

$$VP = ONT * QS / TS$$

Valor Agregado

$$VA = ONT * QU / TU$$

Índice de Desempenho de Custos

$$IDC = VA / CA$$

Índice de Desempenho de Prazo

$$IDP = VA / VP$$

Os resultados dos índices de desempenho podem nos mostrar as seguintes tendências:

- **IDC menor que 1:** a versão de entrega/*release* está tendo mais gastos que o previsto.
- **IDC igual a 1:** a versão de entrega/*release* está tendo gastos dentro do previsto.
- **IDC maior que 1:** a versão de entrega/*release* está tendo menos gastos que o previsto.
- **IDP menor que 1:** a versão de entrega/*release* está com um potencial atraso de prazo.
- **IDP igual a 1:** a versão de entrega/*release* está dentro do prazo estimado.
- **IDP maior que 1:** a versão de entrega/*release* está adiantada em relação ao prazo estimado.

Vamos analisar o exemplo a seguir:
- Total de *Sprints* estimadas (TS) = 4
- Quantidade de *Sprints* concluídas (QS) = 1
- Total de *story points* estimadas (TU) = 200
- Quantidade de *story points* concluídas (QU) = 40
- Orçamento da versão de entrega/*release* = 175.000
- Custos até o momento = 65.000

Aplicando as fórmulas, teremos:

Valor Planejado

$$VP = 175.000 * 1 / 4 = 43.750$$

Valor Agregado

$$VA = 175.000 * 40 / 200 = 35.000$$

Índice de Desempenho de Custos

$$IDC = 35.000 / 65.000 = 0,54$$

Índice de Desempenho de Prazo

$$IDP = 35.000 / 43.750 = 0,80$$

Essas informações nos permitem identificar que:
- ➤ **O projeto está gastando mais do que o previsto.** Possíveis causas:
  - ✓ Foi necessário recrutar novos membros para a Equipe de Desenvolvimento durante a *Sprint*.
  - ✓ Erro na estimativa do orçamento.
  - ✓ Foram identificadas aquisições necessárias durante a *Sprint*.
  - ✓ A Equipe de Desenvolvimento precisou fazer horas extras para cumprir a meta da *Sprint*, em vez de negociar com o *Product Owner*.
- ➤ **O projeto está com um potencial atraso de 20%.** Possíveis causas:
  - ✓ Erro na estimativa dos requisitos, onde a Equipe de Desenvolvimento entregou menos do que foi assumido.
  - ✓ Itens rejeitados pelo *Product Owner* ao final da *Sprint*.
  - ✓ Itens que estavam sendo desenvolvidos, mas não atenderam à definição de pronto (*done*) ao final da *Sprint*.

"Vitor, não entendi! Ok, entendi as fórmulas, mas não entendi como foi identificado esse possível atraso de 20%."

Preste bastante atenção na figura a seguir:

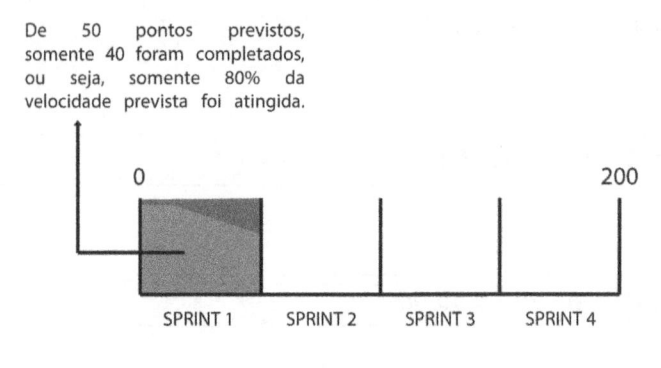

De 50 pontos previstos, somente 40 foram completados, ou seja, somente 80% da velocidade prevista foi atingida.

```
0                                          200
|                                           |
| SPRINT 1 | SPRINT 2 | SPRINT 3 | SPRINT 4 |
```

VELOCIDADE MÉDIA = 50 POR SPRINT

> *Independentemente da técnica utilizada para monitorar a versão de entrega/release, é muito importante levar sempre em consideração requisitos que atendam totalmente à definição de pronto (done), incluindo o aceite do Product Owner.*

Para fins de cálculo de trabalho concluído, não devem ser considerados requisitos rejeitados pelo *Product Owner* ou requisitos incompletos.

"Vitor, só deixamos de entregar um requisito com estimativa de oito horas ideais, pois só faltou testar. Não podemos contar como 75% concluído e computarmos seis horas concluídas?"

Não! Se faltou testar e o teste fazia parte da definição de pronto (*done*), então não está pronto. Além do mais, qual foi a base para determinar que algo está 75% concluído? Fica muito difícil estabelecer uma métrica realista para algo que não está finalizado. Qualquer percentual de conclusão fornecido será uma métrica intuitiva, sem embasamento técnico algum.

Análises estatísticas

Com as coletas de velocidades atingidas pela Equipe de Desenvolvimento, conseguimos usar algumas técnicas estatísticas para obter previsibilidade.

Vamos entender como aplicar análises estatísticas usando o cenário a seguir como exemplo:

Sprint	Velocidade
1	42
2	56
3	43
4	48
5	52
6	49
7	55
8	47
9	52
10	52
11	53
12	44
13	34
TOTAL	**627**

Média

Analisando essa série histórica, conseguimos concluir que a média até o momento é de 48 pontos por *Sprint* (627 pontos divididos por 13 *Sprints*). Supondo que faltam 380 pontos a serem concluídos ainda, utilizando a média, faltam entre 7 e 8 *Sprints* aproximadamente para o projeto ser finalizado. Entretanto, perceba que na série histórica temos alguns picos (56 pontos e 34 pontos) e uma certa variabilidade, o que pode significar que a média talvez não seja a melhor métrica a ser utilizada.

Mediana

A mediana representa o intervalo do meio de uma série histórica.

Se classificarmos esta série em ordem crescente e eliminarmos a duplicidade, teremos: 34 – 42 – 43 – 44 – 47 – **48** – 49 – 52 – 53 – 55 – 56.

Perceba que 48 é o número que está bem no meio dessa série histórica e pode ser utilizado como o padrão de velocidade da Equipe em uma abordagem um pouco mais conservadora. Porém, não estamos considerando as repetições da série. Utilizando a mediana, teríamos entre 7 e 8 *Sprints* aproximadamente para o projeto ser finalizado.

Moda

Representa o número de uma série que se repetiu com maior frequência. No nosso exemplo, o número 52 repetiu-se três vezes, o que pode refletir um padrão de comportamento dentro de condições normais. Utilizando a mediana, teríamos aproximadamente 7 *Sprints* para o projeto ser finalizado.

Percentil

Em estatística descritiva, os percentis são medidas que dividem a amostra (por ordem crescente dos dados) em 100 partes, cada uma com uma percentagem de dados aproximadamente igual. Portanto:

- o 1º percentil determina o 1% menor dos dados;
- o 98º percentil determina os 98% menores dos dados;
- o 25º percentil é o primeiro quartil;
- o 50º percentil é a mediana;
- o 10º percentil é o primeiro decil;
- o 80º percentil é o oitavo decil.

No nosso exemplo, podemos trabalhar com três cenários:

- **Otimista** – Selecionando o 90º percentil, ou seja, um dos maiores picos da série histórica. Com base na série histórica, o cenário otimista seria uma velocidade de 55 pontos; logo, aproximadamente de 6 a 7 *Sprints* para finalizar o projeto.
- **Mais provável** – Selecionando o 75º percentil, ou seja, uma métrica entre o maior pico e a mediana. Com base na série histórica, o cenário mais provável seria uma velocidade de 52 pontos; logo, aproximadamente 7 *Sprints* para finalizar o projeto.
- **Pessimista** – Selecionando o 25º percentil, ou seja, uma métrica entre o menor pico e a mediana. Com base na série histórica, o cenário pessimista seria uma velocidade de 44 pontos; logo, aproximadamente de 8 a 9 *Sprints* para finalizar o projeto.

PERT

Utilizando a técnica de percentis, e levantando os cenários otimista, mais provável e pessimista, podemos utilizar a fórmula a seguir:

$$\frac{\text{Cenário Pessimista} + 4 * \text{Cenário Mais Provável} + \text{Cenário Otimista}}{2}$$

No nosso exemplo:

$$\frac{44 + 4 * 52 + 55}{6} = 51$$

Análise de Monte Carlo

Utilizando planilhas ou softwares especializados, podemos realizar uma análise de Monte Carlo. Ou seja, simularmos diversos cenários para entendermos ainda mais o comportamento e a previsibilidade do projeto.

Análise de variabilidade

Exceto se sua Equipe de Desenvolvimento for composta por ciborgues ou milagres da genética, será impossível ter uma velocidade estática. Sempre teremos variabilidade gerada tanto pelo processo, pelo produto como também pelo fator humano. Ou seja, sempre teremos variabilidade, e variabilidade sempre vai na contramão de previsibilidade. O que precisamos entender é qual o percentual de variabilidade e se está dentro de parâmetros aceitáveis.

Primeiramente, precisamos calcular o desvio padrão dessa série de dados, que será de 6,19. Não se preocupe em fazer cálculos complexos, colete a série de dados em uma planilha e use a função de desvio padrão.

Logo depois precisamos comparar qual o percentual que esse desvio padrão corresponde à média da série de dados, através da fórmula a seguir:

$$\% \text{ de Variabilidade} = \text{Desvio Padrão} / \text{Média}$$

Logo:

$$6,19 / 48 = 13\%$$

Variabilidade até 25% pode ser considerada algo normal em um trabalho de um ambiente complexo. Variabilidade maior deve ser analisada, pois terá impacto na previsibilidade. Vamos para um exemplo de uma Equipe com variabilidade alta:

Sprint	Velocidade
1	32
2	56
3	73
4	38
5	18
6	85
7	65
8	29
9	80
10	22
11	63
12	24
13	14

Nesse caso teremos:

- **Desvio padrão** = 25,12
- **Média** = 46
- **Variabilidade** = 25,12 / 46 = 55%

"Vitor, mas esse cenário é normal no meu ambiente. Pessoas entram e saem a cada *Sprint*, tem *Sprints* que damos menos foco para atuarmos em outros projetos, tem *Sprints* que só temos uma pessoa trabalhando, tem *Sprints* que o time todo muda...". Se esse é seu cenário, sinto informar que, enquanto você não minimizar a variabilidade do seu ambiente, você jamais terá previsibilidade utilizando *Scrum/Agile* e dará munição aos resistentes que dizem que "métodos ágeis não funcionam porque não possuem prazo e nunca acabam.

"Vitor, mas eu comprei este livro achando o *Scrum* ia me ajudar a resolver este problema!". Se você fez esta pergunta exatamente nesse instante, eu sinceramente recomendo que você volte para a primeira página deste livro e comece a leitura novamente.

3.2.6. Monitoramento de processos através da retrospectiva da *Sprint*

A reunião de retrospectiva da *Sprint* é o momento ideal para revisão e identificação de melhorias dos processos da Equipe *Scrum*.

É o momento para revisar:
- Coisas que estão dando certo no processo.
- Coisas que não estão dando certo no processo.
- Coisas que precisam ser melhoradas.
- Se houve rejeição de requisitos por parte do *Product Owner*, tentar entender se houve falha no requisito, na comunicação, no entendimento, na qualidade.
- Se serão necessários ajustes na definição de preparado (*ready*) e pronto (*done*) da Equipe *Scrum*.
- Se foram embutidos *bugs*/defeitos no incremento de produto gerado ao final da *Sprint*, refletir sobre como evitá-los nas *Sprints* seguintes.
- Avaliar se a duração da *Sprint* está sendo ideal para obter *feedback*, produzir entregas de valor e trabalhar em ritmos sustentáveis.
- Discutir a "química" da Equipe *Scrum*. Se a comunicação e a interatividade estão fluindo bem, se algo precisa ser melhorado.
- Caso a Equipe *Scrum* esteja adotando algum modelo híbrido (exemplo: *Scrum* com *Extreme Programming* e CMMI), verificar se o modelo está atendendo às expectativas ou se serão necessários ajustes.

O que não deve acontecer na reunião:
- Acusações entre os membros da Equipe *Scrum*.
- Falta de respeito ou de educação.
- Tentativas de isenção sobre um possível fracasso da *Sprint*. Tanto o sucesso quanto o fracasso são de responsabilidade de toda a Equipe *Scrum*.
- Ameaças, caso a versão de entrega/*release* esteja seguindo um ritmo problemático.
- Falar somente sobre pontos positivos.
- Ser uma reunião focada no *Scrum Master* e no *Product Owner*. Todos os membros da Equipe *Scrum* devem contribuir.
- Ter um membro da Equipe *Scrum* "dominando" a reunião. Todos devem contribuir.
- Ter pressa para terminar, afinal de contas é "apenas uma reunião pró-forma de lições aprendidas". Jamais pense assim.
- Ser uma reunião política, evitando entrar em assuntos mais delicados que necessitam de discussão.
- Finalizar a reunião sem um plano de ação de melhorias identificado.

O *Scrum Master* é o grande facilitador dessa reunião e deve garantir que cada um dos itens descritos anteriormente não ocorra durante a reunião.

A seguir, um roteiro de boas práticas que o *Scrum Master* pode seguir durante a reunião de retrospectiva.

Configurar o cenário

O *Scrum Master* deve providenciar o espaço para a reunião e deve providenciar bebida e comida, se possível, para gerar um clima mais descontraído na reunião.

O *Scrum Master* também deve abrir a reunião com um breve comentário sobre a *Sprint* sempre de uma maneira positiva, mesmo que a *Sprint* tenha sido um fracasso ou se a versão de entrega/*release* estiver seguindo um ritmo problemático.

A seguir, o *Scrum Master* abre espaço para os demais membros fazerem uma rápida introdução e inicia-se a reunião.

Coletar as informações

Este é o momento onde cada membro da Equipe *Scrum* discute o processo e identifica coisas que deram certo, coisas que deram errado e coisas que precisam ser melhoradas. É o momento de reflexão e inspeção do processo.

Se o *Scrum Master* sentir que algum membro da Equipe *Scrum* não está confortável para falar, provoque-o com perguntas: "então na sua visão está tudo bem com o processo? Não precisamos melhorar nada? Existe algo que te incomodou durante a *Sprint*? Nós estamos aqui para revisar o processo e não para procurar culpados!".

Gerar ideias

O grande resultado da reunião de retrospectiva da *Sprint* é a geração de ideias para melhorias no processo. É o momento onde todos os membros da Equipe *Scrum* sugerem ações de melhoria que podem ser incorporadas nas *Sprints* seguintes. Nesse momento não é importante avaliar a qualidade ou viabilidade de implantação das ideias, e sim coletá-las.

Decidir o que fazer buscando metas SMART

É o momento de filtrar as ideias geradas e manter aquelas que realmente conseguirão ajudar na melhoria do processo em um curto prazo. Para ajudar na seleção das ideias, verifique se a ideia possui uma meta SMART, ou seja:
- ➢ ***Specific***: específica, clara, bem definida.
- ➢ ***Measurable:*** mensurável.
- ➢ ***Attainable:*** alcançável, realista.

- **Relevant:** relevante perante o problema discutido.
- **Timely:** deve ser implementada em tempo determinado.

É muito importante que essas ações sejam documentadas, seja de forma visual:

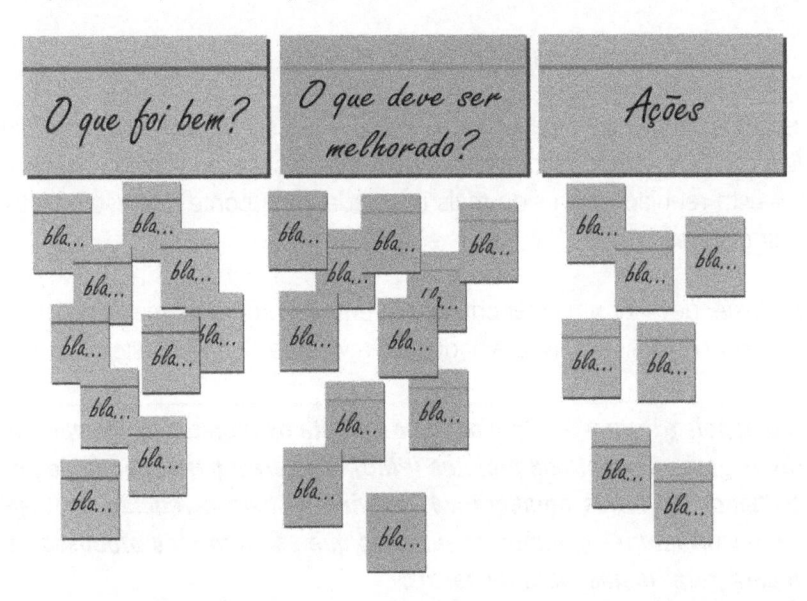

Ou documentadas em planilhas:

Sprint	Nome	Papel	Pontos positivos	Pontos negativos	Pontos de melhoria	Ações

Encerrar a retrospectiva

O *Scrum Master* deve encerrar a reunião de retrospectiva da mesma forma como ela foi iniciada, ou seja, de maneira positiva.

Pequenas mudanças de frase que geram impactos poderosos no restante da Equipe *Scrum*:

Em vez de: "vocês precisam melhorar na próxima *Sprint*, hein, pessoal?".

Diga: "eu tenho certeza que podemos e vamos fazer melhor na próxima *Sprint*".

Em vez de: "pessoal, este projeto não está indo bem! Espero que depois desta reunião vocês consigam identificar pontos de melhoria".

Diga: "pessoal, estamos com dificuldades, mas vamos conseguir superá-las. Tenho certeza de que, depois da reunião de hoje, cada um de nós sai daqui com vontade de fazer diferente, com vontade de fazer melhor, e nós vamos conseguir fazer melhor, porque aprendemos muito hoje nesse papo que tivemos".

Em vez de: "se falharmos na próxima *Sprint*, seremos demitidos".

Diga: "estamos todos em uma situação difícil, mas somos nós que escrevemos o nosso destino. Nós somos responsáveis pelo nosso sucesso e pelo nosso fracasso. Então que esta reunião tenha sido mais um pedaço da ponte que estamos trilhando para atingir o sucesso".

O *Scrum Master* deve ter um olhar crítico referente ao processo, mas uma atitude motivadora perante as pessoas. Não é nada fácil a vida de *Scrum Master*, não é mesmo?

> **Dica:** se papéis externos ao Scrum, como gerente de projetos ou membro do escritório de gerenciamento de projetos (PMO), estiverem participando do projeto e trabalhando de forma colaborativa, convide-os para a reunião também. Às vezes é importante ter opiniões de pessoas que estão fora do processo, justamente para gerar ideias "fora da caixa".

Muitas Equipes *Scrum* caem na tentação de não realizar a reunião de retrospectiva da *Sprint*. Jamais deixe de realizá-la, pois, além de ser o momento de reflexão, inspeção e adaptação, é o momento onde a melhoria contínua deve ser perseguida de forma incessante. E, como em qualquer processo de evolução, seja no *Scrum* ou nas nossas vidas, precisamos parar para refletir como podemos melhorar e evoluir.

Métodos de inspeção e adaptação e trabalho em equipe

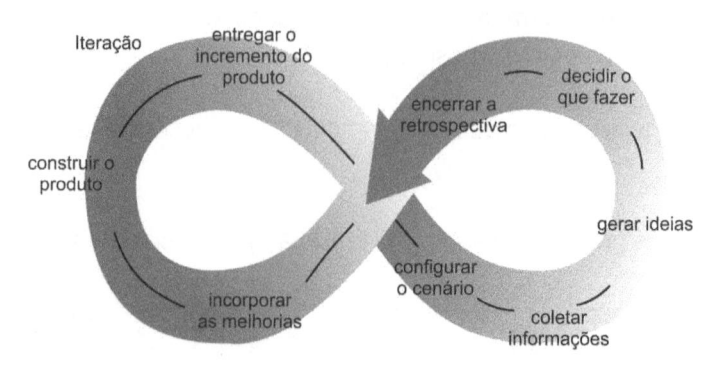

Retrospectiva

Traduzido e adaptado de Esther Derby e Diana Larsen: Agile Retrospectives – Making Good Teams Great

3.3. Simulado

Hora de revisar os conceitos do capítulo! Sua meta é acertar 16 questões!

Boa sorte!

1. Uma Equipe *Scrum* está conduzindo um projeto com prazo fixo e inegociável de seis meses. A Equipe de Desenvolvimento está decompondo as funcionalidades mais importantes em tarefas, de acordo com sua priorização no *Product Backlog*. O *Product Owner* não concorda com essa abordagem, pois acredita que todos os requisitos do *Product Backlog* devem ser decompostos em tarefas. O *Scrum Master* argumenta que a melhor estratégia é elaborar progressivamente o plano. Qual é uma das vantagens de elaborar um plano de forma progressiva?
   (a) Aloca capacidade para eventuais horas extras.
   (b) Aloca tempo para maior criatividade.
   (c) Minimiza o investimento de tempo.

2. Embora seja uma premissa que uma Equipe *Scrum* deveria entregar um potencial incremento de produto ao final de cada *Sprint*, a Equipe XB não está entregando. A pergunta correta a ser feita é: "quais ações vamos tomar para fazermos melhor na próxima *Sprint*?" Quem deve garantir que essa questão seja respondida por todos?
   (a) *Product Owner*.
   (b) Gerente de projetos.
   (c) *Scrum Master*.
   (d) Equipe de Desenvolvimento.

3. Marcia é a *Product Owner* de um novo *software*. A Equipe de Desenvolvimento está entregando requisitos que não estão atendendo às expectativas de Marcia. Muitos retrabalhos estão sendo identificados na reunião de revisão da *Sprint*. A Equipe de Desenvolvimento alega que a definição de pronto acordada está sendo seguida. Qual é a possível explicação para tal cenário?
   (a) A Equipe de Desenvolvimento não está definindo os critérios de aceitação na reunião de planejamento da *Sprint*.
   (b) A Equipe de Desenvolvimento não está realizando testes unitários automatizados.
   (c) A Equipe de Desenvolvimento não fez a refatoração do código, eliminando código desnecessário.
   (d) A *Product Owner* não está ciente da definição de pronto acordada.

4. "Como treinador, eu gostaria de gerenciar as informações sobre os nadadores da minha equipe". Qual seria uma boa técnica para decompor essa *user story* em *user stories* menores?
   (a) Decompor a *user story* em operações separadas.
   (b) Decompor a *user story* em tarefas.
   (c) Decompor a *user story* em épicos.
   (d) Não decompor a *user story*, ela já é menor o suficiente.

5. Uma Equipe *Scrum* concorda com a seguinte definição de potencial incremento de produto: "um potencial incremento de produto deve ser testado e deve atender aos critérios de aceitação determinados pelo *Product Owner*". Por que é importante incluir o termo "testado" na definição de potencial incremento de produto?
   (a) Incrementos com testes bem-sucedidos podem ser lançados no mercado.
   (b) Incrementos não estão feitos (*undone*) sem testes para identificar *bugs/* defeitos.
   (c) Testes demonstram como os incrementos estão integrados.
   (d) Incrementos devem ser testados para serem utilizados pelo *Product Owner*.

6. Em uma reunião de planejamento de *Sprint*, o *Product Owner* selecionou o seguinte requisito do *Product Backlog* para ser estimado: "como administrador do sistema, quero gerenciar o acesso de usuários". A Equipe de Desenvolvimento argumenta que esta não é uma boa *user story* para ser estimada. Por qual motivo?
   (a) O requisito não segue o padrão <alguém> <quer algo> <para obter qual retorno> de uma *user story*.
   (b) O requisito é um épico, pois o termo "gerenciar" não provê detalhes suficientes para uma estimativa.
   (c) O requisito deveria ter sido priorizado antes de ser estimado.

7. Flávia é uma *agile coach*. Ela está ajudando a Equipe de Desenvolvimento na criação do primeiro *Sprint Backlog*. Qual boa prática ela pode recomendar para a Equipe de Desenvolvimento estimar as tarefas do *Sprint Backlog*?
   (a) Estimar tarefas entre quatro e 16 horas.
   (b) Estimar tarefas entre quatro e 40 horas.
   (c) Estimar tarefas de acordo com sua duração, sem limite de horas.
   (d) Estimar tarefas de quatro horas apenas, seguindo o conceito de *timebox*.

8. O *Scrum Master* e o *Product Owner* estão analisando um novo *Product Backlog*. O *Product Owner* quer todos os requisitos descritos detalhadamente no *Product Backlog*. Qual a melhor resposta que o *Scrum Master* pode dar?
   (a) Concordar, pois o *Product Backlog* deve ser emergente.
   (b) Concordar, pois o *Product Backlog* deve ser priorizado.
   (c) Discordar, pois o *Product Backlog* deve ser estimado.
   (d) Discordar, pois o *Product Backlog* deve ser detalhado apropriadamente.

9. Qual deve ser o primeiro passo na preparação de um plano de versão de entrega/*release* para determinar as condições de satisfação?
   (a) Definir as metas de prazo da versão de entrega/*release*.
   (b) Definir as metas de escopo da versão de entrega/*release*.
   (c) Definir os custos para desenvolvimento de um requisito.
   (d) Definir os critérios de avaliação para determinar o sucesso ou fracasso da versão de entrega/*release*.

10. O *Product Owner* informa para a Equipe de Desenvolvimento que a versão de entrega/*release* será orientada a prazo. Qual tipo de *buffer* de incerteza é recomendado nesse tipo de versão de entrega/*release*?
    (a) *Buffer* de custo.
    (b) *Buffer* de funcionalidades.
    (c) *Buffer* aleatório.
    (d) *Buffer* de prazo.

11. Na ausência do *Product Owner*, qual deve ser a ação que o *Scrum Master* deve tomar na reunião de planejamento da *Sprint*?
    (a) Trazer um *Product Backlog* adequado para a reunião.
    (b) Recrutar um *Product Owner* substituto.
    (c) Cancelar a reunião de planejamento da *Sprint*.
    (d) Ignorar a reunião de planejamento da *Sprint* e iniciar a *Sprint*.

12. Qual sentença não é verdadeira sobre estimativas em horas ideais?
    (a) É utilizada uma métrica relativa de esforço.
    (b) A quantidade de horas estimada em um determinado requisito deve ser utilizada somente em seu desenvolvimento.
    (c) Todas as informações e recursos estarão em mãos ao iniciar o desenvolvimento do requisito.
    (d) Não haver interrupções dentro da disponibilidade média de horas da Equipe.

13. Um *Scrum Master* está ensinando técnicas de estimativas com *story points* para uma nova Equipe de Desenvolvimento. Um membro mais experiente da Equipe argumenta que "uma estimativa expressada em *story points* possui uma validade menor que uma estimativa feita em horas ideais". Esta afirmativa é verdadeira? Qual a justificativa?
    (a) Não, porque estimar em *story points* geralmente é mais simples do que estimar em horas ideais.
    (b) Não, porque *story points* é uma métrica mais robusta perante alterações no ambiente de trabalho.
    (c) Sim, porque horas ideais permitem a inclusão de *buffer* para ajudar a manter a estimativa.
    (d) Sim, porque *story points* é uma métrica relativa e horas ideais não.

14. Em uma reunião de planejamento de *Sprint* uma Equipe de Desenvolvimento está usando uma abordagem de planejamento orientado a comprometimento. Quando a Equipe estava decompondo o oitavo requisito em tarefas, eles perceberam que não poderiam se comprometer com o requisito. Qual a melhor ação a ser tomada neste caso?
    (a) Descartar o requisito.
    (b) Aumentar a quantidade de membros da Equipe de Desenvolvimento para trabalhar neste requisito.
    (c) Reestimar as tarefas.
    (d) Discutir o impedimento com o *Scrum Master*.

15. Uma Equipe de Desenvolvimento possui uma velocidade média histórica de 20 e está começando um novo projeto que está na fase de criação da visão do produto. Qual será a variação prevista da velocidade desta Equipe?
    (a) De 12 a 32.
    (b) De 14 a 28.
    (c) Não há variação. A velocidade será 20.

16. Um dos desafios do planejamento de uma versão de entrega/*release* é a estimativa da velocidade da Equipe. Medir a velocidade é essencial para estimar o número de *Sprints* necessárias para concluir uma versão de entrega/*release*. Qual das opções não deve ser considerada uma boa prática para estimar velocidade?
    (a) Utilizar padrões da indústria.
    (b) Usar valores históricos.
    (c) Executar uma *Sprint* e medir a velocidade.
    (d) Fazer uma previsão.

17. **Qual é a diferença entre o Valor Presente Líquido (VPL) e Taxa Interna de Retorno (TIR)?**
    (a) TIR representa o valor de retorno previsto para um projeto em valor monetário atual. VPL representa o quão rapidamente o dinheiro investido no projeto vai ter retorno.
    (b) VPL representa o valor de retorno previsto para um projeto em valor monetário atual. TIR representa o quão rapidamente o dinheiro investido no projeto vai ter retorno.
    (c) VPL representa o valor de retorno previsto para um projeto em valor monetário futuro. TIR representa o quão rapidamente o dinheiro investido no projeto vai ter retorno.
    (d) Não há diferença.

18. **Por que considerar trabalho incompleto para fins de métrica de velocidade da Equipe pode ser um problema?**
    (a) Porque um requisito parcialmente feito ajuda a determinar a velocidade da Equipe.
    (b) Porque é difícil estabelecer uma métrica para trabalho incompleto.
    (c) Porque requisitos incompletos ajudam a construir uma relação de confiança entre a Equipe de Desenvolvimento e o *Product Owner*.
    (d) Porque trabalho incompleto previne sobrecarga de trabalho em andamento.

19. **Após a criação do plano de versão de entrega/*release*, o *Product Owner* disse: "nos próximos quatro meses, oito *Sprints* de duas semanas, entregaremos exatamente 240 *story points*". O *Scrum Master* argumenta que a data final da versão de entrega/*release* pode ser impactada positivamente ou negativamente por três fatores. Trabalho completado ou não dentro de uma *Sprint* é o primeiro fator. Quais são os outros dois fatores?**
    (a) Mudanças de escopo e modo de estimar.
    (b) Mudanças de escopo e revisão de estimativas.
    (c) Escopo fixo e modo de estimar.
    (d) Escopo fixo e revisão de estimativas.

20. **Uma Equipe *Scrum* está examinando um gráfico *release burndown* para acompanhar o progresso da versão de entrega/*release*. A seguir, a sequência de eventos:**
    1. No início havia 240 *story points* a serem concluídas.
    2. Na *Sprint* 1, a Equipe concluiu 20 *story points*.

3. Na reunião de planejamento da segunda *Sprint* um novo requisito de 15 *story points* foi adicionado ao *Product Backlog* e selecionado como parte do escopo da *Sprint*, pois sua prioridade era alta.
4. A Equipe concluiu o requisito recém-selecionado e outro requisito de 5 *story points*.

Como o gráfico *Release burndown* está refletindo os dados informados?
(a) O topo da barra está posicionado em 200 e a parte inferior está posicionada em -15.
(b) O topo da barra está posicionado em 215 e a parte inferior está posicionada em 0.
(c) O topo da barra está posicionado em 200 e a parte inferior está posicionada em 0.
(d) O topo da barra está posicionado em 215 e a parte inferior está posicionada em -15.

21. Muitas Equipes de Desenvolvimento que estão em transição para processos ágeis deparam com um grande número de *bugs*/defeitos legados. Qual é a melhor maneira de tratá-los?
(a) Rastrear os *bugs*/defeitos identificados em um quadro de tarefas e apresentá-los ao *Product Owner*.
(b) A Equipe de Desenvolvimento deve ignorar os *bugs*/defeitos e focar em funcionalidades.
(c) A Equipe de Desenvolvimento deve corrigir imediatamente os *bugs*/defeitos.
(d) Rastrear somente os *bugs*/defeitos críticos em um quadro de tarefas e apresentá-los ao *Product Owner*.

22. Uma Equipe de Desenvolvimento encontrou *bugs*/defeitos em uma funcionalidade enquanto a estavam desenvolvendo. Qual a melhor ação a ser tomada?
(a) Criar uma tarefa "Corrigir *bugs*/defeitos" e estimá-la.
(b) Criar uma tarefa "Corrigir *bugs*/defeitos" e solicitar que o *Product Owner* a priorize.
(c) Criar uma *user story* "Como cliente, eu quero um produto com zero defeito" e estimá-la.
(d) Criar uma *user story* "Como cliente, eu quero um produto com zero defeito" e solicitar que o *Product Owner* a priorize.

3.4. Respostas

1. C
Lembre-se sempre da imagem a seguir:

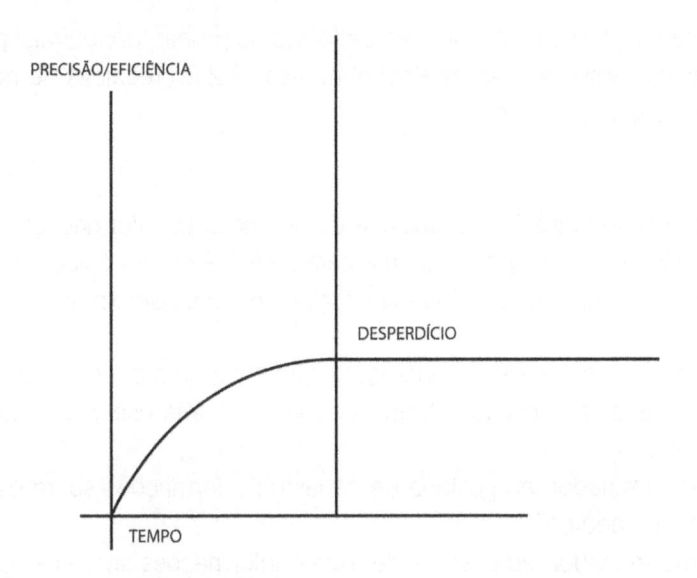

Existe um tempo e um nível de detalhamento ideal para se obter precisão na estimativa. Todo o tempo gasto após esse tempo ideal torna-se desperdício, uma vez que a precisão da estimativa não aumentará.

2. C
"Quais ações vamos tomar para fazermos melhor na próxima *Sprint*?" é o tipo de pergunta que deve ser feita na reunião de retrospectiva da *Sprint*.

Lembre-se de que o *Scrum Master* é o grande facilitador desta reunião e deve garantir que esta não seja finalizada sem um plano de ação de melhorias identificado.

3. D
Quem define critérios de aceitação é o *Product Owner* e não a Equipe de Desenvolvimento; portanto, descartamos a alternativa A.

As alternativas B e C devem ser descartadas, pois a questão não deixa claro quais são os itens que fazem parte da definição de pronto (*done*); logo, não podemos assumir que testes unitários automatizados e refatoração de código faziam parte da definição de pronto.

O que a questão deixa claro é que existe uma falta de entendimento entre Marcia, a *Product Owner*, e o restante da Equipe *Scrum* sobre a definição de pronto (*done*). Nesta questão, possivelmente estamos diante de uma definição de pronto (*done*) frágil que está gerando retrabalhos e não atendendo às expectativas de Marcia.

Se você ainda tem dúvidas do que uma definição de pronto (*done*) frágil pode causar em um projeto, revisite a saga de Rachel no item 2.2.3 (Técnicas de negociação – Cenários perde-perde e ganha-perde).

4. A
A *user story* "Como treinador, eu gostaria de gerenciar as informações sobre os nadadores da minha equipe" possui toda a característica de um épico, uma vez que a palavra "gerenciar" dá um sentido muito vago e amplo à *user story*.

O ideal é identificar quais são as operações que compõem o termo "gerenciar" (cadastrar, excluir, alterar, consultar informações?) e criar uma *user story* para cada uma delas. Exemplo:
- "Como treinador, eu gostaria de cadastrar informações sobre os nadadores da minha equipe"
- "Como treinador, eu gostaria de excluir informações sobre os nadadores da minha equipe"
- "Como treinador, eu gostaria de alterar informações sobre os nadadores da minha equipe"
- "Como treinador, eu gostaria de consultar informações sobre os nadadores da minha equipe"

5. B
Se não há testes no produto, são grandes as chances de serem embutidos *bugs*/defeitos no produto e grande o risco do *Product Owner* não aceitar a entrega – neste caso, um incremento que não atende à definição de pronto (*undone*).

6. B
O requisito "Como administrador do sistema, quero gerenciar o acesso de usuários" possui toda a característica de um épico, uma vez que a palavra "gerenciar" dá um sentido muito vago e amplo ao requisito.

7. A
Uma boa prática que deve ser utilizada na estimativa das tarefas do *Sprint Backlog* é mantê-las entre quatro e 16 horas. Tarefas estimadas com mais de 16 horas devem ser decompostas em tarefas menores. Essa boa prática faz com que o *Sprint Back-*

log se torne mais fácil de gerenciar e facilita a comunicação dos itens concluídos na reunião *Daily Scrum*.

8. D
A grande arte da construção de um *Product Backlog* é saber detalhá-lo apropriadamente. Requisitos mais prioritários devem estar mais detalhados e requisitos menos prioritários devem estar menos detalhados. Afinal de contas, como iremos detalhar requisitos que serão desenvolvidos em um futuro de médio a longo prazo se nem conhecemos o comportamento dos requisitos que serão desenvolvidos a curto prazo? E se surgirem mudanças, inclusões ou exclusões de requisitos, mudanças de prioridades?

9. D
As condições de satisfação são os critérios que determinarão o sucesso da versão de entrega/*release* na visão do *Product Owner*. Na visão do *Product Owner* o principal é entregar todo o escopo? Ou atingir o prazo predeterminado? Ou não ultrapassar o orçamento do projeto? Ou entregar o projeto otimizando ao máximo a utilização de recursos?

10. B
Para projetos com versão de entrega/*release* orientada a prazo, o ideal é ter um *buffer* de funcionalidades, justamente para ter um tempo de contorno para lidar com:
- trabalho que não foi completado dentro de uma *Sprint*;
- eventuais mudanças de escopo;
- revisão de estimativas.

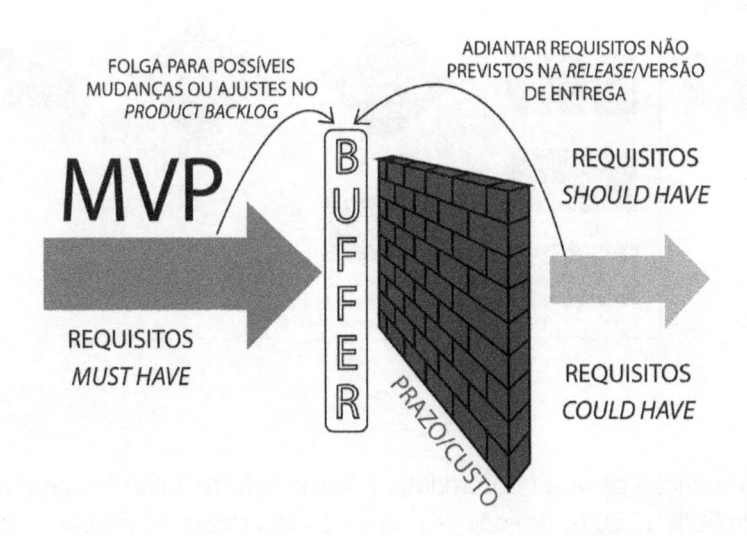

11. A

> Regra número 1: jamais uma reunião de planejamento da Sprint deve ser adiada ou começar sem um Product Backlog priorizado.

A reunião deve acontecer de qualquer jeito. Neste caso, o *Scrum Master* apresentará o *Product Backlog* devidamente priorizado e conduzirá a reunião de planejamento.

12. A

Story point é considerada uma métrica relativa de esforço. Hora ideal é uma métrica absoluta.

13. B

Hora ideal não é uma métrica estática como a *story point*. Exemplo: 1 *story point* sempre será uma referência para um requisito com esforço mínimo, mas 1 hora ideal de trabalho pode inicialmente servir para um requisito com esforço mínimo e, através da curva de aprendizado da Equipe, que gera alterações no ambiente de trabalho, essa mesma 1 hora passar a servir para requisitos com esforços maiores.

14. A

Se a estratégia de planejamento utilizada é orientada a comprometimento, a Equipe deve descartar o requisito que não conseguirá se comprometer a desenvolver dentro de uma *Sprint*.

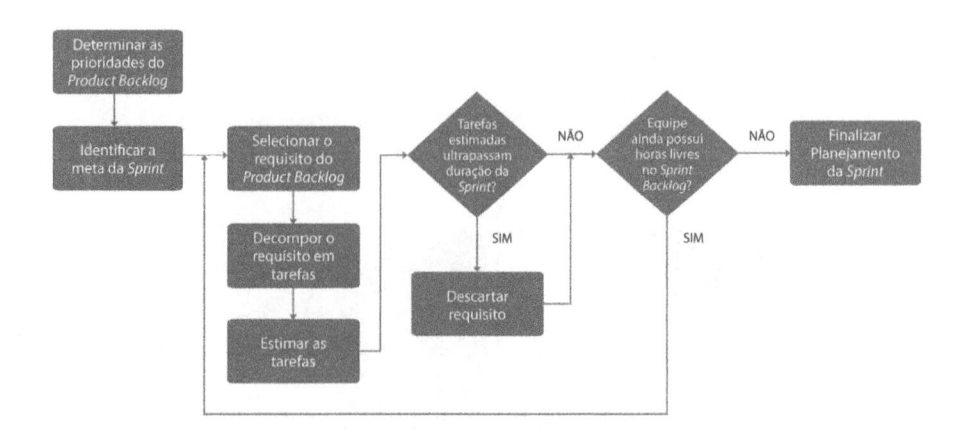

15. A

Na fase de criação da visão do produto, a velocidade de uma Equipe pode sofrer variação de 60% a 160%, devido aos riscos e às incertezas do projeto.

16. A
Não existem padrões da indústria para determinar métrica de velocidade no *Scrum*.

17. B
O Valor Presente Líquido representa um valor projetado no futuro atualizado em valor monetário atual.

A Taxa Interna de Retorno representa qual o percentual de retorno que um projeto terá. Quanto maior a taxa, mais rápido será o retorno.

18. B
Fica muito difícil estabelecer uma métrica realista para algo que não está finalizado. Qualquer percentual de conclusão fornecido será uma métrica intuitiva, sem embasamento técnico algum.

19. B
Eventuais mudanças de escopo e revisão de estimativas podem aumentar ou diminuir o prazo final de uma versão de entrega/*release*.

20. A
O resultado da questão remete ao gráfico a seguir, representando abaixo do eixo 0 as 15 *story points* adicionadas ao escopo original e o topo da barra posicionada em 200 *story points* representando as 40 *story points* concluídas (20 da *Sprint* 1 + 20 da *Sprint* 2).

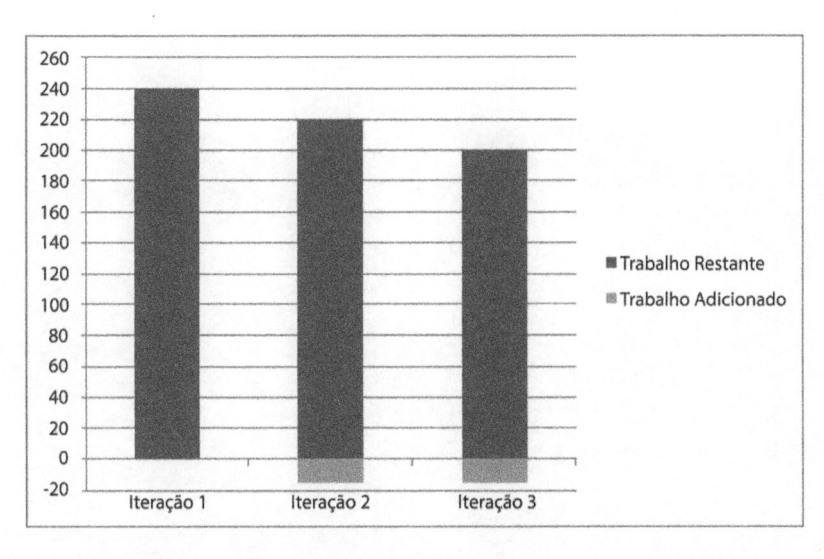

21. A
Como a questão fala sobre *bugs*/defeitos em um produto já existente, a melhor ação é torná-los visíveis ao *Product Owner* e permitir que ele priorize as devidas correções.

22. A
Como a questão esclarece que os *bugs*/defeitos foram encontrados durante o desenvolvimento, isso significa que estes *bugs*/defeitos ainda não foram embutidos no incremento gerado ao final da *Sprint*. Dessa forma, a melhor ação é criar uma tarefa para corrigi-los e verificar se essas correções poderão impactar no compromisso inicialmente assumido na reunião de planejamento da *Sprint*.

4. *Scrum* em projetos complexos

Muitas empresas acabam deixando de utilizar *Scrum*, pois acreditam que:
- *Scrum* só funciona para projetos com uma única equipe de até nove integrantes.
- *Scrum* só funciona para projetos com equipes internas.
- *Scrum* só funciona em projetos com equipes localizadas fisicamente no mesmo local.

Neste capítulo vamos entender que é perfeitamente possível adotar *Scrum* em projetos com equipes grandes, distribuídas fisicamente e com fornecedores contratados, apesar do gerenciamento do projeto se tornar mais complexo e requerer uma série de cuidados que veremos a seguir.

4.1. Projetos com equipes grandes

"Vitor, o *Scrum* diz que os projetos devem ser conduzidos com equipes de nove integrantes. Vou começar um projeto com 100 pessoas. E agora, o que faço?"

Simples: quebre a equipe em células auto-organizadas de até nove integrantes. Esse conceito é chamado de *Scrum* escalado ou *Scrum of Scrums*.

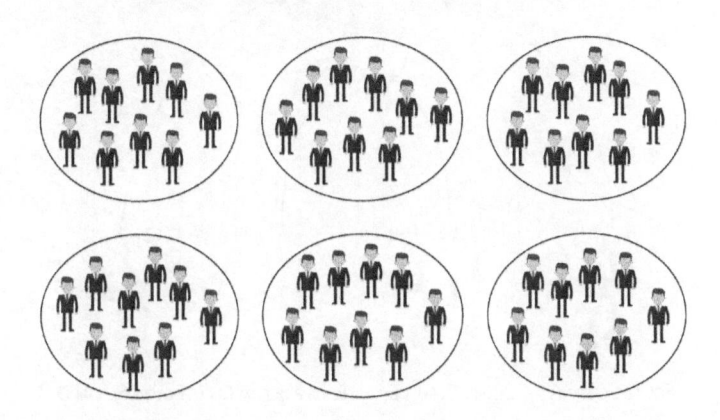

Deve-se garantir que os requisitos do *Product Backlog* **não** sejam espalhados de forma aleatória entre as Equipes, podendo comprometer dependências e priorizações. Alguns pontos muito importantes que devem ser levados em consideração para escalar *Scrum*:

- Ter *Scrum Masters* suficientes dentro da empresa, de modo que cada Equipe preferencialmente tenha o seu próprio *Scrum Master*.
- Ter *Product Owners* suficientes dentro da empresa, de modo que cada Equipe preferencialmente tenha o seu próprio *Product Owner*.
- Ter uma única definição de pronto (*done*), independentemente da quantidade de Equipes, afinal de contas não faz sentido cada Equipe ter sua definição de pronto e os resultados não se integrarem ao final de cada *Sprint*.
- Conduzir as *Sprints* de forma cadenciada, ou seja, todas as Equipes começam e terminam uma *Sprint* sempre no mesmo momento.
- Assegurar que a soma das Equipes formadas garanta todas as disciplinas de conhecimento necessárias para o projeto. Não aumente a Equipe somente por aumentar e não restrinja a quantidade de membros se for identificado que faltam disciplinas de conhecimento.
- Garantir que as Equipes formadas possuam dependências mínimas entre si. Se for necessário alterar as estruturas das Equipes para minimizar dependências, altere.
- Garantir que as Equipes possuam ferramentas adequadas para integração dos trabalhos visando ter um único incremento de produto.

Cada Equipe *Scrum* realiza todas as suas reuniões (planejamento, *Daily Scrum*, revisão e retrospectiva) normalmente e diariamente um membro de cada Equipe faz uma *Daily Scrum of Scrums* para discutir a integração entre as Equipes, conforme figura a seguir:

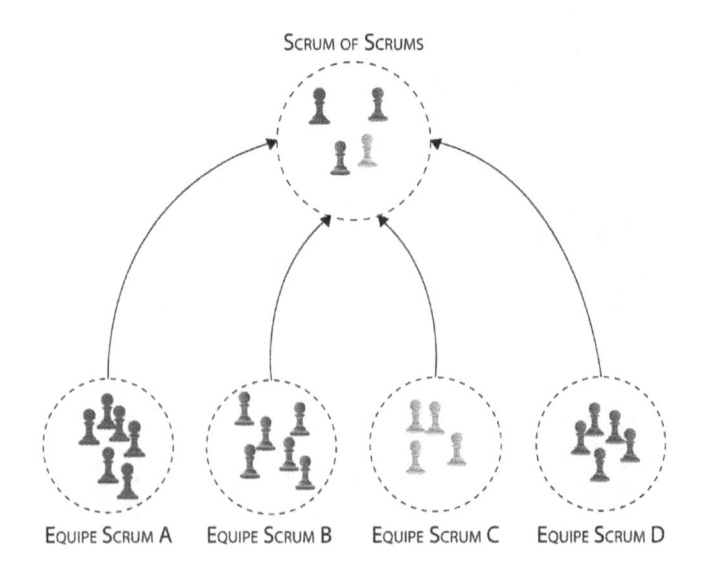

"Vitor, quem participa do *Scrum of Scrums*?"

Algumas literaturas defendem a participação dos *Scrum Masters* de cada Equipe *Scrum*. Outras defendem a participação de um membro de cada Equipe de Desenvolvimento.

Na minha opinião, a *Daily Scrum of Scrums* conduzida pelos *Scrum Masters* foca em aspectos mais táticos e gerenciais do que técnicos e operacionais. E a *Daily Scrum of Scrums* conduzida pelos membros de cada Equipe de Desenvolvimento foca em aspectos mais técnicos, operacionais e de integração.

"Vitor, qual a melhor opção para fazer com a *Daily Scrum of Scrums*? Com os *Scrum Masters* ou com os membros da Equipe de Desenvolvimento?"

Minha recomendação é deixar que as Equipes decidam quem participa da *Daily Scrum of Scrums,* mas, ora, por que não fazer duas reuniões de *Daily Scrum Of Scrums*? Uma com os *Scrum Masters* e outra com um representante de cada Equipe de Desenvolvimento?

"Vitor, a reunião *Daily Scrum of Scrums* com os membros das Equipes de Desenvolvimento deve ser realizada sempre com os mesmos integrantes?"

Não necessariamente. Seria bem saudável se houvesse um revezamento onde cada dia um membro da Equipe participasse da *Daily Scrum of Scrums*, gerando conhecimento compartilhado de forma muito mais rápida e eficaz.

Claro que o gerenciamento desse cenário de múltiplas Equipes *Scrum* é mais complexo e requer uma série de cuidados. Por essa razão é muito importante levar em consideração a necessidade de:

- Um *Scrum Master* olhando para todo o processo de forma macro, removendo impedimentos escalados de todas as Equipes *Scrum* e coordenando as ações e integrações entre as Equipes.
- Um *Product Owner* central (chamado de *Chief Product Owner* ou CPO) coordenando as ações dos *Product Owners* das Equipes *Scrum*.

Diagram: Scrum of Scrums structure showing a Scrum Master (SM) overseeing a Scrum of Scrums group, a Product Owner (PO), and four Scrum Teams (Equipe Scrum A, B, C, D) each with their own PO.

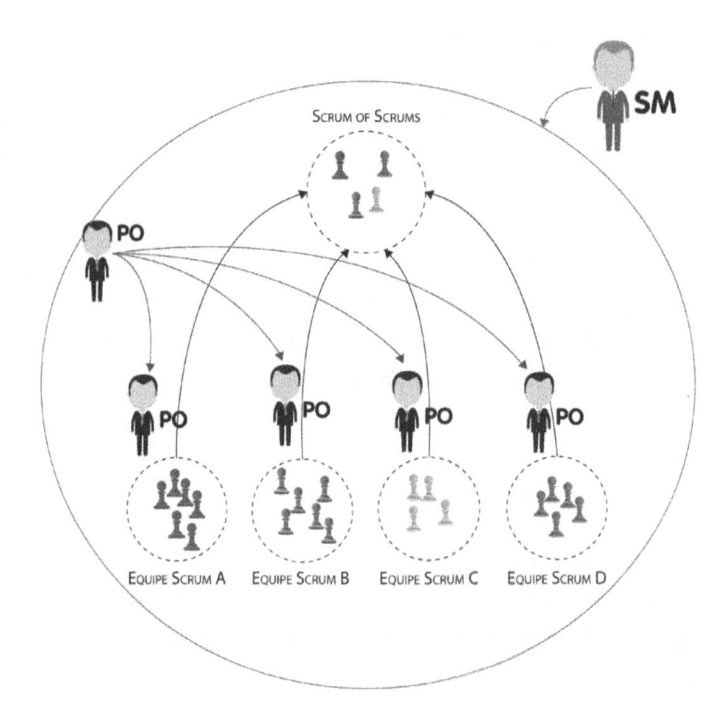

Para que o amigo leitor reflita:

Um gerente de projetos poderia assumir o papel deste Scrum Master que avalia o processo de forma macro, ajudando na coordenação e integração das Equipes Scrum?

Um escritório de gerenciamento de projetos (PMO) também poderia assumir este papel?

Derivados do *Scrum of Scrums,* surgiram diversos outros *frameworks* e abordagens para *Scrum* em grandes equipes que serão detalhados a seguir.

4.1.1. *Scrum of Scrum of Scrums*

Imagine um projeto com 297 membros, divididos em 27 equipes com:
- 1 *Scrum Master.*
- 1 *Product Owner.*
- 9 integrantes na Equipe de Desenvolvimento.

Seria simplesmente inviável fazer uma reunião *Daily Scrum of Scrums* com 27 participantes. Cada participante teria menos de trinta segundos para falar.

No *Scrum of Scrum of Scrums*, são criadas Equipes escaladas de até nove membros, formando um cenário descrito conforme a figura a seguir:

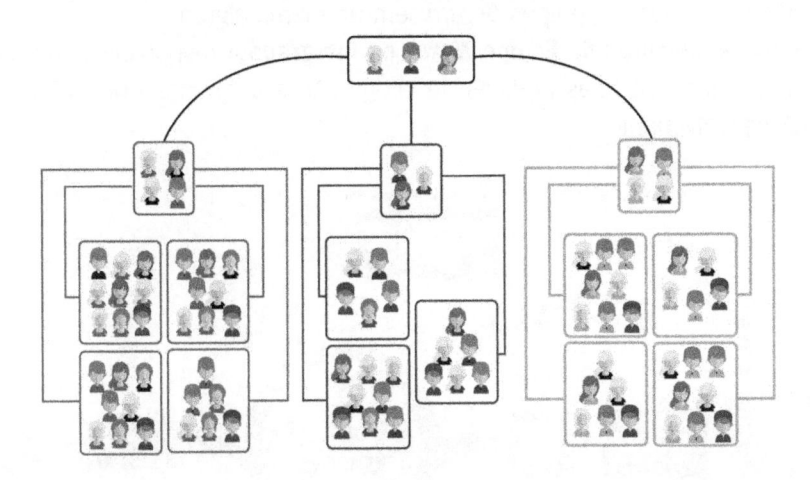

Sendo assim, teremos três equipes fazendo a *Daily Scrum of Scrums*. Logo após, um representante de cada Equipe participa da *Daily Scrum of Scrum of Scrums*.

4.1.2. *Nexus*

Nexus é um *framework* para projetos que utilizam *Scrum* escalado, criado e mantido por Ken Schwaber, um dos criadores do *Scrum* e atual presidente da Scrum.org, entidade responsável por prover treinamentos e certificações voltadas para *Scrum*.

Projetos que utilizam *Nexus* devem ser compostos de três a nove Equipes *Scrum* e devem possuir também uma Equipe *Nexus* de Integração, responsável por garantir a geração de um potencial incremento de produto através da integração dos trabalhos das Equipes *Scrum*. Para garantir esse incremento integrado, a Equipe *Nexus* de Integração é 101% responsável por resolver quaisquer problemas técnicos ou não técnicos entre as Equipes *Scrum*.

Esta Equipe *Nexus* de Integração também é responsável por fornecer *coaching* e suporte às Equipes *Scrum*, além de ajudar a identificar dependências críticas (ou "caminho crítico", para os mais ambientados ao *PMBOK® Guide*) e impedimentos entre Equipes.

A Equipe *Nexus* de Integração é composta por:
- **1 Product Owner**: único responsável por manter todo o *Product Backlog* do projeto.
- **1 Scrum Master**: responsável por garantir que todas as práticas de *Nexus* sejam entendidas e praticadas corretamente. Este membro pode ser um *Scrum Master* de outras Equipes *Scrum* sem problema algum.
- **Demais membros da Equipe *Nexus* de Integração:** responsáveis por garantir a aplicação de boas práticas de integração e automação pelas Equipes de Desenvolvimento.

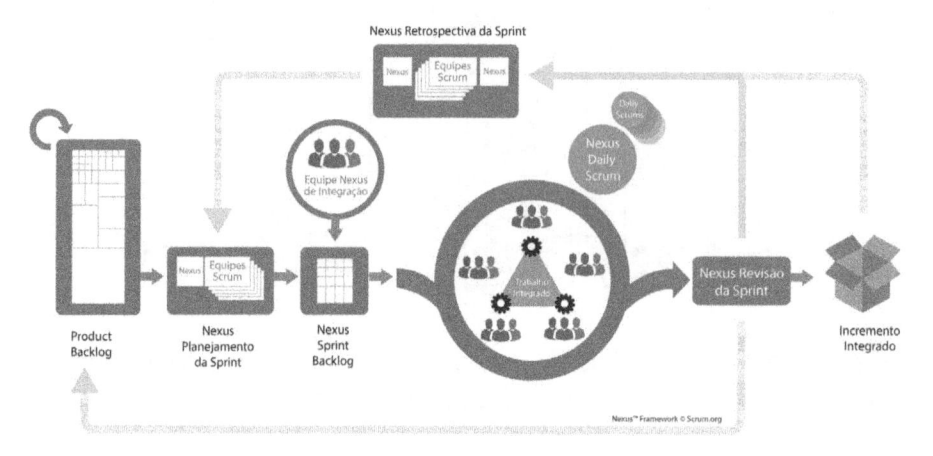

Traduzido e adaptado de Scrum.org – Nexus Guide: The Definitive Guide To Nexus

Nexus segue um fluxo de trabalho com as seguintes etapas:
- Refinamento do *Product Backlog*.
- Reunião *Nexus* de planejamento da *Sprint*.
- Trabalhos de desenvolvimento.
- *Nexus Daily Scrum*.
- Reunião *Nexus* de revisão da *Sprint*.
- Reunião *Nexus* de retrospectiva da *Sprint*.

A seguir, maiores detalhes sobre cada etapa do fluxo *Nexus*.

Refinamento do *Product Backlog*

Similar ao processo de refinamento do *Product Backlog* utilizado em projetos com uma única Equipe *Scrum* (também conhecido como *grooming*), porém o foco deste refinamento é encontrar possíveis dependências para criação de ações de eliminação ou mitigação dos riscos derivados dessas dependências.

Reunião *Nexus* de planejamento da *Sprint*

Participam desta reunião:
- *Product Owner* da Equipe *Nexus* de Integração.
- *Scrum Master* da Equipe *Nexus* de Integração.
- Demais membros da Equipe *Nexus* de Integração.
- Todas as Equipes *Scrum*.

Nesta reunião o *Product Owner* da Equipe *Nexus* de Integração traz o *Product Backlog* priorizado e refinado na etapa anterior e, com a contribuição dos demais participantes, define a meta *Nexus* da *Sprint*. Logo após a definição dessa meta, cada Equipe *Scrum* realiza sua reunião de planejamento da *Sprint*, sempre sinalizando para as demais Equipes *Scrum* caso encontrem alguma dependência ou impedimento.

Seguindo os procedimentos de uma reunião de planejamento de *Sprint*, cada Equipe *Scrum* cria seu *Sprint Backlog* e o consolida no *Nexus Sprint Backlog*, onde constam os *Sprint Backlogs* de todas as Equipes e suas respectivas dependências.

	Sprint 1	Sprint 2	Sprint 3	Sprint 4
Equipe A		▭	▭	▭
Equipe B	▭	▭		▭
Equipe C			▭	▭
Equipe D	▭	▭	▭	
Equipe E		▭		▭
Equipe F			▭	▭
Equipe G	▭	▭	▭	
Equipe H	▭		▭	

Trabalhos de desenvolvimento

São os trabalhos de cada Equipe de Desenvolvimento, que devem visar utilizar processos de integração contínua e frequente para garantir o incremento integrado de produto ao final de cada *Sprint*.

Nexus Daily Scrum

A reunião *Nexus Daily Scrum* deve ser realizada todos os dias com representantes das Equipes de Desenvolvimento de cada Equipe *Scrum*, onde três perguntas devem ser respondidas:
- ➢ Os trabalhos do dia anterior foram integrados com sucesso? Caso não tenham sido, qual o motivo?
- ➢ Novas dependências foram identificadas?
- ➢ Que informações necessitam ser compartilhadas com os demais membros das Equipes?

Esta reunião gera um processo retroalimentar com as reuniões *Daily Scrum* de cada Equipe *Scrum*. O resultado das reuniões *Daily Scrum* gera subsídios para a reunião *Nexus Daily Scrum* e os resultados da reunião *Nexus Daily Scrum* geram planos de ação a serem discutidos nas reuniões *Daily Scrum* seguintes.

Esta reunião é sempre uma boa oportunidade para atualizar o *Nexus Sprint Backlog*.

Reunião *Nexus* de revisão da *Sprint*

Esta reunião substitui a reunião de revisão de *Sprint* de cada Equipe *Scrum*, pois o objetivo principal da *Sprint* é entregar um incremento integrado para as partes interessadas, e não o incremento individual de cada Equipe *Scrum*.

Reunião *Nexus* de retrospectiva da *Sprint*

É a reunião onde há oportunidade formal de inspeção e adaptação dentro do *framework Nexus*, dividida em três partes:
- ➢ **Parte 1:** todas as Equipes *Scrum* apresentam os problemas identificados durante a *Sprint* e que causaram impactos em outras Equipes *Scrum*.
- ➢ **Parte 2:** cada Equipe *Scrum* realiza a sua reunião de retrospectiva da *Sprint* utilizando os insumos da primeira parte da reunião para serem discutidos.
- ➢ **Parte 3:** todas as Equipes *Scrum* definem as ações integradas de melhoria a serem incorporadas nas *Sprints* seguintes.

Além de focar nos pontos tradicionais de uma boa reunião de retrospectiva de *Sprint*, a reunião *Nexus* deve focar em:

- questionar se houve débitos técnicos gerados;
- se o processo de integração funcionou como deveria;
- se dependências mal resolvidas ficaram para trás.

4.1.3. LeSS

LeSS é um *framework* criado por Bas Vodde e Craig Larman cujo significado é *Large-Scaled Scrum* (tradução: *Scrum* em grande escala).

Existem dois *frameworks* que podem ser adotados de acordo com a quantidade de membros do projeto:

- **LeSS tradicional:** para até oito Equipes *Scrum* com oito pessoas em cada Equipe.
- **LeSS Huge:** para centenas de pessoas trabalhando no mesmo produto.

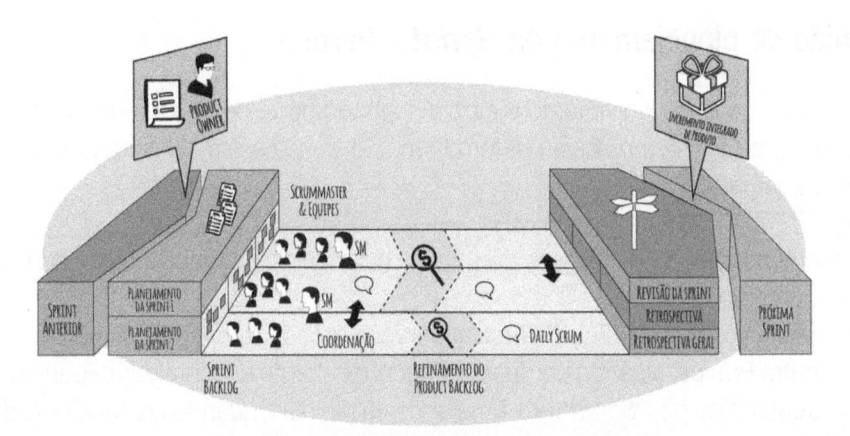

Traduzido e adaptado de LeSS – www.less.works

No *LeSS* tradicional existem algumas particularidades que são diferentes de outros *frameworks* utilizados para *Scrum* escalado:
- Existe somente um *Product Owner* em todo o projeto. As demais Equipes *Scrum* são compostas somente por *Scrum Masters* e membros de Equipe de Desenvolvimento.
- Não existem equipes de integração, pois o *framework* prega o conceito de *just talk*, ou seja, as Equipes simplesmente devem se comunicar para coordenarem seus trabalhos.
- Um *Scrum Master* pode fazer parte de mais de uma Equipe *Scrum*.

LeSS tradicional segue o mesmo fluxo de trabalho do *Scrum* (planejamento, *Daily Scrum*, revisão e retrospectiva), com adição de uma reunião chamada retrospectiva geral (*overall retrospective*). A seguir veremos como cada reunião do *Scrum* é conduzida no *LeSS*.

Reunião de planejamento da *Sprint* – Parte 1

Participam o *Product Owner* e no máximo dois membros de cada Equipe de Desenvolvimento, diferentemente de outros *frameworks*, que estimulam a participação de todos os membros das Equipes *Scrum*.

Os representantes das Equipes de Desenvolvimento analisam o *Product Backlog* priorizado pelo *Product Owner*, determinam como serão divididos e coordenados os trabalhos e discutem possíveis dependências.

Reunião de planejamento da *Sprint* – Parte 2

Cada Equipe de Desenvolvimento realiza a segunda parte da reunião de planejamento da *Sprint* de forma individual, determinando o que precisa ser feito para concluírem os trabalhos da *Sprint*.

São recomendadas duas práticas durante a realização da segunda parte da reunião de planejamento da *Sprint*:
- Membros de uma Equipe *Scrum* participarem da reunião de planejamento de outra Equipe, visando compartilhar conhecimento e identificar dependências.
- Juntar Equipes *Scrum* em uma mesma reunião quando as funcionalidades desenvolvidas tiverem muitos itens e/ou dependências em comum.

Daily Scrum

Cada Equipe *Scrum* conduz sua reunião *Daily Scrum* com membros de outras Equipes participando como ouvintes, visando compartilhar conhecimento.

Embora a *Daily Scrum* seja considerada a reunião oficial para compartilhar conhecimento e coordenar os trabalhos, o *LeSS* incentiva o uso adicional de outros tipos de reunião como o *Scrum of Scrums* ou grandes reuniões em espaço aberto (*open space*).

Reunião de revisão da *Sprint*

Assim como o *Nexus*, não é necessário fazer uma reunião para cada Equipe *Scrum*, pois o objetivo principal da *Sprint* é entregar um incremento integrado para as partes interessadas, e não o incremento individual de cada Equipe *Scrum*.

A única restrição é a participação de no máximo dois membros de cada Equipe de Desenvolvimento.

Reunião de retrospectiva da *Sprint*

Cada Equipe *Scrum* realiza sua reunião de retrospectiva ao final de cada *Sprint*, seguindo as boas práticas comumente utilizadas em reuniões de retrospectiva.

Reunião de retrospectiva geral da *Sprint*

Esta reunião deve ser executada na primeira semana da *Sprint* subsequente àquela que foi encerrada e deve ter a participação de todas as Equipes *Scrum* e do *Product Owner*. A reunião deve utilizar as boas práticas comumente utilizadas em reuniões de retrospectiva, visando sempre a melhoria contínua de todo o grupo.

LeSS Huge

Para projetos com mais de oito Equipes *Scrum* é recomendada a utilização do *framework LeSS Huge*.

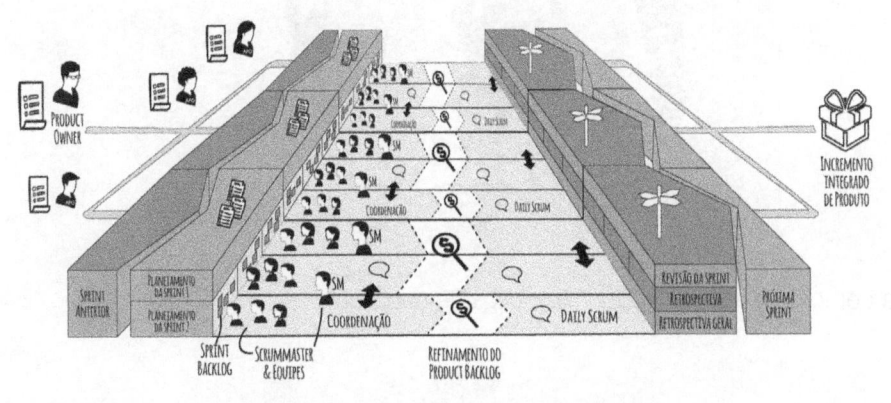

Traduzido e adaptado de LeSS – www.less.works

A grande diferença entre o *LeSS Huge* e o *LeSS* tradicional é a divisão por áreas de conhecimento, onde cada área possui um *Product Backlog* e um *Product Owner* sempre vinculados a um *Product Backlog* e um *Product Owner* central. Podemos ter de três a oito Equipes *Scrum* trabalhando em cada área de conhecimento.

Exemplo:
Vitor é o *Product Owner* de um grande projeto de um sistema de cotação de seguros que visa implementar desde o processo de cotação do seguro até a emissão automática de uma apólice. O projeto foi dividido em quatro áreas de conhecimento: *front-end*, cálculo, análise de decisão e emissão. Foram designados quatro *Product Owners*, um para cada área de conhecimento:
- **Front-end:** Maurício.
- **Cálculo:** Mário.
- **Análise de decisão:** Fernando.
- **Emissão:** Laura.

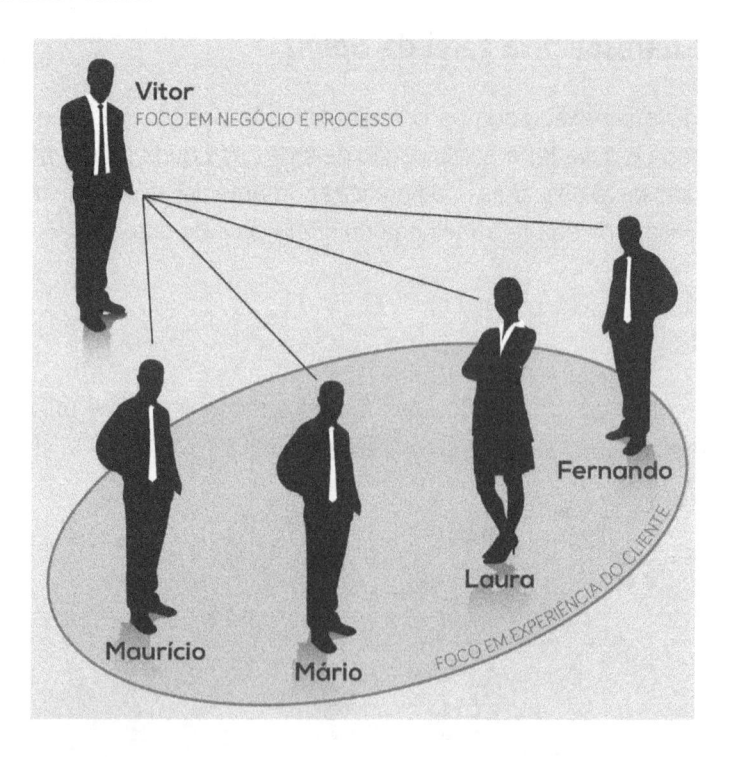

Veja como ficariam os *Product Backlogs* de cada um.

Product Backlog do projeto – Product Owner: Vitor

Item	Área de conhecimento
Como usuário, preciso efetuar *login* no portal de cotações	Front-end
Como usuário, gostaria de selecionar o produto que desejo fazer a cotação	Front-end
Como área de produtos, gostaria de parametrizar os critérios de cálculos das cotações	Cálculo
Como área técnica, quero ter a autonomia para liberar cotações criticadas	Análise de decisão
Como área de operações, gostaria de ser notificado quando uma cotação for efetivada	Emissão

Product Backlog (área Front-end) – Product Owner: Maurício

Item do *Product Backlog* do projeto	Item do *Product Backlog* (área *Front-end*)
Como usuário, preciso efetuar login no portal de cotações	Como usuário interno, preciso efetuar login no portal de cotações
Como usuário, preciso efetuar login no portal de cotações	Como corretor, preciso efetuar login no portal de cotações
Como usuário, gostaria de selecionar o produto de que desejo fazer a cotação	Como usuário interno da área de seguros de automóvel, gostaria de selecionar entre os produtos de seguros de automóvel disponíveis para fazer a cotação
Como usuário, gostaria de selecionar o produto de que desejo fazer a cotação	Como usuário interno da área de seguros de vida, gostaria de selecionar entre os produtos de seguros de vida disponíveis para fazer a cotação
Como usuário, gostaria de selecionar o produto de que desejo fazer a cotação	Como corretor, gostaria de selecionar entre os produtos que tenho disponíveis para fazer a cotação

Product Backlog (área Cálculo) – Product Owner: Mário

Item do *Product Backlog* do projeto	Item do *Product Backlog* (área Cálculo)
Como área de produtos, gostaria de parametrizar os critérios de cálculos das cotações	Como área de produtos de seguros de automóvel, gostaria de parametrizar os critérios de cálculo das cotações dos seguros de automóvel
Como área de produtos, gostaria de parametrizar os critérios de cálculos das cotações	Como área de produtos de seguros de vida, gostaria de parametrizar os critérios de cálculo das cotações dos seguros de vida
Como área de produtos, gostaria de parametrizar os critérios de cálculos das cotações	Como área de produtos de seguros de residência, gostaria de parametrizar os critérios de cálculo das cotações dos seguros de residência

Product Backlog (área Análise de decisão) – Product Owner: Fernando

Item do *Product Backlog* do projeto	Item do *Product Backlog* (área Análise de decisão)
Como área técnica, quero ter a autonomia para liberar cotações criticadas	Como analista júnior da área técnica, quero ter autonomia para liberar cotações criticadas com valor de prêmio até R$ 500,00
Como área técnica, quero ter a autonomia para liberar cotações criticadas	Como analista sênior da área técnica, quero ter autonomia para liberar cotações criticadas com valor de prêmio até R$ 5.000,00
Como área técnica, quero ter a autonomia para liberar cotações criticadas	Como coordenador da área técnica, quero ter autonomia para liberar cotações criticadas com valor de prêmio até R$ 50.000,00
Como área técnica, quero ter a autonomia para liberar cotações criticadas	Como gerente da área técnica, quero ter autonomia para liberar cotações criticadas com valor de prêmio até R$ 500.000,00
Como área técnica, quero ter a autonomia para liberar cotações criticadas	Como diretor da área técnica, quero ter autonomia para liberar cotações criticadas com valor de prêmio até R$ 5.000.000,00
Como área técnica, quero ter a autonomia para liberar cotações criticadas	Como presidente da empresa, quero ter autonomia para liberar cotações criticadas com valor de prêmio acima de R$ 5.000.000,00

Product Backlog (área Emissão) – Product Owner: Laura

Item do *Product Backlog* do projeto	Item do *Product Backlog* (Área Emissão)
Como área de operações, gostaria de ser notificado quando uma cotação for efetivada	Como coordenador da área de operações, gostaria de receber um e-mail quando uma cotação for efetivada
Como área de operações, gostaria de ser notificado quando uma cotação for efetivada	Como gerente da área de operações, gostaria de receber um e-mail com o resumo de todas as cotações efetivadas no dia

Perceba que o *Product Owner* do projeto possui uma visão mais voltada para o negócio e para o processo e os *Product Owners* das áreas de conhecimento possuem uma visão mais voltada para a experiência do cliente.

4.1.4. SAFe

O *Scaled Agile Framework* (*SAFe*) foi criado e é mantido pela *Scaled Agile Academy*, mostrando uma visão mais abrangente de métodos ágeis e contemplando a gestão de portfólios, programas e projetos. Um breve resumo do *framework* pode ser visto na figura a seguir.

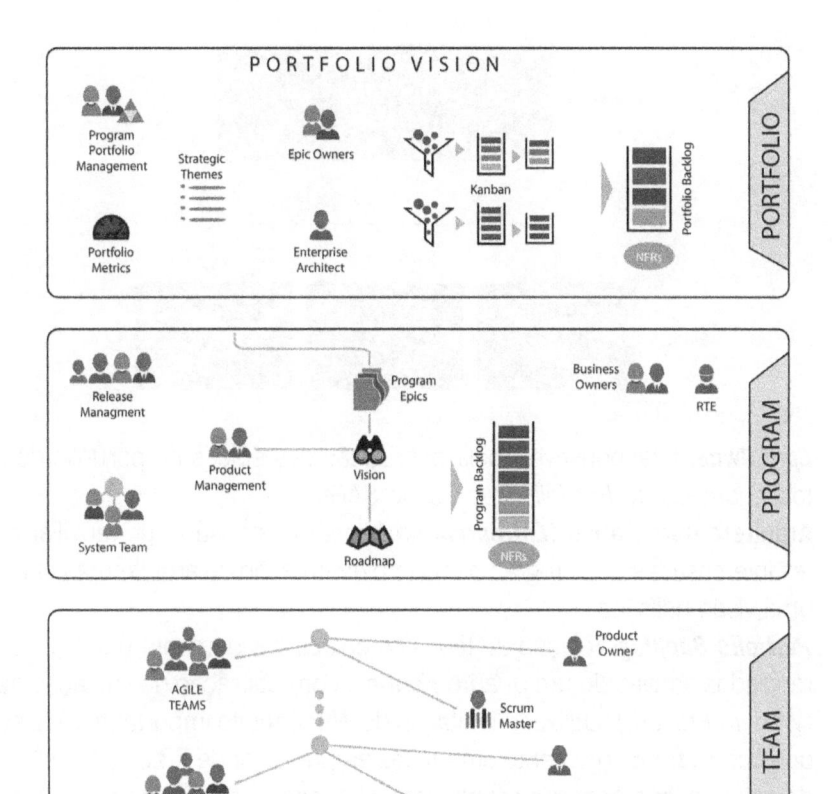

Adaptado de Scaled Agile Academy – www.scaledagileacademy.com

O *framework* completo é representado por sua *Big Picture*, disponível no site da *Scaled Agile Academy* em <http://www.scaledagileacademy.com>.

Gerenciamento de portfólios

➢ **Temas estratégicos (*strategic themes*):** são os objetivos estratégicos da empresa que nortearão o processo de tomadas de decisões estratégicas para elaboração do portfólio. Esses objetivos podem estar relacionados a metas de negócio ou metas de arquitetura.

➢ **Épicos (*epics*):** são os projetos derivados dos temas estratégicos. Esses projetos podem ser direcionados ao negócio (*business epic*) ou à arquitetura (*architetural epic*). Na figura a seguir, um exemplo do relacionamento entre temas estratégicos e épicos:

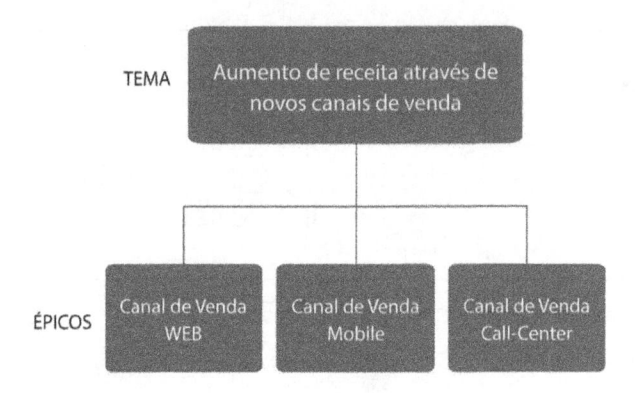

```
                    TEMA    [Aumento de receita através de
                             novos canais de venda]
                                       │
                   ┌───────────────────┼───────────────────┐
         ÉPICOS  [Canal de Venda]  [Canal de Venda]  [Canal de Venda]
                      WEB              Mobile           Call-Center
```

- **Epic Owners**: responsáveis pela priorização dos épicos no portfólio de projetos, chamado de *Portfolio Backlog* no *SAFe*.
- **Arquiteto Corporativo (*Entreprise Architect*)**: responsável por auxiliar as partes interessadas dos programas na implementação de arquiteturas através de uma visão holística.
- **Portfolio Backlog**: relação de todos os épicos devidamente priorizados e gerenciados através de um quadro *Kanban,* com utilização de limitação de WIP (*Work In Process*). Utilizar a limitação de WIP é muito importante para evitar o que ocorre frequentemente em muitas empresas onde 78 projetos são iniciados no ano, somente um concluído com sucesso, dez foram concluídos mas precisam de uma "Fase 2" ou "Fase de estabilização", 23 projetos não foram concluídos e os demais nem iniciados foram.

> *Dica: utilize WIP em sua gestão de portfólios, usando SAFe ou não!*

Veja um exemplo de quadro *Kanban* de portfólios, com diversas iniciativas em paralelo:

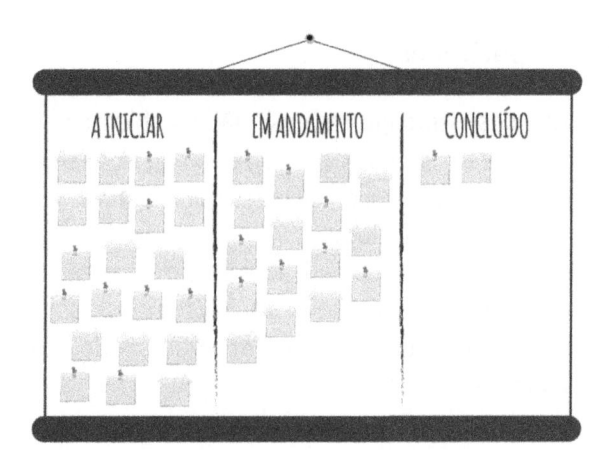

```
        ┌─────────────────────────────────────────────┐
        │  A INICIAR      EM ANDAMENTO      CONCLUÍDO │
        │   ▫ ▫             ▫ ▫               ▫ ▫     │
        │   ▫ ▫             ▫                         │
        │   ▫ ▫             ▫ ▫                       │
        │   ▫               ▫                         │
        │   ▫ ▫             ▫ ▫                       │
        │   ▫               ▫                         │
        │   ▫                                         │
        └─────────────────────────────────────────────┘
```

Agora veja o mesmo cenário limitado a quatro projetos executados em paralelo:

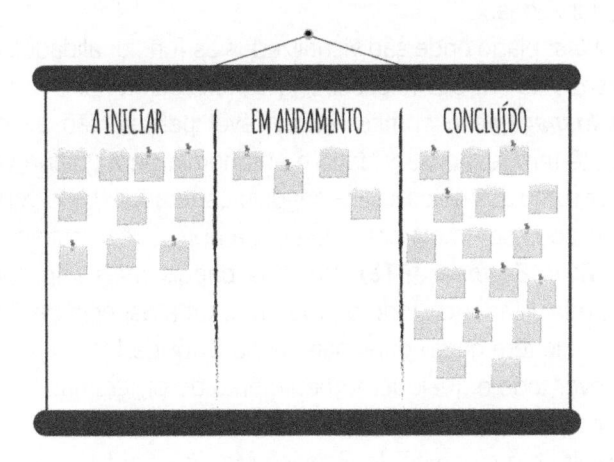

➢ **Agile Release Train**: são as versões de entrega/*releases* identificadas para a conclusão dos épicos. É uma boa prática que estas versões de entrega/*releases* tenham duração de três a quatro meses no máximo. Um épico pode ter mais de uma versão de entrega/*release*.

Gerenciamento de programas

➢ **Product Management**: responsável por decompor os épicos em funcionalidades, priorizá-las, criar, priorizar, gerenciar e refinar o *Program Backlog*. É uma espécie de *Product Owner*, porém com uma visão mais macro sobre as funcionalidades necessárias de um épico. Um exemplo de decomposição de épico em funcionalidades pode ser visto na figura a seguir:

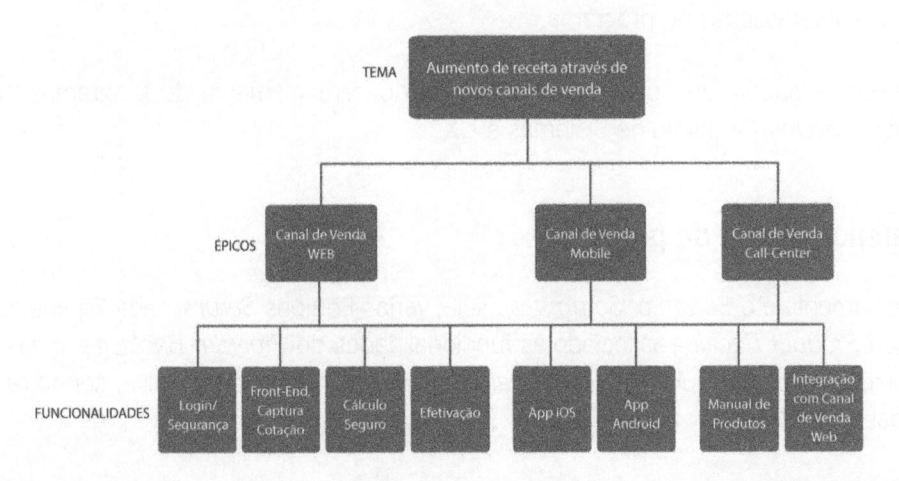

- **Program Backlog**: relação de todas as funcionalidades de um épico devidamente priorizadas.
- **Release Plan**: plano onde são visualizadas as funcionalidades distribuídas em suas versões de entrega/*releases* (*Agile Release Train*).
- **Release Management**: comitê responsável pela versão de entrega/*release*. Este comitê tem responsabilidade e autonomia para guiar a versão de entrega/*release* rumo aos objetivos de negócio esperados. Uma versão de entrega/*release* só pode ser implementada com a aprovação deste comitê.
- **Release Train Engineer (RTE):** um dos papéis mais importantes do *SAFe*, trata-se do facilitador de todo o programa, uma espécie de *Scrum Master* do programa. Ele tem como principais responsabilidades:
  - ✓ Remover todo e qualquer impedimento do programa.
  - ✓ Gerenciar riscos.
  - ✓ Interagir com o comitê de *Release Management*.
  - ✓ Garantir a colaboração dentro e entre as Equipes *Scrum*.
  - ✓ Facilitar as reuniões do programa.
  - ✓ Auxiliar na execução e no monitoramento do programa.
  - ✓ Ajudar na melhoria contínua do programa.
  - ✓ Facilitar as reuniões *Scrum of Scrums* com os *Scrum Masters* dos projetos.
- **System Team**: equipe responsável por integrar o resultado dos trabalhos das Equipes *Scrum* e gerar um incremento de sistema (*System Increment*) para validação do *Product Manager*.
- **Incremento de Programa (*Program Increment*):** resultado de um conjunto de incrementos de sistema (*system increment*) que geram uma versão pronta para uma versão de entrega/*release*. Esse incremento de programa deve ser validado pelo comitê de *Release Management*.
- **Business Owners**: comitê de três a cinco pessoas representando as partes interessadas do programa.

Há outros papéis que podem existir dentro do gerenciamento de programas, tais como *DevOps*, Arquiteto de Sistemas e UX.

Gerenciamento de projetos

Basicamente é o *Scrum of Scrums*, ou seja, várias Equipes *Scrum*, cada Equipe com o seu *Product Backlog* associado às funcionalidades do *Program Backlog* e todas as reuniões do *Scrum* (planejamento, *Daily Scrum*, revisão e retrospectiva) sendo realizadas normalmente.

4.2. Projetos com fornecedores externos

Muitas empresas costumam terceirizar o trabalho de execução de projetos com fornecedores especializados.

Para utilizar *Scrum* em projetos com o desenvolvimento conduzido por fornecedores, precisamos atentar para dois pontos importantíssimos:
- Formatos de contrato.
- Distribuição dos papéis do *Scrum* entre empresa e fornecedor.

4.2.1. Formatos de contrato

Um erro muito comum que as empresas cometem é "forçar" o fornecedor a trabalhar com as metodologias que elas adotam, sem se preocupar se o fornecedor conhece as metodologias ou não.

Por exemplo: a empresa XPTO resolveu "ser ágil", patrocinou cursos de *Scrum* e os exames da certificação EXIN *Agile Scrum Foundation* para todos os seus funcionários da área de projetos e contratou o fornecedor XB para a execução do projeto. O fornecedor XB tem alta experiência em utilizar UML, RUP, casos de uso e metodologia *Waterfall*, mas nunca ouviu falar de *Scrum* e *Agile* na vida. Quais as chances deste projeto dar certo? Pouquíssimas, não acha?

Se sua empresa vai conduzir um projeto com *Scrum* e pretende contratar um fornecedor que deve utilizá-lo, é necessário que essa condição esteja explícita na requisição de proposta (RFP – *Request For Proposal*) e faça parte dos critérios de avaliação para escolha do fornecedor, levando em consideração a experiência que o fornecedor tem com projetos *Scrum*, casos de sucesso, casos de fracasso, custos e demais fatores pertinentes. Uma vez definido o fornecedor que atende aos critérios de avaliação da empresa, vamos para a elaboração do contrato.

> **Um ponto muito importante é evitar os famosos contratos "preço-fixo e escopo fechado".**

Devemos entender qual tipo de versão de entrega/*release* a empresa espera, conforme abordado no capítulo anterior: orientado a funcionalidade/escopo (*feature-driven*) ou orientado a data (*date-driven*).

Projeto com prazo fixo

Se a versão de entrega/*release* for orientada a data, o contrato pode ser elaborado com preço fixo, uma vez que, devido ao prazo já ser conhecido, é possível determinar a quantidade de *Sprints* e a quantidade de recursos que atuarão nelas. **Porém, o escopo deve ser negociado e priorizado com a empresa**, buscando identificar o MVP e as funcionalidades que podem ser entregues com qualidade dentro do prazo predeterminado.

Lembrando que deve ser criado um *buffer* de funcionalidade, para antecipar funcionalidades que ficariam de fora da versão de entrega/*release* ou para utilizar este *buffer* caso alguma funcionalidade demore mais tempo que o previsto para ser concluída.

Projeto sem prazo fixo

Se a versão de entrega/*release* for orientada a funcionalidade, podemos ter uma variação de prazo e custo no projeto, conforme abordado no capítulo anterior.

"Vitor, como vou elaborar um contrato se não sei o custo exato? É a mesma coisa que eu deixar um cheque em branco na sua mão!"

Para acalmar as pessoas que pensam dessa forma, podemos elaborar dois tipos de contratos.

Contrato "guarda-chuva"

Neste tipo de contrato devemos utilizar o fator de ajuste descrito no Capítulo 3, que leva em consideração o tempo em que os membros da Equipe trabalham juntos, o conhecimento da tecnologia e de *Scrum* e o conhecimento do negócio. Com base nisso, conseguimos estabelecer a quantidade máxima de *Sprints* e, consequentemente, determinar o provável custo máximo do projeto.

Exemplo: a Equipe de Desenvolvimento do fornecedor XB estimou que desenvolverá os requisitos do *Product Backlog*, elaborados pela empresa XPTO, em oito *Sprints*. A Equipe trabalha junto há aproximadamente oito meses, conhece muito sobre .Net (tecnologia empregada no projeto) e muito sobre seguros (domínio de negócio da empresa). Com base nessas informações, é possível identificar que o fator de ajuste é de 0,2, ou seja, o projeto pode demorar de sete a dez *Sprints* mensais. O custo da

Equipe de Desenvolvimento é de R$ 100.000,00/mês, portanto o custo do projeto pode variar de R$ 700.000,00 a R$ 1.000.000,00.

Devemos formalizar essas variações de prazo e custo no contrato para alinhar a expectativa da empresa com relação à estimativa de fim do projeto e para a empresa efetuar as devidas provisões financeiras.

"Vitor, então quer dizer que eu só vou pagar o fornecedor no final do projeto, quando o custo for conhecido?"

Não. Se o custo por *Sprint* é conhecido, o faturamento deverá ser feito por *Sprint*. Veja como ficaria o cenário do exemplo anterior na figura a seguir:

PRAZO ESTIMADO: 18 SPRINTS
ORÇAMENTO ESTIMADO: 1.800.000

| 100.000 | 100.000 | 100.000 | .... | 100.000 |

SPRINTS   1   2   3   18

"Vitor, e se o projeto terminar antes da estimativa prevista?"

Ótimo! As empresas sempre ficam satisfeitas ao receberem o projeto entregue com valor e qualidade antes do previsto. Por essa razão, é muito importante o uso da tabela de fator de ajuste na estimativa do projeto, evitando a famosa "gordura aleatória" com fatores de ajuste irreais e muito acima do tempo real que seria gasto na execução do projeto.

Incluir cláusulas de remuneração ao fornecedor por bom desempenho, como finalizar o projeto antes do prazo estimado, é uma boa prática neste tipo de contrato. Também podem ser determinadas outras metas de remuneração de acordo com a qualidade do que está sendo entregue, por exemplo: quantidade de requisitos aceitos pela empresa, requisitos sem defeitos/*bugs* embutidos nas entregas das *Sprints*, etc.

"Vitor, e se o projeto ultrapassar a estimativa prevista? Quem paga a conta?"

É importante formalizar no contrato as três possíveis situações onde o projeto pode ultrapassar a estimativa prevista e determinar as responsabilidades do cliente e do fornecedor em cada uma das situações:

- **Projeto ultrapassou o previsto, pois a empresa solicitou diversas mudanças no *Product Backlog*, fruto da participação ativa da empresa no projeto, esclarecendo dúvidas da Equipe de Desenvolvimento do fornecedor, fazendo os devidos testes de aceitação durante as *Sprints* e através das reuniões de revisão e retrospectiva das *Sprints*.** Como a empresa trabalhou de forma colaborativa com o fornecedor, o custo das mudanças deve ser compartilhado entre empresa e fornecedor. Lembrando que um fornecedor que realmente trabalha com *Scrum* e métodos ágeis deve estar totalmente alinhado ao valor do Manifesto Ágil que diz que devemos "colaborar com o cliente mais que negociar contratos".
- **Projeto ultrapassou o previsto, pois a empresa solicitou diversas mudanças no *Product Backlog* somente ao final do projeto, fruto da participação passiva da empresa no projeto, não trabalhando em sintonia com a Equipe de Desenvolvimento do fornecedor, não fazendo os testes de aceitação esperados durante as *Sprints* e não contribuindo com as reuniões de revisão e retrospectiva das *Sprints*.** Nesta situação, a empresa não trabalhou de forma colaborativa com o fornecedor, portanto o custo das mudanças deve ser arcado de forma integral pela empresa.
- **Projeto ultrapassou o previsto, pois o fornecedor entregou muitos *bugs*/defeitos durante as *Sprints* e diversos requisitos do *Product Backlog* não foram aceitos pela empresa, gerando retrabalho para o fornecedor, desgaste para a empresa e consequentemente atrasando a estimativa inicial.** Nesta situação, o fornecedor não está utilizando técnicas para garantia da qualidade das entregas das *Sprints*. Isso é muito frequente com fornecedores que começaram a trabalhar com *Scrum* recentemente, mas utilizam velhos hábitos de execução de projetos (testar somente no final, não realizar testes integrados, não realizar testes automatizados, não testar, deixar o teste por conta da empresa, etc.). Neste caso, o custo das mudanças deve ser arcado de forma integral pelo fornecedor.

Preço fixo por *Sprint*

Este tipo de contrato agrada muito as empresas que gostam de trabalhar com preço fixo e escopo fechado. Nesse tipo de contratação, é feito um contrato de preço fixo com os requisitos do *Product Backlog* acordados para cada *Sprint*.

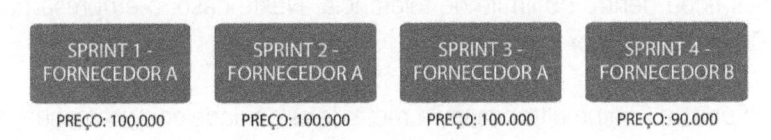

SPRINT 1 - FORNECEDOR A	SPRINT 2 - FORNECEDOR A	SPRINT 3 - FORNECEDOR A	SPRINT 4 - FORNECEDOR B
PREÇO: 100.000	PREÇO: 100.000	PREÇO: 100.000	PREÇO: 90.000

Este tipo de contrato dá maior flexibilidade à empresa, pois permite que ela interrompa o projeto quando o ROI (*Return of Investment*) for atingido ou caso o fornecedor não esteja trabalhando com a qualidade e a assertividade esperadas. Este tipo de contrato coloca uma pressão sadia no fornecedor para que busque sempre entregar o valor e a qualidade esperados pelo cliente a cada *Sprint*.

Preço fixo com metas por *Sprint*

Neste tipo de contrato poderão ser estabelecidas metas de qualidade, como, por exemplo, quantidade de esforço (*story points, horas*, etc.) concluído (*done*).

Vamos usar como exemplo um projeto com o contrato que possua as seguintes condições:
- **Custo por *Sprint*:** R$ 100.000,00.
- **Velocidade comprometida pela Equipe:** 40.
- **Limite de tolerância de velocidade:** entre 20 e 60.
- **% de cumprimento ou não cumprimento da meta:** 20%.

Agora vamos acompanhar a velocidade da Equipe no decorrer das *Sprints* através da figura a seguir:

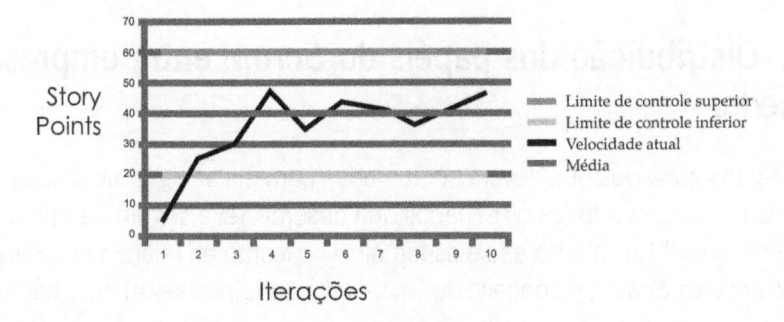

Note que, na primeira *Sprint*, a Equipe não ficou abaixo do limite de tolerância predeterminado. Neste caso, a empresa pagará R$ 80.000,00 ao fornecedor, uma vez que não foi cumprida a meta acordada.

Na segunda e na terceira *Sprints*, a Equipe não atingiu a meta de velocidade comprometida, mas ficou dentro do limite de tolerância. Neste caso, a empresa pagará R$ 100.000,00 ao fornecedor por *Sprint*.

Na quarta *Sprint*, a Equipe ultrapassou a meta de velocidade comprometida, mas ainda está dentro do limite de tolerância. Neste caso, a empresa pagará R$ 100.000,00 ao fornecedor.

Se em alguma outra *Sprint* a Equipe atingisse velocidade maior que 60, a empresa pagaria R$ 120.000,00 para o fornecedor.

Este tipo de contrato costuma ser aplicado em empresas e fornecedores que já possuem alta maturidade no uso de *Scrum* e no uso e medição de velocidade como métrica de entrega.

Preço fixo e escopo dinâmico

Nesta modalidade de contrato, um preço fixo é definido e um escopo previamente acordado. Porém, o escopo pode ser repriorizado ou mesmo excluído pelo cliente a qualquer momento. Solicitação de inclusão de escopo deve ser atendida através da inclusão de um item de esforço similar, não gerando cobrança para o cliente.

Time & Material

Nesta modalidade de contrato, o cliente paga por uma quantidade definida de horas e vai priorizando o *Product Backlog* de forma dinâmica com o fornecedor.

4.2.2. Distribuição dos papéis do *Scrum* entre empresa e fornecedor

Existem alguns cuidados que devem ser tomados para evitar algumas ciladas. O principal cuidado, comum a todos os cenários que descreverei a seguir, é evitar a famosa divisão "nós e eles" ou "a empresa e os terceiros". Mesmo na relação empresa-fornecedor em projetos *Scrum*, o conceito de *whole team* (equipe inteira) deve ser mantido.

Possíveis cenários e riscos:

Product Owner na empresa/Scrum Master e Equipe de Desenvolvimento no fornecedor

Riscos:
- O *Product Owner* estar focado em outras atividades dentro da empresa e não trabalhar de forma colaborativa com a Equipe de Desenvolvimento do fornecedor.
- O *Scrum Master* focado somente na Equipe de Desenvolvimento, vendo o *Product Owner* como um cliente externo e não como parte fundamental da equipe *Scrum*.
- Ter um gerente de contas disfarçado de *Scrum Master*. Ele está mais preocupado em monitorar alterações de escopo, se apegar a contrato e fazer a intermediação da comunicação entre *Product Owner* e Equipe de Desenvolvimento do que ser efetivamente um *Scrum Master*.
- Ter um gerente de contas fazendo o meio de campo entre o *Product Owner* e o restante da equipe *Scrum*, onde o líder técnico faz um papel de *Scrum Master* disfarçado, uma vez que tem pouca autonomia no processo.

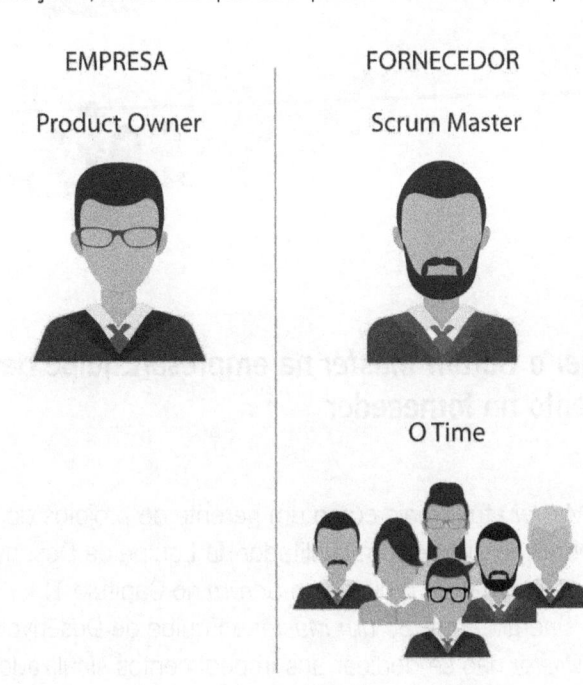

EMPRESA — Product Owner

FORNECEDOR — Scrum Master

O Time

Analista de negócios do fornecedor como *Product Owner*

Riscos:
- ➤ Analista de negócios não estar no dia a dia do ambiente de negócio do cliente e construir um *Product Backlog* que não capte as necessidades e expectativas da empresa.
- ➤ Analista de negócios definir um *Product Backlog* mais voltado para a visão da Equipe de Desenvolvimento do que para a visão da empresa.
- ➤ Analista de negócios construir um *Product Backlog* extremamente detalhado para atender à forma de contrato utilizado.

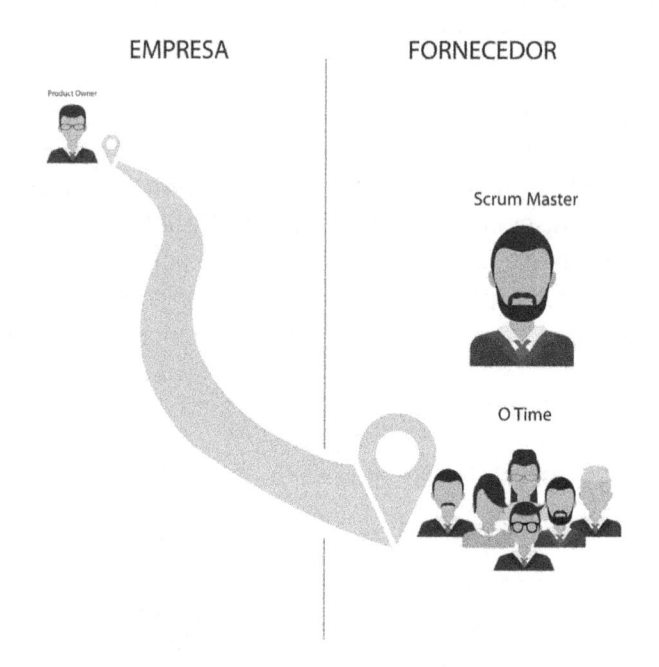

Product Owner e *Scrum Master* na empresa/Equipe de Desenvolvimento no fornecedor

Riscos:
- ➤ *Scrum Master* atuar mais como um gerente de projetos do perfil "cobra, cobra e cobra" do que ser um facilitador da Equipe de Desenvolvimento (revise o papel do gerente de projetos no *Scrum* no Capítulo 1).
- ➤ Falta de sinergia entre *Scrum Master* e Equipe de Desenvolvimento.
- ➤ *Scrum Master* não se dedicar aos impedimentos sinalizados pela Equipe de Desenvolvimento, uma vez que pode estar focado em outras atividades dentro da empresa.

Product Owner na empresa/Scrum Master e Equipe de Desenvolvimento do fornecedor coalocados na empresa

Este é o melhor dos cenários, pois cria um ótimo senso de engajamento e torna a comunicação entre *Product Owner* e Equipe de Desenvolvimento muito boa. O único risco que permanece é a visão "nós e eles" ou "a empresa e os terceiros".

Claro que nem sempre é possível ter este cenário em todos os projetos com relação empresa-fornecedor. Mas devemos buscar mitigar ou eliminar os riscos descritos nos demais cenários.

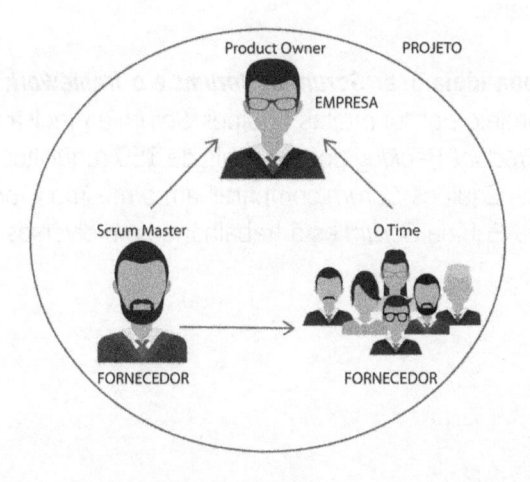

4.3. Simulado

Hora de revisar os conceitos do capítulo! Sua meta é acertar sete questões!

Boa sorte!

1. **Quando é uma boa ideia utilizar outras Equipes de Desenvolvimento em vez de uma única Equipe *Scrum*?**
    (a) Quando a Equipe *Scrum* não possui todas as disciplinas de conhecimento necessárias.
    (b) Quando a Equipe *Scrum* é composta por muitas pessoas inexperientes.
    (c) Quando a Equipe *Scrum* possui grande diversidade cultural.
    (d) Quando a Equipe *Scrum* não estiver trabalhando bem.

2. **Em qual das situações a seguir não é possível escalar o *Scrum*?**
    (a) Quando não houver *Product Owners* suficientes.
    (b) Quando houver mais de um produto a ser desenvolvido.
    (c) Quando houver um *backlog* compartilhado.
    (d) Quando houver a necessidade de aumentar a Equipe *Scrum* para mais de nove integrantes.

3. **A reunião *Daily Scrum of Scrums* permite que as Equipes *Scrum* discutam sobre seus trabalhos, focando muito em áreas de integração e dependências. Quem da sua Equipe *Scrum* deveria participar desta reunião?**
    (a) *Product Owner*.
    (b) *Scrum Master*.
    (c) Quem a Equipe escolher.
    (d) A Equipe inteira.

4. **Quando é uma boa ideia usar *Scrum of Scrums* e o *framework SAFe*?**
    (a) Quando o projeto possui muitas Equipes *Scrum* e precisa ser escalado.
    (b) Quando o *Product Backlog* possuir mais de 150 requisitos.
    (c) Quando duas Equipes *Scrum* compartilham o mesmo *Product Owner*.
    (d) Quando uma Equipe *Scrum* está trabalhando em diversos *Product Backlogs*.

5. **Três Equipes *Scrum* foram designadas para trabalhar em um projeto com um *Product Backlog* composto por 240 requisitos. Três *Product Owners* foram designados para estas Equipes, e cada Equipe será responsável por escolher oitenta requisitos aleatórios do *Product Backlog* para desenvolverem durante as *Sprints* previstas. Por qual motivo esta não é uma boa abordagem?**
   (a) Não garante priorização correta.
   (b) Deve existir somente um *Product Owner* por produto.
   (c) Deve existir somente uma Equipe *Scrum* por produto.

6. **Quando é uma boa ideia adotar diferentes visões no *Product Backlog* para cada Equipe *Scrum* do projeto?**
   (a) Quando o projeto é muito grande e precisa ser escalado.
   (b) Quando o *Product Backlog* contém *user stories* secretas.
   (c) Quando as Equipes *Scrum* estão trabalhando com diferentes produtos.

7. **Qual deve ser a restrição avaliada em um contrato de projeto *Scrum* entre cliente e fornecedor caso o prazo seja fixo e inegociável?**
   (a) Prazo – Caso o fornecedor não consiga entregar dentro do prazo.
   (b) Custo – Gastos que o fornecedor possa necessitar para entregar dentro do prazo.
   (c) Escopo – Entender o que cabe dentro do prazo e negociar com o cliente o que não cabe.
   (d) Recursos – Avaliar a quantidade de recursos necessários para entregar o projeto dentro do prazo.

8. **A empresa XPTO está começando a trabalhar com *Scrum* e deseja contratar um fornecedor que tenha experiência em *Scrum*. Esta empresa tem um perfil conservador e costuma trabalhar com contratos por preço fixo e escopo fechado. Qual o melhor tipo de contratação que o fornecedor pode oferecer neste caso?**
   (a) Escopo fechado e preço variável por projeto.
   (b) Preço fixo e escopo fechado por *Sprint*.
   (c) Escopo fechado e preço variável por *Sprint*.
   (d) Preço fixo e escopo fechado por projeto.

9. **Uma empresa adotou o *framework Nexus* para seus projetos com grandes equipes. Vitor é o *Scrum Master* da Equipe *Nexus* de Integração e percebeu que Marco, *Scrum Master* de uma das Equipes *Scrum* do projeto, estava conduzindo uma reunião de revisão da *Sprint* junto com os demais membros da Equipe. Vitor comentou com Marco que não era necessária a realização daquela reunião e Marco respondeu que não realizar a reunião de revisão da *Sprint* seria uma violação às regras do *framework Scrum*. Qual é a melhor resolução para este impasse?**
    (a) Vitor deve recuar e deixar Marco conduzir a reunião, afinal de contas a auto-organização da Equipe não deve ser ferida.
    (b) Marco deve encerrar a reunião, pois Vitor é *Scrum Master* da Equipe *Nexus* de Integração e tem autonomia para encerrá-la.
    (c) Vitor deve explicar que a reunião de revisão deve ser realizada para demonstrar a integração do incremento produzido por cada Equipe *Scrum*.
    (d) Marco deve ignorar Vitor, que demonstra não conhecer todas as regras do *framework Scrum*.

10. **Uma empresa adotou o *framework LeSS* para seus projetos com grandes equipes. A Equipe *Scrum* A finalizou sua *Sprint*, mas não sabe qual é a Equipe responsável por fazer a integração. Qual é a melhor resposta que você daria para a Equipe A?**
    (a) Orientar a Equipe para fazer a integração por conta própria.
    (b) Orientar a Equipe para procurar a Equipe *LeSS* de Integração.
    (c) Orientar a Equipe para não se preocupar com a integração.
    (d) Orientar a Equipe para procurar os membros das outras Equipes e combinarem como será feita a integração.

4.4. Respostas

1. A
Um ponto muito importante que deve ser levado em consideração para escalar *Scrum* é assegurar que a soma das Equipes formadas garanta todas as disciplinas de conhecimento necessárias para o projeto. Não aumente a Equipe somente por aumentar e não restrinja a quantidade de membros se for identificado que faltam disciplinas de conhecimento.

2. A
Ter *Product Owners* suficientes dentro da empresa, de modo que cada Equipe tenha o seu próprio *Product Owner*, é um fator importante que deve ser levado em consideração para escalar *Scrum*.

3. C
Embora algumas literaturas mencionem que o *Scrum Master* de cada Equipe *Scrum* deve participar da reunião *Daily Scrum of Scrums*, o ideal é que é essa decisão seja tomada por toda a Equipe. Ela decide quem é o membro mais indicado para participar.

4. A
Scrum of Scrums, *SAFe*, *LeSS*, *Nexus* e qualquer metodologia ou *framework* de método ágil escalado pode ser utilizado quando o projeto possui mais de uma Equipe *Scrum*.

Quantidade de requisitos do *Product Backlog* não é um critério para decidir escalar *Scrum*.

Uma Equipe *Scrum* compartilhar o mesmo *Product Owner*, embora não seja o ideal, também não é um critério.

Uma Equipe trabalhando em diversos *Product Backlogs* também está longe de ser o ideal, mas também não é um critério. Se fosse necessário aumentar a quantidade de membros da Equipe para dar conta desses diversos *Product Backlogs*, e estes *Product Backlogs* fossem interligados ao mesmo assunto/produto, seria recomendado escalar o *Scrum*.

5. A
Espalhar os oitenta requisitos de forma aleatória pode comprometer dependências e priorizações. O ideal é que esses requisitos sejam separados levando em consideração dependências e assuntos relacionados.

6. A
A questão fala sobre "cada Equipe *Scrum* do projeto", ou seja, temos mais de uma Equipe *Scrum*. Dessa forma, sabemos que se trata de *Scrum* escalado, onde cada Equipe terá sua visão referente aos requisitos do *Product Backlog* pelos quais é responsável.

7. C
Se a versão de entrega/*release* for orientada a data (prazo fixo), o contrato pode ser elaborado com preço fixo, uma vez que, devido ao prazo já ser conhecido, é possível determinar a quantidade de *Sprints* e a quantidade de recursos que atuarão nelas. **Porém, o escopo deve ser negociado e priorizado com a empresa**, buscando identificar o MVP e as funcionalidades que podem ser entregues com qualidade dentro do prazo predeterminado.

8. B
Esse tipo de contrato agrada muito as empresas que gostam de trabalhar com preço fixo e escopo fechado. Nesse tipo de contratação, é feito um contrato de preço fixo com os requisitos do *Product Backlog* acordados para cada *Sprint*.

Esse tipo de contrato dá uma maior flexibilidade à empresa, pois permite que ela interrompa o projeto quando o ROI (*Return Of Investment*) for atingido ou caso o fornecedor não esteja trabalhando com a qualidade e a assertividade esperadas. Esse tipo de contrato coloca uma pressão sadia no fornecedor para que busque sempre entregar o valor e a qualidade esperados pelo cliente a cada *Sprint*.

9. C
A melhor resolução é seguir as orientações do *framework Nexus*.

A reunião *Nexus* de revisão da *Sprint* substitui a reunião de revisão de *Sprint* de cada Equipe *Scrum*, pois o objetivo principal da *Sprint* é entregar um incremento integrado para as partes interessadas, e não o incremento individual de cada Equipe *Scrum*.

10. D
No *framework LeSS* não existem equipes de integração, pois o *framework* prega o conceito de *just talk*, ou seja, as Equipes simplesmente devem se comunicar para coordenar seus trabalhos.

5. Criando modelos híbridos com *Scrum*

O *Scrum* por muitas vezes não se sustenta sozinho. É necessário combiná-lo a outros *frameworks*, metodologias, filosofias ou boas práticas.

Neste tópico falaremos como o *Scrum* pode conviver com: *Lean, Waterfall, Crystal, Extreme Programming* (XP), FDD, DSDM, *DevOps*, CMMI, *PMBOK® Guide*, PMO e ITIL®, formando o que tem sido chamado de **modelos híbridos**.

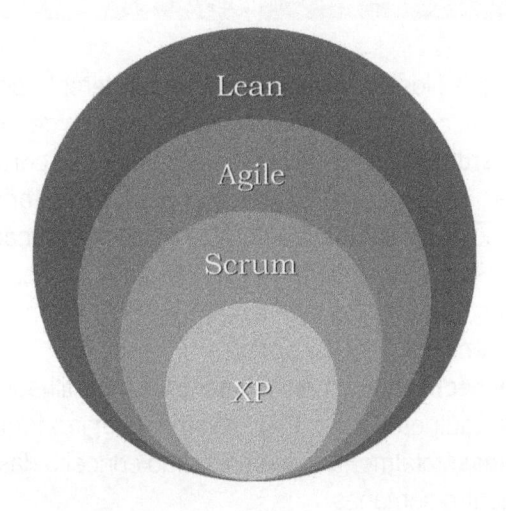

5.1. *Scrum* e a filosofia *Lean*

O *Lean* é uma filosofia originada da manufatura cujo foco principal é eliminar desperdício e manter os processos otimizados ("enxutos").

O conceito de eliminar desperdícios e tornar os processos mais otimizados e eficientes despertou o interesse de diversos segmentos e deram origem a *frameworks* como *Lean* PMO (para escritório de projetos), *Lean Development* (para desenvolvimento de *software*), *Lean Construction* (para projetos de engenharia e construção), *Lean*

Office (para escritórios e empresas), *Lean Six Sigma* (para implementar processos *Six Sigma* de forma otimizada) e *Lean Thinking* (para pensamentos objetivos, eliminando desperdícios).

A filosofia é fortemente pautada em sete princípios, conforme figura a seguir.

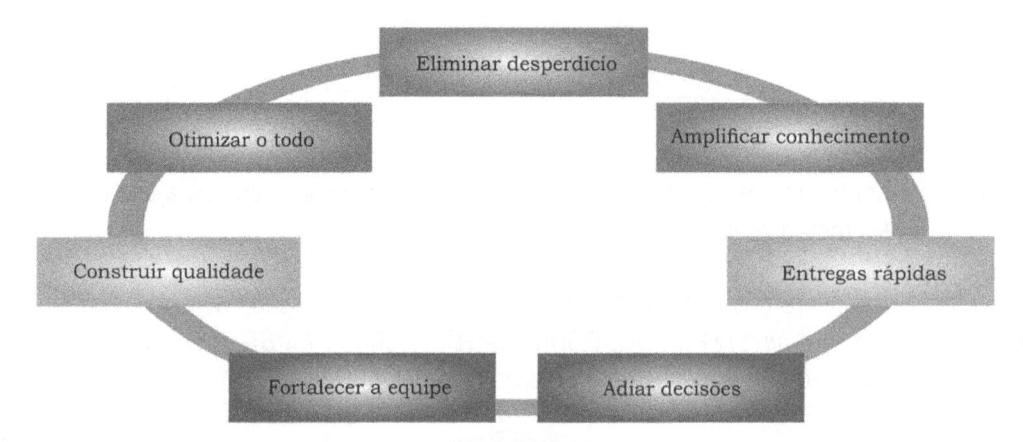

```
          Eliminar desperdício
   Otimizar o todo      Amplificar conhecimento
 Construir qualidade      Entregas rápidas
     Fortalecer a equipe   Adiar decisões
```

Vamos entender como a filosofia *Lean* é totalmente aderente ao *Scrum* associando seus princípios com práticas e comportamentos esperados de uma Equipe *Scrum*.

1. **Eliminar desperdício:** como as *Sprints* são iterações curtas, a Equipe *Scrum* deve trabalhar da forma mais otimizada possível, evitando processos e documentação desnecessários, burocracia na comunicação, falta de testes na execução da *Sprint*, uma definição de "pronto" (*done*) ruim (já ouviu a famosa frase "está pronto, só falta testar?") e principalmente defeitos ou *bugs* embutidos na entrega final da *Sprint*.
2. **Amplificar conhecimento:** o conhecimento compartilhado é uma característica-chave das Equipes *Scrum*. Elas devem interagir o tempo todo.
3. **Entregas rápidas:** totalmente aderente como conceito das *Sprints* de duração máxima de quatro semanas.
4. **Adiar decisões:** totalmente aderente ao conceito do *Product Backlog* emergente e progressivamente elaborado e ao conceito de processos empíricos, processos onde o conhecimento é mais bem adquirido através da experiência. Requisitos prioritários do *Backlog* devem estar bem detalhados, requisitos menos prioritários devem estar menos detalhados e requisitos em longo prazo devem constar como uma visão, desejo ou épico.
5. **Fortalecer a equipe:** equipe fortalecida é uma das principais características de uma Equipe de Desenvolvimento para que seja possível atingir uma alta maturidade em sua auto-organização e sua autodireção.

6. **Construir qualidade:** foco total das Equipes *Scrum*! Efetuar testes automatizados, mostrar protótipos ao *Product Owner* e demais partes interessadas e eliminar defeitos e *bugs* identificados durante a *Sprint*.
7. **Otimizar o todo:** o sucesso de uma *Sprint* não é gerado pelas ações individuais de cada membro da Equipe *Scrum* e sim pelo trabalho em equipe e colaborativo.

5.2. *Scrum* e *Waterfall*

O planejamento em cascata, também conhecido como *Waterfall* ou como ciclo de vida preditivo (de acordo com o *PMBOK® Guide*), significa conduzir o projeto através de fases sequenciais que podem ter duração curta ou longa. Veja o exemplo a seguir:

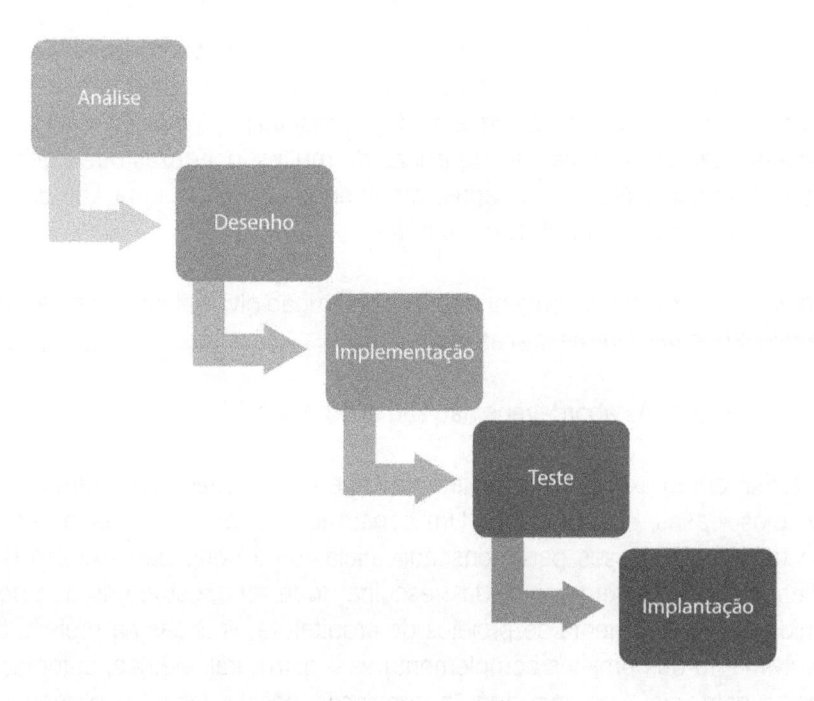

No exemplo anterior, o projeto se inicia com uma fase de análise, onde são feitos todos os levantamentos e a coleta de requisitos. Ao término da fase de análise, inicia-se a fase de design, onde toda a parte de arquitetura e modelagem é planejada. Logo após, vem a implementação dos levantamentos e arquiteturas definidas através do desenvolvimento do produto. E como última fase, os testes e homologações necessários para colocar o produto no ar e finalizar o projeto.

A abordagem *Waterfall* possui uma série de riscos:
- Como o projeto pode ter muitas e longas fases, e geralmente as partes interessadas só visualizam o resultado do projeto ao final, corre-se o risco deste resultado não atender às expectativas das partes interessadas.
- A condição de mercado e/ou negócio mudou no decorrer do projeto, e o resultado final pode não estar aderente a essas mudanças.
- No decorrer do projeto o cliente identifica alguns requisitos que ficaram de fora do levantamento inicial ou identifica que alguns requisitos iniciais precisam ser modificados. Neste caso, a mudança pode impactar possíveis restrições do projeto, como tempo e custo.
- Quase ao final do projeto, na fase de testes, são encontrados muitos problemas que geram retrabalhos, custos da não conformidade, custos da mudança e insatisfação das partes interessadas.

Geralmente, os riscos descritos ocorrem quando se utiliza abordagem *Waterfall* em projetos com muitos riscos e incertezas com relação a requisitos, ferramentas, técnicas, processos e/ou recursos. Projetos de TI, marketing, inovação e *startup* geralmente se enquadram nessas características de muitas incertezas que podem gerar possíveis mudanças. Nesses cenários, recomenda-se utilizar uma abordagem ágil como *Scrum* em vez da abordagem *Waterfall*.

Por sua vez, em projetos de engenharia ou construção civil faz mais sentido utilizar a abordagem *Waterfall*. Ou mesmo as duas.

"Vitor, como assim? As abordagens não são antagônicas?"

Vamos tomar como exemplo um projeto de engenharia voltado para ramos imobiliários (prédios, casas, condomínios). Um construtor do ramo imobiliário geralmente leva no mínimo 18 meses para conseguir iniciar uma obra, pois existem diversas fases sequenciais a serem concluídas: escolha do terreno, estudo do que pode ser construído, desenvolvimento de projetos de arquitetura, licenças na prefeitura local, desenvolvimento dos projetos complementares – estrutural, elétrica, automação, hidráulica, esgoto, etc. Somente após a conclusão dessas fases, que seguem uma abordagem *Waterfall*, é que se inicia a construção da obra.

A fase de construção pode ser desenvolvida através do *Scrum*, pois as *Sprints* de curto prazo ajudam a eliminar os diversos riscos e incertezas existentes ou que foram identificados no decorrer da obra. O escopo (*Product Backlog*) é refinado progressivamente com uma visão de médio prazo (*rolling lookahead planning*) e com a condução do projeto sempre alinhada à filosofia *Lean* (neste caso, com *Lean Thinking* e *Lean Construction*).

Lembre-se sempre do exemplo anterior para evitar cair em dos confrontos mais improdutivos existentes no gerenciamento de projetos: *Waterfall versus Scrum*.

Esse confronto geralmente é acentuado devido a uma prática adotada pelos dois lados: a "cascataria".

Na "cascataria", também conhecida como *Waterfallacy*, tanto os defensores como os opositores do *Scrum* se apegam ao conceito de que o *Scrum* veio para acabar com todos os problemas da abordagem *Waterfall*, uma vez que:

➤ Equipes *Scrum* não possuem plano, saem fazendo.
➤ Equipes *Scrum* não possuem compromisso com prazo, o importante é entregar valor.
➤ Equipes *Scrum* são "autogerenciáveis", portanto não se reportam a nenhuma hierarquia e não seguem políticas organizacionais.
➤ Equipes *Scrum* não se preocupam com arquitetura.
➤ Equipes *Scrum* trabalham somente em projetos simples. Se o projeto é complexo é porque o *mindset* não é ágil.

Podemos perceber que são conceitos totalmente equivocados sobre *Scrum*, mas tornaram-se crença tanto dos opositores de *Scrum* quanto de alguns defensores mais radicais.

Em resumo, podemos conviver com abordagens *Waterfall* e *Scrum* normalmente em um mesmo projeto, desde que tomados alguns cuidados.

O cenário descrito do projeto de engenharia é conhecido como *Waterfall* no início (*Waterfall-up-front*) e pode ser vantajoso dependendo do tipo e porte do projeto. Porém, devemos tomar cuidado com outros dois cenários: *Waterfall* ao final (*Waterfall-at-end*) e *Waterfall* em conjunto (*Waterfall-in-tandem*).

Waterfall ao final ocorre quando o projeto é conduzido através de *Scrum*, porém é submetido a testes integrados, área de testes ou garantia de qualidade somente ao final. Neste cenário, continuamos com sérios riscos de identificar problemas graves ao final, gerando retrabalho e custo de não conformidade. O ideal é envolver as áreas responsáveis por testes integrados, testes gerais e garantia de qualidade durante cada *Sprint* e não somente ao final do projeto.

Waterfall em conjunto ocorre quando um projeto possui mais de uma equipe de execução, onde uma equipe utiliza *Scrum* e a outra utiliza *Waterfall*. Coordenar os trabalhos, estabelecer dependências entre os trabalhos, estabelecer uma boa comunicação e fazer com que uma equipe respeite a abordagem utilizada pela outra são grandes desafios para projetos com a abordagem *Waterfall* em conjunto. A minha mais sincera sugestão é evitar esse tipo de abordagem.

5.3. *Scrum* e *Extreme Programming* (XP)

O *Extreme Programming* (*XP*) é uma metodologia ágil de desenvolvimento de *software* que, quando utilizada com o *Scrum*, pode gerar um resultado poderosíssimo em projetos de *software*.

Vamos entender como as 13 práticas do *Extreme Programming* são aderentes ao *Scrum*.

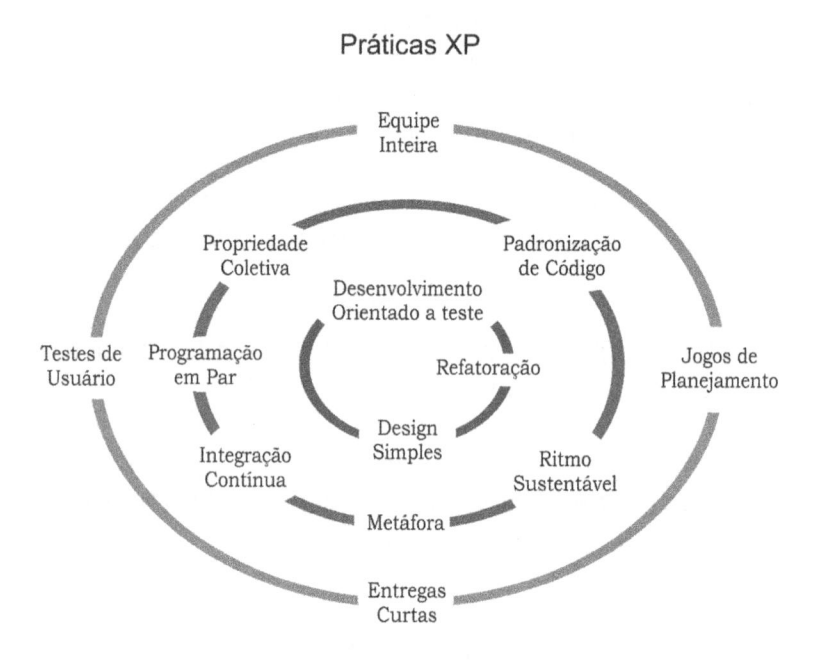

Práticas XP

- Equipe Inteira
- Propriedade Coletiva
- Padronização de Código
- Desenvolvimento Orientado a teste
- Testes de Usuário
- Programação em Par
- Refatoração
- Jogos de Planejamento
- Integração Contínua
- Design Simples
- Ritmo Sustentável
- Metáfora
- Entregas Curtas

Equipe inteira

Filosofia-chave de uma Equipe *Scrum*, o conceito de "equipe inteira" evita as famosas divisões: "*Product Owner* e Equipe de Desenvolvimento" ou "Área de negócio e área de TI". Deve existir **UMA** única unidade coesa e colaborativa chamada Equipe *Scrum*, contemplando conhecimento de negócio e conhecimento técnico.

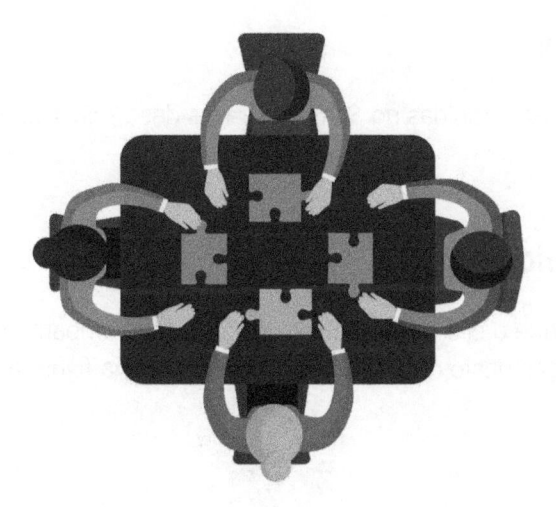

Jogos de planejamento

Sempre abordo em palestras que as equipes de projeto gastam um longo tempo documentando para depois planejar. Na minha visão, o caminho deve ser inverso: devemos gastar um bom tempo planejando para depois documentar o resultado do planejamento. E como deve ser esse planejamento? Deve ser interativo, deve haver bastante debate entre o *Product Owner*, o *Scrum Master* e a Equipe de Desenvolvimento. Se der para usar *post-it*, use-o. Se der para jogar *Planning Poker*, jogue. Transforme seu planejamento em um jogo de interatividade. E qual o melhor momento para fazer isso no *Scrum*? Na reunião de planejamento da *Sprint*.

Entregas rápidas

Como garantir entregas rápidas no *Scrum*? Através das *Sprints* com duração máxima de quatro semanas.

Testes de usuário

O XP recomenda que o cliente, ao definir um requisito, também defina quais são os critérios de aceitação deste requisito. Veja um exemplo na figura a seguir:

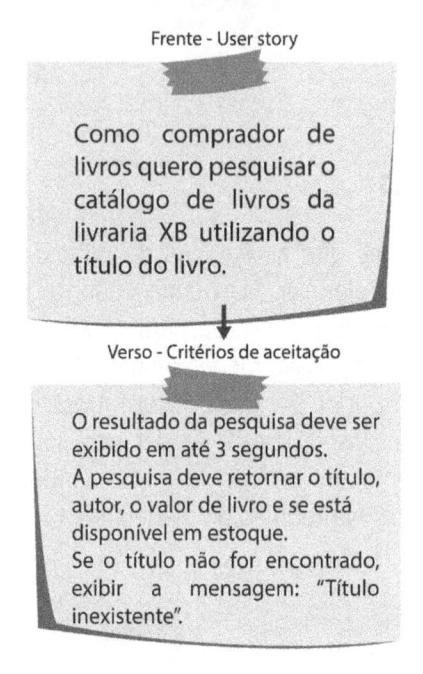

Frente - User story

> Como comprador de livros quero pesquisar o catálogo de livros da livraria XB utilizando o título do livro.

Verso - Critérios de aceitação

> O resultado da pesquisa deve ser exibido em até 3 segundos.
> A pesquisa deve retornar o título, autor, o valor de livro e se está disponível em estoque.
> Se o título não for encontrado, exibir a mensagem: "Título inexistente".

E qual a vantagem de utilizar esta prática no *Scrum*? Ajudar a Equipe de Desenvolvimento a realizar testes realmente voltados a atender às necessidade e expectativas do *Product Owner*.

Propriedade coletiva de código/Padronização de código

No XP não existe o "dono do código". Vamos dar um exemplo do problema da propriedade individual de código através do diálogo a seguir:
– Paulo, você está atuando na *user story* que envolve o módulo de vendas?
– Vitor, só o Miagy conhece o módulo de vendas, logo somente ele pode alterar.

– Como assim? Você não está sabendo? O Miagy ganhou na loteria e não vem mais.
– E agora? Só ele conhece esse módulo de vendas.
– Xiiiiii!

Que situação, hein? A Equipe com certeza não passaria por essa situação se Vitor, Miagy e Paulo tivessem autonomia para alterar o código desde o começo, independentemente de quem criou ou de quem conhece mais.

Para o modelo de código compartilhado funcionar, sem dúvida alguma deve existir uma padronização para evitar que cada desenvolvedor faça do seu jeito. A seguir, um exemplo de como uma falta de padronização de código pode gerar confusão.

Declaração de variável para leitura do campo código de cliente da tabela de cadastro de clientes:

> - **Código do Vitor:** *cCodCli*, onde o c minúsculo indica que se trata de uma variável do tipo caractere.
> - **Código do Paulo:** *v_Cod_Cli*, onde o v minúsculo significa variável de trabalho e o *underline* (_) é para deixar o código mais estético.
> - **Código do Miagy:** *mgAux01*, onde *mg* significa alteração/criação do Miagy, *Aux* significa variável auxiliar e *01* é a primeira variável auxiliar do programa.

No XP, casos como o exemplo anterior devem ser evitados. A padronização a ser utilizada deve ser um consenso da equipe. Voltando ao exemplo anterior, a equipe deve escolher se vai usar *cCodcli*, *v_Cod_Cli* ou *mgAux01*.

E qual a vantagem de utilizar a propriedade coletiva e a padronização de código no *Scrum*? Gerar conhecimento compartilhado, característica-chave das Equipes *Scrum* e alinhada com o princípio de amplificar conhecimento do *Lean*.

Programação em par

Técnica que consiste em dois desenvolvedores utilizarem a mesma estação. Enquanto um desenvolve, o outro fica atento ao código, identificando possíveis problemas, riscos ou formas de melhorar o código através da refatoração. Alinhamentos com o *Scrum*: conhecimento compartilhado e garantia de entrega de qualidade, que deve sempre ser o objetivo de uma *Sprint* para que ela seja bem-sucedida.

Muitas pessoas me questionam sobre a viabilidade ou utilidade de ter duas pessoas trabalhando na mesma estação. A frase que mais escuto é: "Vitor, se eu tenho dois para fazer o serviço de um, isso significa que estou jogando dinheiro fora". Não exatamente, pois através da programação em par você está garantindo qualidade e evitando os temidos custos da não conformidade, aqueles custos que aparecem com retrabalhos e defeitos. Mas eu assumo que há um tanto de romantismo na filosofia da programação em par, e gestores são movidos a resultado e não a filosofias; então minha recomendação para as equipes que querem se aventurar é coletar, antes e depois da utilização da programação em par, métricas como quantidade de entregas, quantidade de *bugs*/defeitos, custo da não conformidade e nível de satisfação das partes interessadas após a entrega de cada *Sprint*. Torne a melhoria do processo evidente através de números e métricas.

Integração contínua

O processo de integração contínua consiste na utilização de ferramentas automatizadas para integrar o código do desenvolvedor em um único repositório, identificando possíveis defeitos ou problemas na compilação.

Veja mais detalhes do fluxo da integração contínua na figura a seguir:

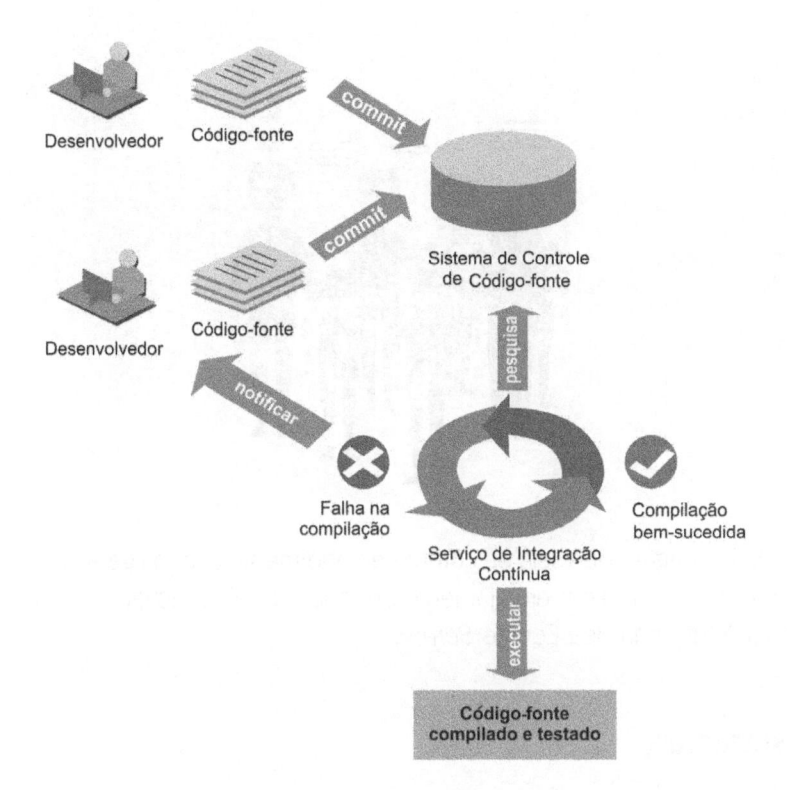

O uso da integração contínua contribui com a garantia de entrega de qualidade, uma vez que possíveis códigos que trarão defeitos ou mau funcionamento ao *software* são identificados em tempo de desenvolvimento. Como entregar qualidade é um dos objetivos-chave da entrega de uma *Sprint*, o uso da integração contínua é uma prática muito recomendada em projetos de desenvolvimento de *software* que usam Scrum.

Existem diversas ferramentas de mercado que fazem integração contínua: *Continuum*, *Cruise Control*, *Hudson*, *TeamCity*, *Jenkins*. Existem também ferramentas para repositório de código como SVN, *Microsoft Source Safe* e *Clear Case*.

Metáfora

Criação de uma linguagem simples e descomplicada para determinados termos técnicos. Os desenvolvedores de *software* tendem a usar muitos termos técnicos, deixando o cliente com cara de ponto de interrogação.

Utilizar uma linguagem que seja de comum entendimento a todos gera conhecimento compartilhado e um melhor engajamento de toda a equipe, novamente características essenciais de uma boa Equipe *Scrum*.

Ritmo sustentável

Trabalhar em um ritmo que não gere desgaste físico ou psicológico. Evitar as comprovadamente ineficientes horas extras. Fazer hora extra jamais será garantia de entrega de qualidade e valor, objetivos-chave de uma *Sprint*. Se sua empresa adota semanas de quarenta horas, seja produtivo e eficiente nessas quarenta horas. Lembre-se da filosofia *Lean* e elimine desperdícios: está participando ou agendando reuniões improdutivas que começam no "nada" e terminam em "lugar nenhum"? Preenchendo *templates* "pesados" e desnecessários? Não testando adequadamente seu código desenvolvido?

Design simples

Trata-se da busca pela construção de designs e códigos simples que permitam uma fácil manutenção no futuro. Totalmente relacionado com a questão do *mindset* ágil: pensar simples, pensar de forma objetiva. Uma frase marcante que ouvi uma vez no YouTube: "não é porque uma equipe usa *Scrum* que necessariamente significa que ela é ágil". Não adianta buscar pelo *framework* ágil se o seu *mindset* não for ágil. *Keep it simple* (mantenha simples)!

Refatoração

É tornar o código mais elegante, mais limpo, eliminando duplicidades desnecessárias. Veja o exemplo do código a seguir:

```
FUNCTION RETORNA_NOME_CLIENTE (pCodCli IN VARCHAR2) RETURN
VARCHAR2 IS
BEGIN
    SELECT NomCli
    INTO cNomCli
    FROM CLIENTE
    WHERE CodCli = pCodCli;

    RETURN(cNomCli);
END;

FUNCTION RETORNA_NOME_CLIENTE2 (pCPFCNPJ IN NUMBER) RETURN
VARCHAR2 IS
BEGIN
    SELECT NomCli
    INTO cNomCli
    FROM CLIENTE
    WHERE CPFCNPJ = pCPFCNPJ;

    RETURN(cNomCli);
END;
```

Temos um método para extração do nome do cliente usando o código do cliente como chave. E outro método para extração do nome do cliente usando o CPF/CNPJ como chave. Qual tal unificarmos tudo em um único método?

```
FUNCTION RETORNA_NOME_CLIENTE (pCodCli IN VARCHAR2,
                               pCPFCNPJ IN NUMBER) RETURN
VARCHAR2 IS
BEGIN
   IF pCodCli IS NOT NULL THEN
      SELECT NomCli
      INTO cNomCli
      FROM CLIENTE
      WHERE CodCli = pCodCli;
   ELSE
      SELECT NomCli
      INTO cNomCli
      FROM CLIENTE
      WHERE CPFCNPJ = pCPFCNPJ;
   END IF;
   RETURN(cNomCli);
END;
```

Melhorou? E que tal refatorarmos mais ainda, deixando um único acesso à tabela de clientes de acordo com o parâmetro de entrada utilizado?

```
FUNCTION RETORNA_NOME_CLIENTE (pCodCli IN VARCHAR2,
                               pCPFCNPJ IN NUMBER) RETURN
VARCHAR2 IS
BEGIN
   SELECT NomCli
   INTO cNomCli
   FROM CLIENTE
   WHERE CodCli = CASE WHEN pCodCli IS NOT NULL THEN pCodCli THEN CodCli END
   AND CPFCNPJ = CASE WHEN pCPFCNPJ IS NOT NULL THEN pCPFCNPJ THEN CPFCNPJ END

   RETURN(cNomCli);
END;
```

A refatoração garante qualidade e simplicidade ao produto, duas caraterísticas aderentes ao *Scrum*.

Desenvolvimento orientado a testes

O desenvolvimento orientado a testes é uma técnica utilizada para garantir qualidade e minimizar o risco de embutir defeitos ou *bugs* no produto.

Essa técnica consiste de cinco passos:
1. **Escrever o teste antes de escrever o código:** analisar, identificar e documentar os testes que deverão ser executados.
2. **Submeter o teste, que deve falhar:** uma vez que o código não foi desenvolvido, o teste irá falhar e o desenvolvedor terá a garantia de que nenhum outro código faz seu teste passar. Se o teste passar, significa que já existe código desenvolvido que contemple a situação a ser testada.
3. **Escrever o código:** escrever o código necessário para fazer o teste passar.
4. **Submeter o teste novamente, que deve passar:** se o teste passar após o novo código, você terá a garantia de que o teste passou devido ao seu código. Se o teste não passar, você deve voltar para a etapa anterior e corrigir o código.
5. **Refatorar o código:** tornar o código mais elegante, eliminando redundâncias e tornando-o de fácil manutenção.

Esses passos são conhecidos também como *Red* (teste falhando), *Green* (teste passando) e *Clean* (refatoração do código).

Desenvolvimento orientado a testes (TDD)

"Vitor, quais são as vantagens de utilização desta técnica? Como desenvolvedor, terei mais trabalho! Para que escrever e executar um teste antes, se eu já sei que irá falhar?"

Vamos aos benefícios:
➢ Evita testes "viciados".

> Garante que o evento que houve entre a falha e o sucesso do teste, o desenvolvimento do código, realmente foi o responsável pelo sucesso do teste.
> Garante que o código será testado e refatorado conforme vai sendo desenvolvido.
> Se o teste já funcionava antes do código, isso significa que a funcionalidade já existia e não será escrito código desnecessário e duplicado.
> Evita fluxo "vai e volta" entre Equipe de Desenvolvimento e cliente ou entre Equipe de Desenvolvimento e equipe de testes/garantia de qualidade, devido a erros no código.

Já participei de uma experiência onde uma Equipe de Desenvolvimento era tão madura na utilização do desenvolvimento orientado a testes que não houve mais necessidade da existência da área de testes no decorrer do projeto, pois toda entrega feita pela Equipe de Desenvolvimento simplesmente não tinha defeitos.

A seguir, um exemplo para utilização do desenvolvimento orientado a testes:

```
FUNCTION VALIDA _ REGRAS _ NEGOCIO RETURN BOOLEAN IS
BEGIN
   RETURN(FALSE);
END;
```

O teste do método anterior falhará, uma vez que o retorno é falso. A próxima etapa é escrever o código desejado.

```
FUNCTION VALIDA _ REGRAS _ NEGOCIO RETURN BOOLEAN IS
BEGIN
   …. Regra de Negócio 1
   ….
   RETURN(TRUE);
EXCEPTION - Em caso de erro retorna falha
   WHEN OTHERS THEN
      RETURN(FALSE);
END;
```

Ao executar um novo teste, se o teste passar (retorno verdadeiro), ficou evidenciado que o código desenvolvido foi o responsável pelo sucesso do teste. Se o teste falhar, será necessário revisar o código até o teste passar.

Agora vamos incluir uma segunda regra de negócio no código.

```
FUNCTION VALIDA _ REGRAS _ NEGOCIO RETURN BOOLEAN IS
BEGIN
   …. Regra de Negócio 1
   ….

   …. Regra de Negócio 2
   ….

   RETURN(TRUE);
EXCEPTION - Em caso de erro retorna falha
   WHEN OTHERS THEN
      RETURN(FALSE);
END;
```

Se o teste começar a falhar (retorno falso), ficou evidenciado que o código referente à segunda regra de negócio mudou o comportamento do teste que havia sido bem-sucedido na etapa anterior.

Caso queira se aprofundar no uso do desenvolvimento orientado a testes, recomendo a leitura da obra de Kent Beck[13], criador da técnica.

Novamente temos uma prática do XP ajudando a garantir qualidade no produto, objetivo-chave de uma *Sprint* no *Scrum*.

5.4. *Scrum* e *Crystal*

Crystal é uma família de metodologias designadas para projetos conduzidos por pequenas equipes desenvolvendo projetos de baixa criticidade ou até mesmo grandes equipes desenvolvendo projetos de alta criticidade.

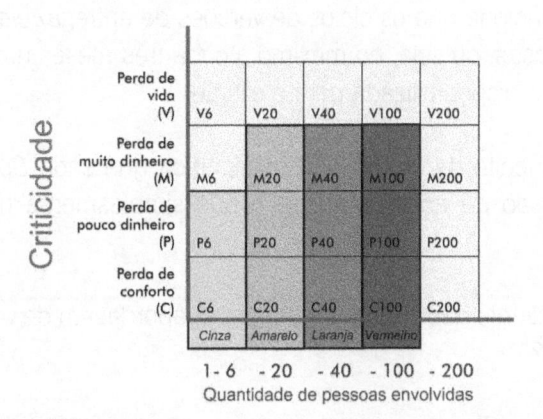

Criticidade						
Perda de vida (V)	V6	V20	V40	V100	V200
Perda de muito dinheiro (M)	M6	M20	M40	M100	M200
Perda de pouco dinheiro (P)	P6	P20	P40	P100	P200
Perda de conforto (C)	C6	C20	C40	C100	C200
	Cinza	Amarelo	Laranja	Vermelho	
	1-6	-20	-40	-100	-200
	Quantidade de pessoas envolvidas				

---

[13] BECK, K. **TDD:** desenvolvimento guiado por testes. Porto Alegre: Artmed, 2010, 240p.

A metodologia é dividida em famílias levando em consideração:
- Tamanho da equipe do projeto.
- Possibilidade de perda de vida.
- Possibilidade de perda de muito dinheiro.
- Possibilidade de perda de pouco dinheiro.
- Possibilidade de perda de conforto.

As famílias são:
- **Crystal Clear:** para projetos com equipes pequenas, com no máximo seis pessoas.
- **Crystal Yellow:** para projetos com equipes entre sete e vinte pessoas.
- **Crystal Orange:** para projetos com equipes entre 21 e quarenta pessoas.
- **Crystal Red:** para projetos com equipes entre 41 e cem pessoas.
- **Crystal Maroon:** para projetos com equipes entre 101 e duzentas pessoas.
- **Crystal Diamond/Crystal Sapphire:** para projetos grandes que envolvem risco de vida.

O *Scrum* possui bastante aderência com a metodologia *Crystal Clear*, que foca em documentação "leve" e nas relações humanas construídas em equipes pequenas.

A seguir abordarei a aderência entre as principais práticas, papéis e artefatos do *Crystal Clear* com o *Scrum*.

Práticas

Entregas frequentes

O *Crystal Clear* menciona que os ciclos de versões de entrega/*releases* devem durar no máximo três meses, ou seja, no máximo a cada três meses uma versão utilizável do produto deve ser disponibilizada para o cliente.

Utilizando esse conceito dentro do *Scrum*, significa que cada *Sprint* deve entregar uma potencial versão de entrega/*release* e não simplesmente um incremento do produto.

"Vitor, e se o meu cliente não concordar com essa abordagem de versões de entrega/*releases* por *Sprint*?"

Neste caso o *Crystal Clear* recomenda entregar essas versões de entrega/*releases* para um *friendly user* (alguém próximo e influente ao cliente e também disposto a ajudar a Equipe de Desenvolvimento e o projeto). Este *friendly user* utilizará o produto, fornecerá *feedback* e influenciará o cliente.

"Vitor, não consigo gerar uma versão de entrega/*release* a cada *Sprint*, porém consigo gerar uma funcionalidade. Consigo usar *Crystal Clear*?"

Se cada *Sprint* gera uma funcionalidade que não necessariamente é uma versão de entrega/*release*, vá para o próximo tópico, onde abordarei *Scrum* e *Feature-Driven Development* (FDD).

Comunicação osmótica

Abordei comunicação osmótica no Capítulo 2 como uma consequência da formação de um bom espaço físico para uma Equipe *Scrum*.

O *Crystal Clear* defende as mesmas características para formação do espaço de suas Equipes e defende a interação diária entre os membros da Equipe. Dentro do *Scrum* essa interação é diária e representada através da *Daily Scrum*.

Workshop de reflexão

O *Crystal Clear* adota a prática de uma constante reflexão entre os membros de suas Equipes sobre: o que está dando certo, o que está dando errado e o que deve ser melhorado. Isso é nada mais e nada menos que a reunião de retrospectiva da *Sprint*.

Alistair Cockburn, criador das metodologias *Crystal*, define a fusão do *Scrum* e do *Crystal* como processo *no-process*, ou seja, comece a qualquer momento, trabalhe em ciclos curtos com alta comunicação, *feedback* e reflexão e você eventualmente vai conseguir encontrar seu processo ideal (veio à mente o termo *Shu-Ha-Ri* mencionado no Capítulo 1?). Em seu livro[14], Alistair menciona quatro características-chave do *no-process*:
- ➤ *Timeboxes* com entregas reais é o motor do processo.
- ➤ Repriorização periódica do *Backlog* mantém o produto nos eixos a longo prazo.

---

[14] COCKBURN, A. **Crystal Clear:** a human-powered methodology for small teams. Upper Saddle River, NJ: Pearson Education, 2004. 336p.

- *Workshops* de reflexão pós-iteração mantêm a Equipe e o processo nos eixos a longo prazo.
- Comunicação osmótica e reuniões diárias mantêm a Equipe nos eixos a curto prazo.

Papéis

O *Crystal Clear* nomeia alguns papéis para a composição da equipe do projeto. A seguir veremos a aderência ou o complemento desses papéis com os papéis do *Scrum*.

Patrocinador executivo (executive sponsor)

É o patrocinador do projeto. Deve sempre estar bem informado sobre os valores gastos pelo projeto e os retornos financeiros já obtidos para tomar as decisões mais assertivas referentes ao negócio. Dentro do *Scrum*, possivelmente será a pessoa que estará em constante contato com o *Product Owner* para acompanhamento do plano de versão de entrega/*release* e alinhamento de expectativas.

Expert user

É a pessoa familiarizada com o processo atual e que possivelmente estará fazendo uso do produto resultante do projeto. Um dos princípios-chave do *Crystal* é ter acesso fácil ao *expert user*, afinal de contas ele será a parte interessada-chave para o sucesso do projeto. Dentro do *Scrum*, possivelmente será uma pessoa que terá muito contato com o *Product Owner*.

Lead designer

É o líder técnico da equipe, geralmente a pessoa mais experiente no aspecto técnico e capaz de orientar, influenciar e motivar os demais membros da Equipe. Grande candidato a ser o *Scrum Master* da Equipe.

Business expert

É a pessoa com alto conhecimento sobre o negócio afetado pelo projeto. Grande candidato a ser o *Product Owner* da Equipe.

Coordenador (Coordinator)

É a pessoa responsável por trabalhos mais burocráticos do projeto, como elaboração de cronogramas, planos de risco e atualização dos demais artefatos do projeto. Originalmente não existe este papel dentro do *Scrum*, mas podemos considerar o *Scrum Master* para assumi-lo. Ou por que não um gerente de projetos? Relembre minhas observações sobre ter um gerente de projetos em um projeto *Scrum* no Capítulo 1.

Outros papéis

Programadores, designers, testadores e documentadores também são papéis considerados pelo *Crystal* e irão compor a Equipe de Desenvolvimento no *Scrum*.

Artefatos

O *Crystal Clear* recomenda a criação de artefatos para documentação dos trabalhos do projeto. Esses artefatos podem ser formais ou informais. São eles:

- **Mission statement**: descrição curta das justificativas, dos objetivos e das restrições de alto nível do projeto (alguém pensou em Termo de Abertura do Projeto, descrito no *PMBOK® Guide*?).
- **Estrutura da Equipe e convenções:** determinar quem são as pessoas que farão parte do projeto, quais papéis elas assumirão e quais as regras determinadas com relação aos seus processos de trabalho.
- **Resultados dos *workshops* de reflexão:** sempre documentar e tornar visíveis os resultados dos *workshops* de reflexão.
- **Mapa do projeto:** *roadmap* com as principais entregas do projeto e suas dependências.
- **Plano de *release*:** similar ao mapa do projeto, porém com as datas de versões de entrega/*releases* previstas;
- **Status do projeto:** lista com os principais marcos do projeto com as datas previstas, as reais datas de entrega e possíveis observações.
- **Lista de riscos:** lista com os potenciais riscos do projeto, as probabilidades de os riscos ocorrerem, impactos, marcos impactados e planos de resposta.
- **Plano de iteração/Status da iteração:** plano com as tarefas da iteração que vai sendo atualizado diariamente. Pode ser representado através de quadros *Kanban* ou outros tipos de demonstrações visuais.
- **Cronograma de visão (*viewing schedule*):** lista com as datas e os resultados das inspeções/avaliações feitas pelo *expert user* ou outros usuários do produto.

> **Lista de metas dos atores (*actor-goal list*):** casos de uso para os atores identificados que utilizarão o produto.
> **Lista de requisitos:** relação dos requisitos desejados para o produto.

Outros artefatos que podem ser criados são: rascunhos de tela, arquitetura de sistemas, modelo de dados, notas de design (comentários no código-fonte), casos de teste, relatórios de defeitos, texto de ajuda, manual do usuário e manual de treinamento.

Utilizar *Scrum* com *Crystal* pode ser útil em projetos onde é necessária uma documentação um pouco mais formal do projeto, lembrando sempre que a documentação deve ser "enxuta" (*Lean*) e ter um propósito. Documentações "pesadas" e desnecessárias geram desperdício e desmotivação.

5.5. *Scrum* e FDD

O *Feature-Driven Development* ou desenvolvimento orientado a funcionalidades é uma metodologia ágil que consiste em:
> desenhar um protótipo do produto;
> montar uma lista de funcionalidades desse produto;
> planejar por funcionalidade;
> desenvolver por funcionalidade;
> entregar por funcionalidade.

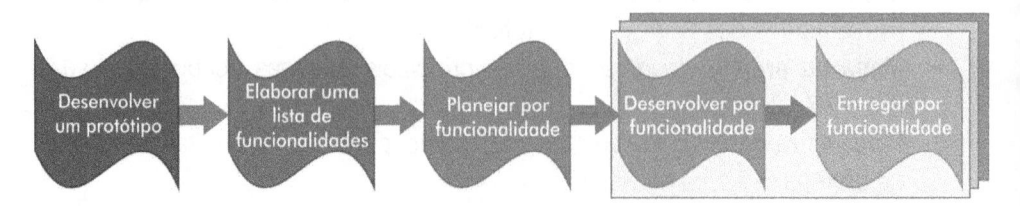

As iterações deverão ser curtas (a metodologia menciona duas semanas, mas já a utilizei com sucesso em iterações de até seis semanas) e sempre devem entregar uma funcionalidade pronta.

Veja o exemplo do projeto a seguir:

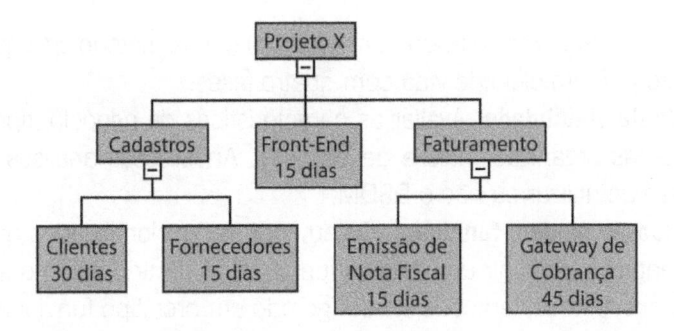

```
                        Projeto X
                            │
        ┌───────────────────┼───────────────────┐
    Cadastros           Front-End          Faturamento
        │                15 dias                │
    ┌───┴────┐                          ┌───────┴───────┐
 Clientes  Fornecedores              Emissão de     Gateway de
 30 dias    15 dias                  Nota Fiscal    Cobrança
                                      15 dias       45 dias
```

O projeto foi planejado por funcionalidades com iterações curtas, atendendo às regras do FDD. Mas a princípio não conseguimos utilizar *Scrum*, uma vez que as iterações possuem durações variáveis.

Se quisermos utilizar *Scrum*, devemos quebrar as funcionalidades em funcionalidades menores com a mesma duração.

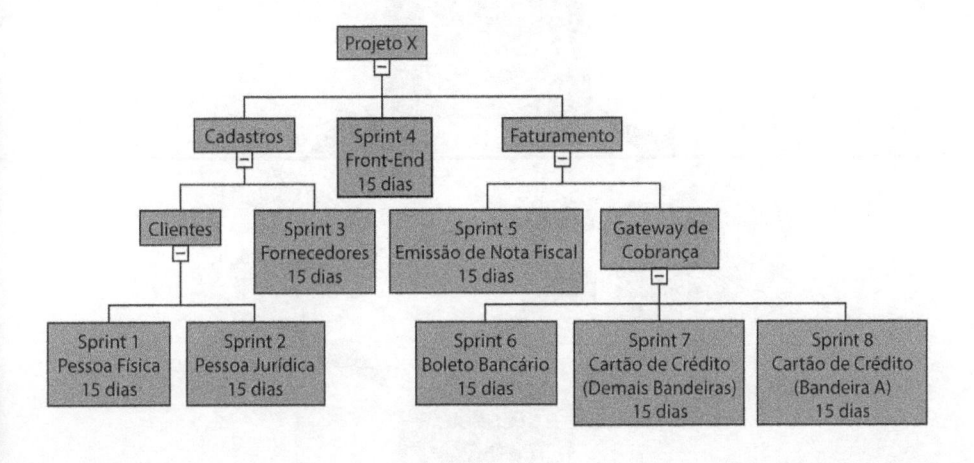

```
                                Projeto X
                                    │
            ┌───────────────────────┼───────────────────────┐
        Cadastros               Sprint 4                Faturamento
            │                   Front-End                    │
            │                    15 dias                     │
      ┌─────┴────┐                              ┌────────────┼────────────┐
   Clientes   Sprint 3                       Sprint 5                  Gateway de
              Fornecedores               Emissão de Nota Fiscal        Cobrança
              15 dias                         15 dias                      │
      ┌───────┴───────┐              ┌───────────┬───────────┬───────────┐
   Sprint 1       Sprint 2         Sprint 6   Sprint 7              Sprint 8
   Pessoa Física  Pessoa Jurídica  Boleto     Cartão de Crédito     Cartão de Crédito
   15 dias        15 dias          Bancário   (Demais Bandeiras)    (Bandeira A)
                                   15 dias    15 dias               15 dias
```

Com esse novo mapeamento de funcionalidades, conseguimos definir *Sprints* de 15 dias seguindo o conceito de planejamento, desenvolvimento e entrega por funcionalidades do FDD.

5.6. *Scrum* e DSDM

O DSDM (*Dynamic Systems Development Method*) é uma metodologia que considera que um projeto tem um ciclo de vida com quatro fases:
1. **Estudo de viabilidade.** Avaliar as características de negócio, tipo de projeto, problemas organizacionais e de pessoas. Após essas análises é tomada a decisão de utilizar ou não o DSDM.
2. **Iteração do modelo funcional.** Determinar as funcionalidades que serão implementadas e definir um modelo funcional. A partir deste modelo funcional serão executadas iterações até ser gerado um protótipo funcional.
3. **Iteração de design e construção.** Identificar requisitos funcionais e não funcionais e iniciar o desenvolvimento da iteração. Serão executadas quantas iterações forem necessárias para a entrega do produto final.
4. **Implementação.** Usuários finais aprovam o sistema testado e o sistema é liberado para utilização.

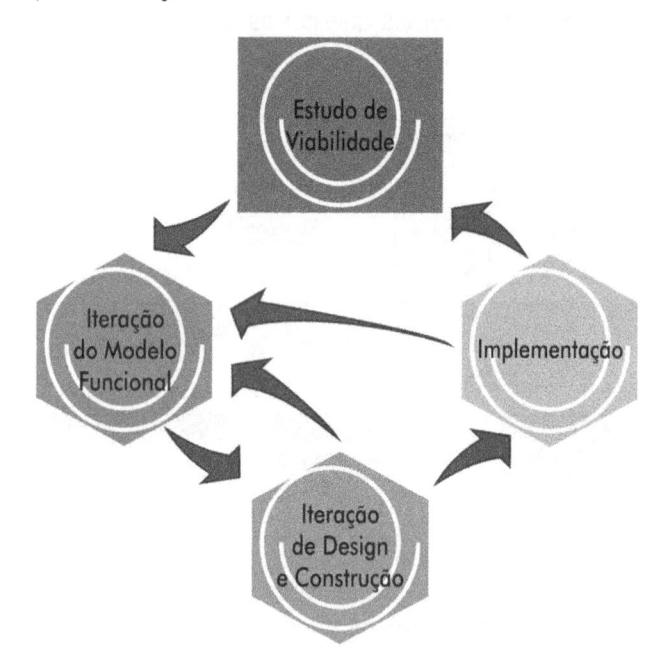

O *Scrum* pode ser utilizado como *framework* para execução da fase de iteração de design e construção, conforme figura a seguir:

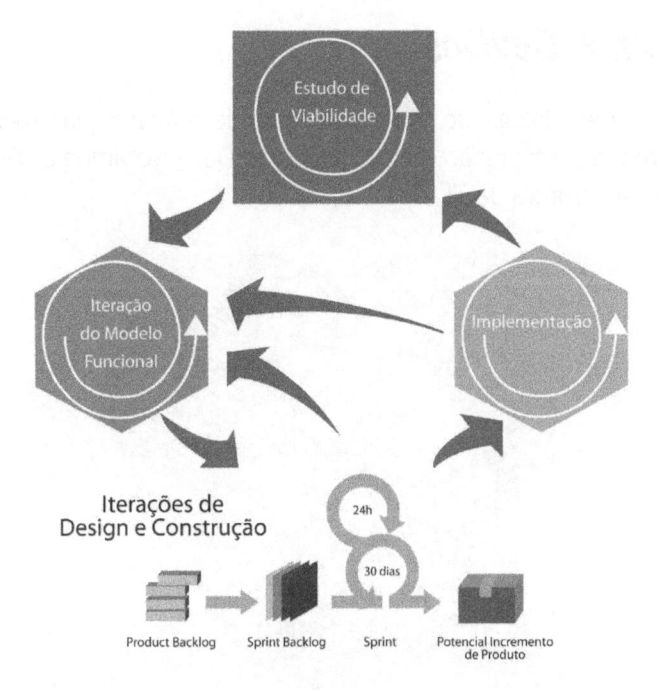

O DSDM também é composto por oito princípios totalmente aderentes ao *Scrum*:
- ➢ Foco na necessidade de negócio.
- ➢ Entrega no prazo.
- ➢ Colaboração.
- ➢ Nunca comprometer a qualidade.
- ➢ Construção incremental.
- ➢ Desenvolvimento iterativo.
- ➢ Comunicação clara e contínua.
- ➢ Demonstrar controle sobre o assunto.

Uma técnica de priorização do DSDM que pode ser muito bem utilizada é *MoSCoW*, onde um requisito pode ser priorizado em uma das quatro categorias a seguir:
- ➢ *Must have* **(deve ter):** funcionalidade vital e imprescindível para a operação do produto do projeto.
- ➢ *Should have* **(deveria ter):** funcionalidade que não é vital, porém é importante para tornar o produto do projeto operacional.
- ➢ *Could have* **(poderia ter):** funcionalidades que agregam valor ao produto do projeto e podem trazer algum diferencial, mas não são tão imprescindíveis.
- ➢ *Won't have* **(não terá):** funcionalidades secundárias que podem até agregar valor ao produto, mas não são vitais nem trarão algum diferencial ao produto.

5.7. Scrum e DevOps

O *DevOps* é uma metodologia de desenvolvimento de *software* que explora a comunicação, colaboração e integração entre Equipes de Desenvolvimento (*Dev*) e equipes de operação/infraestrutura de TI (*Ops*).

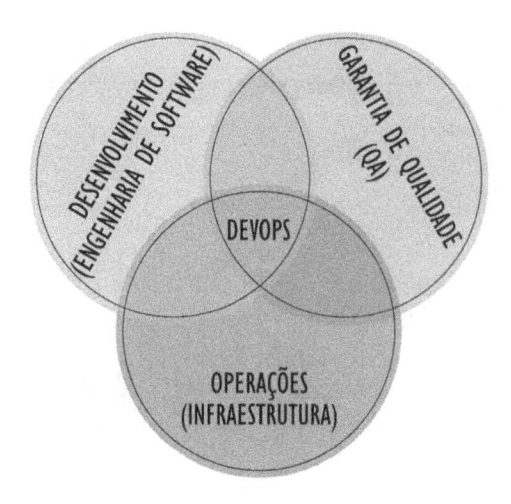

Uma realidade que acontece em muitos projetos *Scrum* é não envolver as equipes de operação/infraestrutura de TI nas reuniões de planejamento da *Sprint*.

Nessa situação, podem aparecer desde problemas detectados somente na implantação (*deploy*) da *Sprint* ou até mesmo impossibilidade de implantar o resultado da *Sprint* dentro de seu *timebox* devido a um possível calendário de implantações seguido pela equipe de operações.

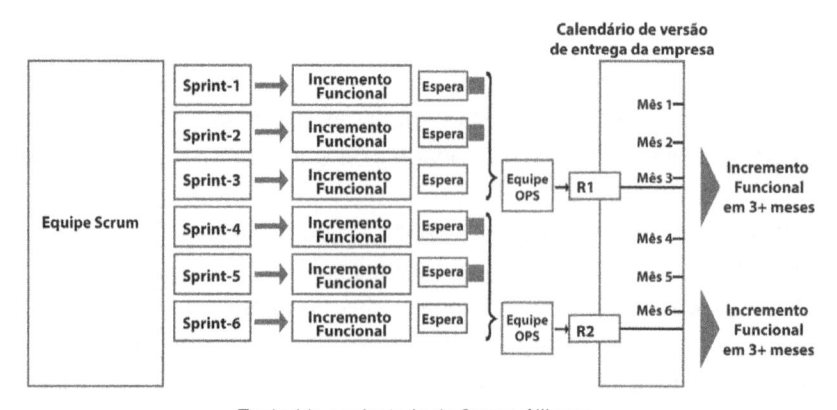

Traduzido e adaptado de Scrum Alliance –
https://www.scrumalliance.org/community/articles/2014/april/devops-and-agile

Com a metodologia *DevOps*, a Equipe de Desenvolvimento (*Dev*) busca entender melhor o funcionamento da área de operações (*Ops*). E a área de operações busca entender melhor o projeto que está sendo conduzido, participando das reuniões de planejamento, diárias, de revisão e da retrospectiva da *Sprint*, fornecendo detalhes de infraestrutura que podem impactar positivamente ou negativamente no projeto. Com esse trabalho colaborativo aumentam as garantias de qualidade de entrega da *Sprint*.

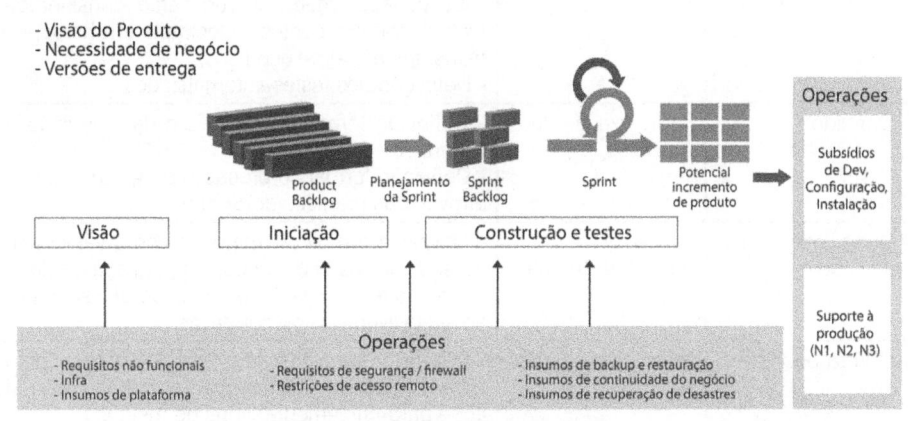

Traduzido e adaptado de Scrum Alliance –
https://www.scrumalliance.org/community/articles/2014/april/devops-and-agile

5.8. *Scrum* e CMMI

O CMMI (*Capability Maturity Model Integration*) é um modelo de referência que contém práticas necessárias à maturidade em disciplinas de engenharias de sistemas, *software* e *hardware*.

O CMMI possui cinco níveis de maturidade:
- **Nível 1:** inicial.
- **Nível 2:** gerenciado.
- **Nível 3:** definido.
- **Nível 4:** quantitativamente gerenciado.
- **Nível 5:** em otimização.

Assim como o "confronto" *Scrum versus Waterfall*, também existe certo equívoco de algumas pessoas ao considerarem o CMMI e o *Scrum* antagônicos, pois o CMMI institui uma série de processos a serem seguidos – e, para alguns, seguir processos significa não ser ágil, logo, *Scrum* não teria nada a ver com CMMI.

A seguir, podemos verificar a aderência entre os níveis do CMMI com práticas do *Scrum/Agile*.

Nível	Objetivo	Práticas *Scrum*
2 – Gerenciado	Gerenciamento básico de projetos	- Criação e gerenciamento do *Product Backlog* - Definir plano de versão de entrega/*release* - Definir duração das *Sprints* - Estabelecer métricas que serão consideradas (velocidade em pontos, velocidade em horas, defeitos, testes bem-sucedidos) - Definição dos testes automatizados
3 – Definido	Padronização do processo	- Definição formal dos papéis e das reuniões do *Scrum* - Definição formal do processo de gestão de risco através das reuniões do *Scrum*
4 – Quantitativamente Gerenciado	Gerenciar quantitativamente	- Utilizar e formalizar métricas como velocidade, defeitos, testes bem-sucedidos para análise de variações e tendências e tomadas de decisões para ações preventivas ou corretivas
5 – Otimizado	Melhoria contínua	- Utilizar as reuniões de retrospectiva das *Sprints* para identificar, documentar e traçar plano de ação para implementar itens de melhoria - Ciclo PDCA (*Plan-Do-Check-Act*)

5.9. *Scrum, Agile* e *PMBOK® Guide*

Durante anos, *Scrum, Agile* e *PMBOK® Guide* foram vistos como antagônicos. Algumas pessoas ainda enxergam o *PMBOK® Guide* como uma metodologia, quando na verdade trata-se um corpo de conhecimento que menciona boas práticas que podem ser utilizadas em projetos.

Nos dias atuais, essa visão distorcida diminuiu e a maior parte das pessoas consegue visualizar a aderência entre os 49 processos da 6ª edição do *PMBOK® Guide*, o *Scrum* e as práticas ágeis.

O próprio *PMBOK® Guide*, em sua 5ª edição, reconhece o *Scrum/Agile* como um ciclo de vida que pode ser utilizado em projetos, denominando-o como ciclo de vida adaptativo (*change-driven* ou orientado a mudança).

Vamos entender um pouco cada ciclo de vida descrito no *PMBOK® Guide*.

Ciclo de vida preditivo

São projetos onde, primeiramente, todos os requisitos devem ser levantados, conhecidos e extremamente detalhados para só depois o projeto ser executado. Possui total aderência com a metodologia *Waterfall* ("cascata") e também é conhecido como ciclo de vida *plan-driven* (orientado a plano). Neste ciclo de vida as mudanças costumam causar impactos, uma vez que todo o plano foi predeterminado no início do projeto.

Ciclo de vida iterativo

Equivale ao ciclo de vida preditivo dividido por iterações (fases). As iterações não necessariamente possuem duração fixa, nem existe uma recomendação para a duração máxima delas.

Ciclo de vida adaptativo

Totalmente aderente ao *Scrum/Agile*, este ciclo de vida descreve um planejamento que vai sendo refinado durante o projeto (elaboração progressiva) e iterações com durações fixas de no máximo trinta dias corridos.

Na tabela a seguir veremos a aderência entre os 49 processos do *PMBOK® Guide* e as práticas de *Scrum/Agile*:

Processo *PMBOK® Guide*	Prática ágil
Desenvolver Termo de Abertura do Projeto (TAP)	Criar o TAP usando as técnicas de visão/*inception*, MVP, *elevator statement*
Identificar as partes interessadas	Utilizar a técnica de *personas*
Desenvolver o plano de gerenciamento do projeto	Determinar os artefatos que serão utilizados, métricas a serem avaliadas
Planejar o gerenciamento do escopo	Determinar como o *Product Backlog* será criado e gerenciado
Coletar requisitos	Utilizar técnica de *user stories*
Definir escopo	Criação do *Product Backlog*
Criar EAP	Elaboração do *roadmap* do produto
Planejar o gerenciamento do cronograma	Determinar qual será a duração das *Sprints* e qual métrica de velocidade será utilizada (*story point*/horas)
Definir atividades	Criação do *Sprint Backlog*
Sequenciar atividades	Criar dependências através das *Sprints*

Processo *PMBOK® Guide*	Prática ágil
Estimar recursos das atividades	Entender as habilidades necessárias para composição da Equipe *Scrum*
Estimar durações das atividades	Estimativa das tarefas do *Sprint Backlog*
Desenvolver cronograma	Criação do plano de versão de entrega/*release*
Planejar o gerenciamento dos custos	Avaliar a característica da versão de entrega/*release* (*feature-driven* ou *date-driven*) para determinar se a estimativa será precisa ou se terá uma faixa de variação
Estimar custos	Considerar a quantidade de *Sprints*, a quantidade de integrantes da Equipe *Scrum* e custos adicionais como equipamentos, instalações, viagens, celebração do projeto
Determinar orçamento	Avaliar os requisitos de risco do *Product Backlog* e considerá-los para compor a reserva de contingência
Planejar o gerenciamento da qualidade	Determinar quais práticas de qualidade serão utilizadas: TDD, testes automatizados, integração contínua, refatoração
Planejar o gerenciamento dos recursos	Determinar como recrutar os membros da Equipe *Scrum* e quais recompensas estão previstas
Planejar o gerenciamento da comunicação	Determinar os meios de comunicação do projeto. Se serão usados radiadores de informação (*Kanban*, gráficos *burndown*), quadros eletrônicos, *softwares* de gerenciamento ágil
Planejar o gerenciamento de riscos	Determinar como endereçar os riscos, quando identificados durante as *Sprints*
Identificar riscos	Através das camadas de planejamento ágil (*release*, *Sprint*, *Daily* e contínuo)
Realizar análise qualitativa dos riscos	Determinar severidade no momento que for identificado e atualizar gráfico de risco *burndown*
Realizar análise quantitativa dos riscos	Determinar Valor Monetário Esperado (VME) do risco para determinar se o risco será mitigado no *Product Backlog* ou não
Planejar resposta aos riscos	Inclusão de requisitos de mitigação, eliminação ou exploração do risco no *Product Backlog*, de acordo com a análise quantitativa realizada
Planejar gerenciamento das aquisições	Determinar quais critérios serão utilizados para seleção de fornecedores que trabalhem com *Scrum/Agile*. Determinar qual tipo de contrato ágil será utilizado no projeto
Planejar o engajamento das partes interessadas	Determinar estratégias que o *Scrum Master* e/ou o *Product Owner* utilizarão para o engajamento das partes interessadas do projeto
Orientar e gerenciar o trabalho do projeto	Processo de trabalho das Equipes auto-organizadas

Criando modelos híbridos com *Scrum* • 277

Processo *PMBOK® Guide*	Prática ágil
Gerenciar a qualidade	Utilizar TDD, refatoração, testes automatizados, testes de regressão, testes integrados e outras técnicas de garantia da qualidade no decorrer da *Sprint*
Adquirir recursos	Recrutar os membros necessários para compor a Equipe *Scrum*
Desenvolver equipe	Processo de aprendizado das Equipes auto-organizadas. *Coaching*, *mentoring*, facilitação e uso de *soft skills* do *Scrum Master*.
Gerenciar equipe	Alinhamento diário da Equipe de Desenvolvimento através da *Daily Scrum*
Gerenciar comunicação	Atualizar diariamente os radiadores de informação (*Kanban*, gráficos *burndown*, gráficos de testes realizados, quadros eletrônicos)
Conduzir aquisições	Selecionar fornecedores que trabalhem com *Scrum/Agile*, no formato de contrato ágil determinado pela empresa, e que atendam aos critérios de seleção
Implementar respostas aos riscos	Planejamento de *Sprints* com itens de mitigação, eliminação ou exploração definidos no *Product Backlog*
Gerenciar o conhecimento do projeto	Documentação e compartilhamento dos resultados das retrospectivas e acompanhamento das ações de melhorias definidas
Gerenciar o engajamento das partes interessadas	*Scrum Master* e/ou *Product Owner* trabalhando para o engajamento das partes interessadas, envolvendo-as nas reuniões de revisão das *Sprints* e dando visibilidade ao projeto através dos radiadores de informação
Monitorar e controlar o trabalho do projeto	Avaliar se o plano de versão de entrega/*release* está seguindo conforme o planejado
Realizar o controle integrado de mudanças	Avaliar os impactos das inclusões, exclusões e repriorizações de requisitos do *Product Backlog*, sempre atentando ao tipo de versão de entrega/*release* determinado para o projeto: *feature-driven* ou *date-driven*
Validar o escopo	Através das reuniões de revisão das *Sprints*
Controlar o escopo	Avaliação de tendências do gráfico *Release burndown* ao final de cada *Sprint*
Controlar o cronograma	Utilizar técnica de gerenciamento de valor agregado (VA) levando em consideração: total de *Sprints*, *Sprints* concluídas, velocidade total, velocidade concluída
Controlar os custos	Utilizar técnica de gerenciamento de valor agregado (VA) levando em consideração: total de *Sprints*, *Sprints* concluídas, velocidade total, velocidade concluída

Processo PMBOK® Guide	Prática ágil
Controlar a qualidade	Avaliar métricas como defeitos, testes bem-sucedidos, testes malsucedidos, requisitos não aceitos (*undone*) por *Sprint* e tomar as devidas ações corretivas ou preventivas, se necessário
Monitorar a comunicação	Avaliar se os radiadores de informação estão fornecendo as informações necessárias sobre o progresso do projeto
Monitorar os riscos	Reavaliar os riscos já existentes ou identificar novos riscos nas reuniões diárias, de revisão e de retrospectiva das *Sprints*
Controlar as aquisições	Avaliar o resultado dos fornecedores ao final de cada *Sprint* e tomar as devidas ações corretivas ou preventivas, se necessário. Reavaliar o contrato, caso o tipo seja preço fixo por *Sprint*
Controlar os recursos	Verificar ações nas retrospectivas que endereçam o aumento de performance da equipe e a utilização de recursos materiais e tecnológicos
Monitorar o engajamento das partes interessadas	Identificar o nível de expectativa das partes interessadas nas reuniões de revisão das *Sprints* e identificar se novas partes interessadas surgiram no projeto
Encerrar o projeto ou fase	Através das reuniões de retrospectiva das *Sprints*. Se o contrato for preço fixo por *Sprint*, gerar aditivo ao final de cada *Sprint*. Caso contrário, encerrar os contratos ao final da versão de entrega/*release*

5.10. *Scrum* e o escritório de gerenciamento de projetos (PMO)

O escritório de gerenciamento de projetos (PMO – *Project Management Office*) é uma área existente em muitas empresas que visa centralizar e padronizar o gerenciamento de projetos.

Muitos acreditam que empresas que trabalham com *Scrum* não devem possuir um escritório de projetos, uma vez que acreditam que o escritório tem o perfil de interferir, controlar, gerar documentação desnecessária e violar a auto-organização da Equipe *Scrum*. Mais um grande engano! Logo a seguir vamos entender como os três perfis de escritório de gerenciamento de projetos podem trabalhar de forma perfeitamente harmônica com Equipes *Scrum*.

PMO de suporte

PMOs com este perfil são responsáveis por prover políticas, metodologias, *templates* e lições aprendidas para gerenciamento de projetos dentro da organização. Geralmente possuem baixo nível de controle exercido sobre os projetos.

Em projetos *Scrum*, este perfil de PMO pode criar *templates* padronizados de *Product Backlog*, documentos de visão, *roadmaps* do produto e coleta de retrospectivas das *Sprints*, por exemplo. O principal objetivo é ajudar as Equipes *Scrum* a documentar seus projetos de forma padronizada, evitando que a empresa possua diferentes modelos para trabalhar com *Scrum*.

PMO de controle

PMOs com este perfil são responsáveis por prover suporte e orientação para a organização em como gerenciar projetos, efetuar treinamentos em gerenciamento de projetos e garantir conformidade à governança organizacional. Geralmente possuem nível médio de controle exercido sobre os projetos.

Em projetos *Scrum*, este perfil de PMO pode:
- Desenvolver um programa padrão de treinamento de disseminação e reciclagem de *Scrum*.
- Fornecer *coaching* para a Equipe *Scrum*.
- Treinar e/ou identificar potenciais *coaches* ágeis dentro da empresa.
- Ajudar a Equipe *Scrum* a focar somente no desenvolvimento e nas entregas das *Sprints*, assumindo trabalhos burocráticos do projeto como documentação para ISO 9001, SOX, auditoria interna ou externa, por exemplo.

PMO diretivo

PMOs com este perfil são responsáveis por prover gerentes de projetos para os diferentes projetos e são responsáveis pelo resultado destes. Geralmente possuem alto nível de controle exercido sobre os projetos.

Em projetos *Scrum*, este perfil de PMO pode:
- Ajudar na composição da Equipe *Scrum*, recrutando os membros necessários nas áreas da empresa e negociando com gerentes funcionais, se necessário.
- Auxiliar na determinação e avaliação de métricas que serão utilizadas no projeto (velocidade, defeitos, testes, requisitos feitos (*done*) e não feitos/aprovados (*undone*)).

- Ajudar na coordenação das Equipes *Scrum* em casos de projetos escalados descritos no Capítulo 4.
- Ajudar as Equipes *Scrum* a identificar e remover quaisquer indícios de desperdício identificados no projeto (defeitos, processo extras e/ou ineficientes, reuniões não produtivas).
- Remover impedimentos que estejam fora da alçada da Equipe *Scrum*.
- Controlar a fila de projetos em andamento (WIP – *Work In Process*) e a iniciar, evitando sobrecarga das Equipes *Scrum*.
- Participar das reuniões de retrospectiva das *Sprints*, visando contribuir com o processo de melhoria contínua da Equipe *Scrum* e da empresa.

É muito importante que o PMO tenha um papel de suporte, apoio e parceria com as Equipes *Scrum*, evitando a criação de processos desnecessários, desperdícios e, principalmente, evitando violar a auto-organização da Equipe.

O próprio PMO pode adotar *Scrum* para o controle dos projetos da empresa, utilizando a metodologia descrita por Fábio Cruz como EAGP (Escritório Ágil de Gerenciamento de Projetos) ou PMO Ágil® e resumida na figura a seguir.

Ciclo de vida do EAGP

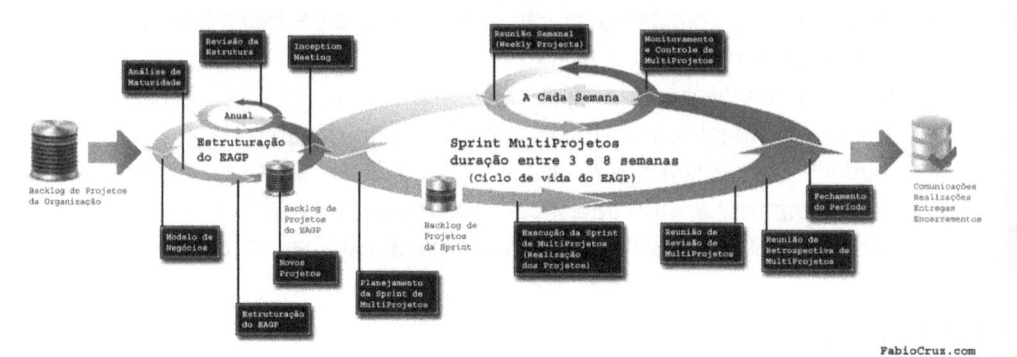

Imagem do ciclo de vida do PMO Ágil® cedida por Fábio Cruz

5.11. *Scrum* e o gerenciamento de serviços de TI

Podemos considerar o uso de *Scrum* no gerenciamento de serviços de TI em duas situações:
- No design e na transição de serviços.
- Na operação de serviços (especificamente, na gestão de problemas e incidentes).

Criando modelos híbridos com *Scrum* • **281**

A seguir, vamos abordar algumas estratégias que podem ser utilizadas para adotar *Scrum* nessas duas situações.

Scrum no design e na transição de serviços

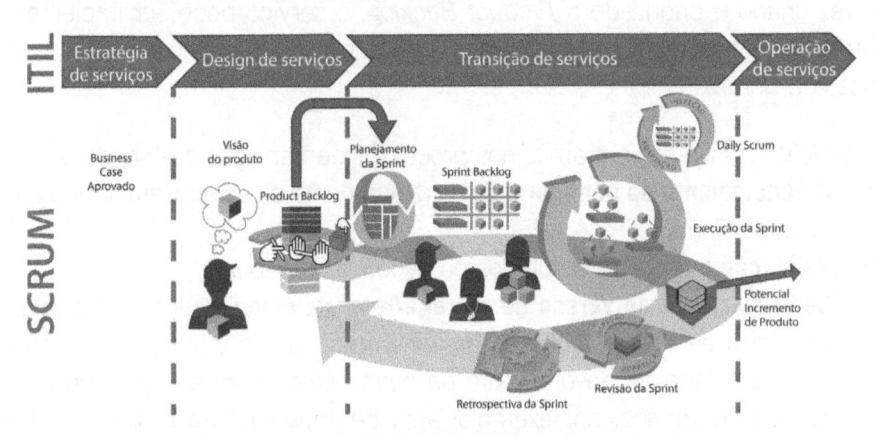

Traduzido e adaptado de http://blog.itil.org

Todo o serviço de TI passa pelos processos de estratégia de serviços para verificar e validar se o serviço que será criado está alinhado com:
- a demanda que está provocando a intenção de criação do serviço;
- o orçamento disponível;
- as expectativas dos clientes que serão beneficiados pelo serviço.

Aprovada a fase de estratégia do serviço, vamos para o design do serviço, onde o *Product Owner* criará o *Product Backlog* contendo os requisitos do serviço, levando em consideração os requisitos não funcionais que são considerados nos processos de design do serviço:
- Capacidade.
- Disponibilidade.
- Continuidade.
- Segurança.

"Vitor, quem seria esse *Product Owner* dentro deste processo de criação do serviço?"

Ninguém mais indicado que o dono do serviço (*Service Owner*), que, de acordo com o ITIL®, tem como principais responsabilidades:
- Representar o serviço na empresa.
- Conhecer o serviço e seus componentes.

- Assegurar o suporte e a entrega contínua do serviço de acordo com os requisitos do cliente.
- Identificar e fazer melhorias no serviço.
- Prestar contas sobre a entrega do serviço.

Uma vez criado e priorizado o *Product Backlog*, o serviço pode ser implementado de forma incremental e iterativa através da execução de *Sprints*, utilizando todas as reuniões do *Scrum*.

Na execução das *Sprints* entramos nos processos de transição dos serviços:
- **Gerenciamento da configuração:** versionamento do serviço atualizado ao final de cada *Sprint*.
- **Validação e testes:** executados no decorrer das *Sprints*.
- **Gerenciamento de versão de entrega/*release*:** planejamento das etapas necessárias para a liberação do incremento do serviço. Importante identificar a necessidade do envolvimento de outras áreas para a versão de entrega/*release* do serviço, por exemplo: área de infraestrutura (a palavra *DevOps* veio à mente?).
- **Gerenciamento de mudanças:** mudanças identificadas no decorrer da *Sprint* ou nas reuniões de revisão e retrospectiva da *Sprint*.
- **Gerenciamento do conhecimento:** conhecimento adquirido ao final de cada *Sprint* nas reuniões de retrospectiva das *Sprints*.

A entrega do serviço de forma incremental e iterativa fornece rápida percepção de valor ao cliente final do serviço, diminuindo o tempo de espera para a entrega do serviço final.

Scrum no gerenciamento de problemas e incidentes

Cenário frequente: "minha empresa tem uma área de sustentação de TI que trata um *Backlog* de melhorias acordado e priorizado com o usuário. Porém, essa priorização sofre alterações a toda hora, pois os incidentes são prioritários e geram atraso nos requisitos do *Backlog*. Como o *Scrum* ajuda a resolver isso?".

Minhas perguntas para esse tipo de questionamento costumam ser: "qual o volume de incidentes? A equipe que cuida desse *Backlog* de melhorias cuida também dos incidentes?".

E geralmente obtenho como resposta: "alto volume de incidentes e a mesma equipe cuida das melhorias e incidentes".

Em cenários como este, o *Scrum* pouco ajudará, pois, por mais que se estabeleçam *Sprints* quinzenais (por exemplo), o *Product Backlog* será mutável, pois a prioridade irá mudar a toda hora.

Para funcionar, precisamos quebrar alguns paradigmas: sustentação é melhoria evolutiva e incidente é incidente. Vejo muitos gestores associarem a palavra sustentação a incidentes, problemas, erros: "não vou pagar ou manter uma equipe só para acudir problemas", dizem alguns gestores. Outros, por sua vez, incentivam esse tipo de prática: "precisamos ter uma equipe para acudir o dia a dia".

Minha opinião? Não existe essa história de "acudir o dia a dia"! Os sistemas devem ter vida própria, dependendo o mínimo de intervenções humanas. E a sustentação sempre irá existir, uma vez que todo *software* vive em constante processo de evolução para atender às necessidades de negócio, às necessidades das partes interessadas e às necessidades tecnológicas. Um sistema não nasce e fica imutável para o resto da vida.

Antes de falarmos em *Scrum*, vamos dar uma reestruturada na equipe: alocar um ou dois membros da equipe para atuar somente nos incidentes. Atuar no incidente significa "tirar o boi do meio da estrada", porém alguém precisa garantir que o "boi não vá parar no meio da estrada novamente". Quem garantirá? Cada vez que um incidente for detectado, cria-se um item de investigação e atuação na causa-raiz para ser catalogado no *Product Backlog*, priorizado pelo *Product Owner* e cuja atuação será do restante da equipe de sustentação.

O *Product Backlog* conterá somente requisitos de melhorias evolutivas e requisitos investigativos levantados pela equipe de incidentes. Essas melhorias e requisitos investigativos poderão ser desenvolvidos em *Sprints* fixas, gerando entregas únicas e evitando a geração de intermináveis e ingerenciáveis ordens de serviço ou RFCs (*Requests For Changes*).

"Vitor, como não desmotivar a pessoa que fica resolvendo só incidente?"

É interessante utilizar um sistema de rodízio: cada semana ou cada mês troca-se o responsável pela atuação em incidentes. Porém, a abordagem de incluir um item investigativo no *Product Backlog* garante que a causa-raiz do incidente seja analisada e resolvida, e, com isso, a tendência é que os incidentes diminuam drasticamente até não haver mais essa necessidade da equipe de incidentes.

A seguir, uma ilustração do modelo descrito:

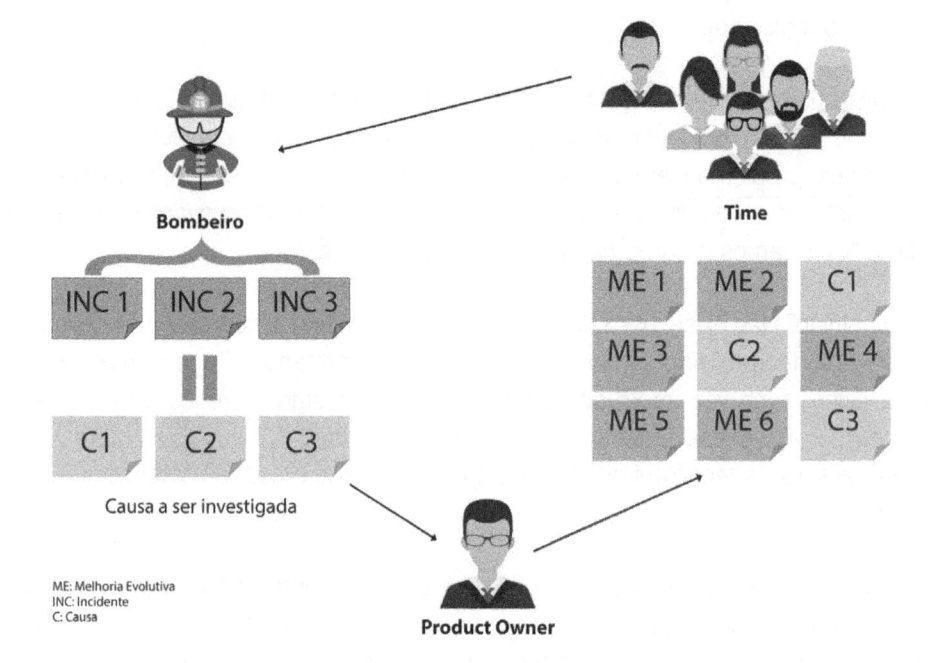

Bombeiro

INC 1 INC 2 INC 3
=
C1 C2 C3

Causa a ser investigada

ME: Melhoria Evolutiva
INC: Incidente
C: Causa

Time

ME 1	ME 2	C1
ME 3	C2	ME 4
ME 5	ME 6	C3

Product Owner

5.12. Simulado

Hora de revisar os conceitos do capítulo! Sua meta é acertar sete questões!

Boa sorte!

1. *Scrum* e *Extreme Programming* (XP) estão alinhados. Práticas comuns no XP são adotadas por muitas Equipes *Scrum* de alto desempenho. Qual das práticas a seguir é uma prática do XP que pode ser utilizada por uma Equipe *Scrum*?
   (a) Respeito à diversidade.
   (b) Segurança pessoal.
   (c) Refatoração.
   (d) Tempo para reflexão.

2. Sua empresa está em fase de transição de método *Waterfall* para *Scrum* em todos os projetos. Alguns projetos já estão sendo iniciados com *Scrum*, porém, devido a uma estratégia conservadora da empresa, alguns projetos ainda seguem utilizando o método *Waterfall*. Neste momento, você está trabalhando em um projeto que está utilizando tanto *Scrum* quanto *Waterfall*. Qual das opções a seguir não se trata de um possível cenário?
   (a) *Waterfall* ao final.
   (b) *Waterfallacy*/"Cascataria".
   (c) *Waterfall* em conjunto.
   (d) *Waterfall* no início.

3. Na metodologia DSDM, quando o projeto possui prazo fixo, entender a relativa importância dos requisitos é vital para garantir progresso e cumprir o prazo. Priorização pode ser aplicada a requisitos, tarefas, produtos, casos de uso, *user stories*, critérios de aceitação e testes. Qual das opções a seguir é uma técnica para ajudar a entender as prioridades?
   (a) Estimar velocidade.
   (b) Técnica *MoSCoW*.
   (c) *Buffers* de tempo.

4. Uma empresa que utiliza *Scrum* está implantando CMMI nível 2 e está analisando a aderência do *Scrum* com o processo de gerenciamento de requisitos do CMMI. Que mecanismo do *Scrum* pode ser utilizado para comprovar a aderência?
   (a) Gráfico *burndown*.
   (b) *Product Backlog*.

(c) *Sprint Backlog*.
(d) Reunião de planejamento da *Sprint*.

5. **Sua empresa quer reduzir o tempo de entrega dos serviços de TI. Isso significa entregar os serviços apropriados para o cliente dentro do menor tempo de espera entre a solicitação do cliente e a disponibilização do serviço em operação. Qual o melhor estágio para integrar *Scrum* e o gerenciamento de serviços de TI neste cenário?**
   (a) No design e na transição de serviços.
   (b) Na estratégia de serviços.
   (c) Na operação de serviços.
   (d) Na melhoria contínua dos serviços.

6. **Sua empresa quer aplicar *Scrum* no gerenciamento de serviços de TI. Qual o papel do gerenciamento de serviços de TI que é mais aderente ao papel do *Product Owner*?**
   (a) Gerente de mudanças (*Change Manager*).
   (b) Gerente de melhoria contínua (*CSI Manager*).
   (c) Dono do serviço (*Service Owner*).

7. **Como a programação em par do *Extreme Programming* (XP) pode ajudar no processo de transição para o *Scrum*?**
   (a) Ajuda na transferência de conhecimento.
   (b) Torna o desenvolvimento mais rápido e barato.
   (c) Facilita identificar quem escreveu o código.

8. **Nicolas é um gerente de projetos resistente ao *Scrum*, pois não vê aderência entre o Termo de Abertura do Projeto (TAP) e o *Scrum*. Celso, o *agile coach* da empresa, diz que diversas técnicas ágeis podem ser utilizadas para a elaboração do TAP. Qual das opções a seguir representa uma técnica ágil que pode ser utilizada no TAP?**
   (a) Priorização orientada a valor.
   (b) Estimativa de alto nível em *story points*.
   (c) *Elevator statement*.
   (d) Planejamento de versão de entrega/*release*.

9. Cláudio faz parte do escritório de gerenciamento de projetos da empresa e está tendo dificuldades em consolidar as métricas da Equipe *Scrum*, pois cada Equipe utiliza uma métrica diferente. A Equipe A utiliza *story points* como métrica de velocidade. A Equipe B utiliza horas ideais como métrica de velocidade. A Equipe C não utiliza velocidade e planeja suas *Sprints* orientadas a comprometimento. A Equipe D também planeja *Sprints* orientadas a comprometimento e mede a quantidade de testes bem-sucedidos. A Equipe E utiliza pontos de função como métrica de velocidade e mede a quantidade de defeitos/*bugs* embutidos no produto. Cláudio procura o *agile coach* da empresa para pedir ajuda para padronizar as métricas entre as Equipes. Qual deve ser a ação tomada pelo *agile coach*?
   (a) Informar a Cláudio que ele não deve interferir nas Equipes auto-organizadas. Cláudio deve trabalhar com diferentes métricas.
   (b) Levar a situação para as Equipes *Scrum* e, junto com Cláudio, chegar em um consenso de métricas que sejam relevantes para todas as partes.
   (c) Criar um padrão de métricas e disseminar para Cláudio e todas as Equipes *Scrum*.
   (d) Solicitar que Cláudio sugira um padrão de métricas para serem disseminadas por todas as Equipes *Scrum*.

10. André é o novo responsável pelo escritório de gerenciamento de projetos da empresa e está criando um novo processo de coleta de requisitos, onde devem constar: descrição do requisito, solicitante, superior do solicitante, data da solicitação, prioridade, data prevista de entrega, nome do desenvolvedor responsável, nome do superior imediato do desenvolvedor responsável e assinaturas do solicitante e seu superior, assinaturas do desenvolvedor e seu superior e assinaturas de André e seu superior. Nenhum requisito pode ser desenvolvido sem estar em conformidade com esse novo processo. As Equipes *Scrum* não concordam com o novo processo. O que o *agile coach* da empresa deve fazer neste caso?
    (a) Acatar o processo criado pelo escritório de gerenciamento de projetos e disseminar por todas as Equipes *Scrum*.
    (b) Boicotar o novo processo, uma vez que André está implementando um processo não aderente ao *Scrum*.
    (c) Reportar o descontentamento das Equipes *Scrum* para o superior de André.
    (d) Explicar para André que o novo processo fere a filosofia *Lean* da empresa, uma vez que gera espera e desperdício devido à burocracia excessiva do processo.

5.13. Respostas

1. C
É a única alternativa que corresponde a uma prática do *Extreme Programming* (XP). A refatoração garante qualidade e simplicidade ao produto, duas caraterísticas aderentes ao *Scrum*.

2. B
A questão não deixa claro de que forma o projeto está combinando o uso de *Waterfall* com *Scrum*, se é no início do projeto (*Waterfall* no início), na parte final do projeto (*Waterfall* ao final) ou se são duas equipes trabalhando no mesmo projeto (*Waterfall* em conjunto). O cenário que definitivamente não ocorre é a "Cascataria"/*Waterfallacy*, onde tanto os defensores ou opositores do *Scrum* se apegam ao conceito do qual o *Scrum* veio para acabar com todos os problemas da abordagem *Waterfall*, uma vez que:
- Equipes *Scrum* não possuem plano, saem fazendo.
- Equipes *Scrum* não possuem compromisso com prazo, o importante é entregar valor.
- Equipes *Scrum* são "autogerenciáveis", logo, não se reportam a nenhuma hierarquia e não seguem políticas organizacionais.
- Equipes *Scrum* não se preocupam com arquitetura.
- Equipes *Scrum* trabalham somente em projetos simples. Se o projeto é complexo é porque o *mindset* não é ágil.

3. B
MoSCoW é uma técnica de priorização da metodologia DSDM, onde um requisito pode ser priorizado em uma das quatro categorias a seguir:
- **Must have (deve ter):** funcionalidade vital e imprescindível para a operação do produto do projeto.
- **Should have (deveria ter):** funcionalidade que não é vital, porém é importante para tornar operacional o produto do projeto.
- **Could have (poderia ter):** funcionalidades que agregam valor ao produto do projeto e podem trazer algum diferencial, mas não são tão imprescindíveis.
- **Won't have (não terá):** funcionalidades secundárias que podem até agregar valor ao produto, mas não são vitais nem trarão algum diferencial.

4. B
A meta do CMMI nível 2 é tornar o processo gerenciado. Quando falamos em gerenciamento de requisitos no *Scrum*, o artefato mais adequado para isso é o *Product Backlog*, pois nele temos todos os requisitos do projeto priorizados e ordenados.

5. A
O cliente terá maior percepção de valor com entregas mais rápidas de serviços que são efetuadas através das *Sprints*, onde os requisitos do *Product Backlog* definidos na etapa de design de serviços passam pelo processo de transição de serviços ao final de cada *Sprint*.

6. C
O mais indicado para assumir o papel de *Product Owner* (dono do produto) é o *Service Owner*, dono do serviço, que, de acordo com o ITIL®, tem como principais responsabilidades:
- Representar o serviço na empresa.
- Conhecer o serviço e seus componentes.
- Assegurar o suporte e a entrega contínua do serviço de acordo com os requisitos do cliente.
- Identificar e fazer melhorias no serviço.
- Prestar contas sobre a entrega do serviço.

7. A
A programação em par permite identificar possíveis problemas, riscos ou formas de melhorar o código através da refatoração, além de gerar conhecimento compartilhado e garantia de entrega de qualidade.

8. C
A técnica de *elevator statement* é uma boa técnica ágil para justificar o motivo e o objetivo do projeto, informações primordiais que devem constar no Termo de Abertura do Projeto (TAP).

9. B
Uma questão cuja melhor resposta envolve uma negociação ganha-ganha e consenso. Com certeza, o escritório de gerenciamento de projetos terá melhor facilidade em consolidar as métricas se elas forem padronizadas. Porém, deve-se ouvir o ponto de vista das Equipes, para que utilizem métricas relevantes e não abram mão de métricas importantes. É possível chegar em um acordo de padronização de métricas sem ferir a autonomia e a auto-organização das Equipes *Scrum*.

10. D
O novo processo está criando desperdício e gargalo, uma vez que cada requisito deve passar por quatro aprovações antes de ser iniciado. Além disso, o fato de nomear um responsável pelo requisito fere a auto-organização da equipe, nomeando "donos" e datas para a conclusão de cada requisito. É papel do *agile coach* orientar André, explicando os prejuízos que o novo processo trará tanto para a empresa quanto para as Equipes *Scrum*.

6. A certificação EXIN *Agile Scrum Master*

A certificação EXIN *Agile Scrum Master* é mais um passo da EXIN para consolidar o seu portfólio de certificações em *Scrum* e *Agile*.

Trata-se de uma certificação de nível intermediário para avançado que parte da premissa de que o candidato já tenha uma certa experiência prática na aplicação de *Scrum* e *Agile* em sua vida profissional.

Enquanto a certificação EXIN *Agile Scrum Foundation* (nível básico) testa conhecimentos conceituais sobre papéis, cerimônias e artefatos de *Scrum* e *Agile*, a certificação EXIN *Agile Scrum Master* irá testá-lo através de questões situacionais onde você deverá saber utilizar os conceitos na prática, em situações que você com certeza já viveu ou ainda viverá em sua jornada profissional.

Alguns detalhes importantes sobre a certificação:
- Recomenda-se ter a certificação EXIN *Agile Scrum Foundation*, mas não é obrigatório.
- Obrigatório fazer curso preparatório em um *Accredited Training Provider* da EXIN.
- Duração do exame: 90 minutos.
- Quantidade de questões: 40.
- Tipo de questões: múltipla escolha com apenas uma alternativa correta.
- Percentual de aprovação: 65% (26 questões).
- Local do exame: centro de exames ou *on-line* (EXIN *Anywhere*).
- Consulta não permitida.
- Não permitido o uso de aparelhos eletrônicos.

Realmente espero que este livro, além de prover alguns *insights* para os seus desafios na implantação de *Scrum* em sua empresa, incentive você a dar seu próximo passo em sua jornada profissional e ajude a torná-lo um certificado em conhecimentos intermediários e avançados em *Scrum*, através da certificação EXIN *Agile Scrum Master*.

Saiba mais sobre a certificação em:
https://www.exin.com/BR/pt/exames/&exam=exin-agile-scrum-master

Epílogo

Espero que você tenha aproveitado a "jornada ágil" descrita neste livro e introduzido (ou reforçado) conceitos em sua vida profissional ou, quem sabe, até em sua vida pessoal.

Se você gostou do livro e das ideias abordadas nele, saiba que este foi um livro onde apliquei *Scrum* do início ao fim, pois:
- Identifiquei o MVP do livro: falar sobre *Scrum* avançado intercalando conceitos que não abordei em meu primeiro livro e reforçando conceitos abordados em meu primeiro livro através de exemplos e situações reais.
- Elaborei o *roadmap* definindo os seis grandes tópicos abordados neste livro.
- Criei um *Product Backlog* inicial sobre todos os assuntos que gostaria de abordar.
- Priorizei o *Product Backlog* visando dar uma sequência lógica ao livro.
- Defini *Sprints* semanais.
- No começo de cada semana eu selecionava os requisitos priorizados do *Product Backlog* que eu gostaria de escrever e montava o meu planejamento da semana.
- Todo dia, antes de começar a escrever, eu dava uma breve revisada no texto e me perguntava: "o que eu escrevi até agora?", "o que eu pretendo escrever hoje?" e "quais são os impedimentos?". Esta terceira pergunta foi a que eu mais me fiz, pois, acredite, não foram poucos os impedimentos!
- Constantemente, revisava o *Product Backlog*, inserindo requisitos que achava relevantes serem abordados neste livro, removendo requisitos que não estavam alinhados com o MVP e repriorizando requisitos visando manter o livro com uma sequência lógica.
- Ao final de cada semana, eu revisava o resultado do que eu havia escrito. Analisava o que tinha ficado bom, o que precisava de uns retoques na semana seguinte e o que eu não tinha gostado. O resultado dessa revisão era o insumo para o meu planejamento da semana seguinte.

➢ Ao final dessa revisão eu fazia uma retrospectiva e me questionava: "o que está dando certo no meu processo de escrita?", "como posso melhorar na semana que vem?" e "o que efetivamente não está funcionando no meu processo de escrita?"

E com isso concluí a versão de entrega/*release* do projeto, que foi fazer este livro chegar até suas mãos!

"Vitor, você concluiu todo o *Product Backlog*?"

Não! Sobraram alguns requisitos bem interessantes no *Product Backlog*, mas...

Ficou curioso em saber que requisitos são esses? Continue acompanhando este meu trabalho incessante de *agile coaching* pelo Brasil afora e aguarde novidades!

Seu *feedback* é muito, mas muito importante para mim, então não hesite em me contatar através dos canais a seguir:
Homepage – www.hiflex.com.br
Twitter – @AgileCoachSP
Instagram – @vitormassari
LinkedIn – www.linkedin.com/in/vitormassari

Um grande abraço e até............
.... a próxima versão de entrega/*release*!

Referências Bibliográficas

BECK, K. **TDD:** desenvolvimento guiado por testes. Porto Alegre: Artmed, 2010. 240p.

CAROLI, P. **Direto ao Ponto:** criando produtos de forma enxuta. São Paulo: Casa do Código, 2015. 148p.

COCKBURN, A. **Crystal Clear:** a human-powered methodology for small teams. Upper Saddle River, NJ: Pearson Education, 2004. 336p.

COGNITIVE EDGE. Site. Disponível em <http://cognitive-edge.com>. Acesso em: 21 jun. 2019.

COHN, M. **Agile Estimating and Planning**. Upper Saddle River, NJ: Pearson Education, 2005. 368p.

COHN, M. **Succeeding With Agile:** software development using Scrum. Upper Saddle River, NJ: Pearson Education, 2009. 504p.

COHN, M. **User Stories Applied:** for agile software development. Upper Saddle River, NJ: Pearson Education, 2004. 304p.

COMPARATIVE AGILITY. Site. Disponível em: <http://www.comparativeagility.com>. Acesso em: 22 fev. 2016.

CRUZ, F. **Scrum e Agile em Projetos:** guia completo. Rio de Janeiro: Brasport, 2015. 432p.

CRUZ, F. **Scrum e PMBOK® Unidos no Gerenciamento de Projetos**. Rio de Janeiro: Brasport, 2013. 416p.

DSDM CONSORTIUM. Site. Disponível em <http://www.dsdm.org>. Acesso em: 22 fev. 2016.

EXIN. Site. Disponível em: <http://www.exin.com>. Acesso em: 22 fev. 2016.

FINOCCHIO JÚNIOR, J. **Project Model Canvas**. Rio de Janeiro: Elsevier, 2013. 229p.

GOLDRATT, E. M. **Corrente Crítica**. São Paulo: Nobel, 2014. 260p.

HIGHSMITH, J. **Gerenciamento Ágil de Projeto**. 2. ed. Rio de Janeiro: Alta Books, 2012. 387p.

KNIBERG, H. **Scrum e XP Direto das Trincheiras**: como fazemos *Scrum*. C4Media, 2007, 132p.

LESS. Site. Disponível em: <http://www.less.works>. Acesso em: 22 fev. 2016.

LICHTENBERGER, A. **Integrating Agile and ITSM**. July 4, 2014. Disponível em: <http://blog.itil.org/2014/07/allgemein/integrating-agile-and-itsm/>. Acesso em: 22 fev. 2016.

MANIFESTO ÁGIL. Disponível em: <http://www.agilemanifesto.org/iso/ptbr/>. Acesso em: 22 fev. 2016.

MARQUES, J. R. **Leader Coach:** *coaching* como filosofia de liderança. 2. ed. São Paulo: Ser Mais, 2013. 295p.

MASSARI, V. **Gerenciamento Ágil de Projetos**. Rio de Janeiro: Brasport, 2014. 256p.

MASSARI, V. O Que Significa "Ser Ágil" em Projetos? **Site Profissionais TI**, 26 ago. 2014. Disponível em: <http://www.profissionaisti.com.br/2014/08/o-que-significa-ser-agil-em-projetos/>.

MASSARI, V. Os Riscos e Desafios do Scrum na Relação Cliente-Fornecedor. **Site Profissionais TI**, 14 jul. 2015. Disponível em: <http://www.profissionaisti.com.br/2015/07/os-riscos-e-desafios-do-scrum-na-relacao-cliente-fornecedor/>. Acesso em: 22 fev. 2016.

MASSARI, V. Scrum "E" PMBOK®: Um Basta no Assunto, Chega de "Versus". **Site Profissionais TI,** 05 out. 2015. Disponível em: <http://www.profissionaisti.com.br/2015/10/scrum-e-pmbok-um-basta-no-assunto-chega-de-versus/>. Acesso em: 22 fev. 2016.

MASSARI, V. Scrum e o Gerenciamento de Incidentes (ITIL). **Site Profissionais TI**, 30 out. 2014. Disponível em: <http://www.profissionaisti.com.br/2014/10/scrum-e-o-gerenciamento-de-incidentes-itil/>. Acesso em: 22 fev. 2016.

MASSARI, V. Usando O Agilômetro Para Avaliar Os Riscos De Adotar Métodos Ágeis Em Seu Projeto. **Hiflex Consultoria**, 28 jan. 2017. Disponível em: <http://hiflexconsultoria.com.br/usando-o-agilometro-para-avaliar-os-riscos-de-adotar-metodos-ageis-em-seu-projeto/>. Acesso em: 21 jun. 2019.

PICHLER, R. **Gestão de Produtos com Scrum:** implementando métodos ágeis na criação e desenvolvimento de produtos. Rio de Janeiro: Elsevier, 2011. 152p.

PROJECT MANAGEMENT INSTITUTE. **Um Guia do Conhecimento em Gerenciamento de Projetos:** Guia *PMBOK® Guide*. 6. ed. PMI, 2018. 756p.

RAVISHANKAR, N. DevOps and Agile. **Scrum Alliance**, Apr. 18, 2014. Disponível em: <https://www.scrumalliance.org/community/articles/2014/april/devops-and-agile>. Acesso em: 22 fev. 2016.

SCALED AGILE ACADEMY. Site. Disponível em: <http://www.scaledagileacademy.com>. Acesso em: 22 fev. 2016.

SCHWABER, K. **Agile Project Management With Scrum.** Redmond, WA: Microsoft Press, 2004. 192p.

SCHWABER, K. **Nexus Guide – The Definitive Guide to Nexus:** the exoskeleton of scaled scrum development. Aug, 2015. Disponível em: <https://www.scrum.org/Portals/0/NexusGuide%20v1.1.pdf>. Acesso em: 22 fev. 2016.

SCHWABER, K.; SUTHERLAND, J. **The Scrum Guide – The Definitive Guide to Scrum:** the rules of the game. July, 2013. Disponível em: <http://www.scrumguides.org/docs/scrumguide/v1/scrum-guide-us.pdf>. Acesso em: 22 fev. 2016.

SOUSA, E. O que é o Agile Planning Board?. **Profissionais TI**, 27 jul. 2016. Disponível em: <https://www.profissionaisti.com.br/2016/07/o-que-e-o-agile-planning-board/>. Acesso em: 21 jun. 2019.

TAVARES, M. 7 Níveis de Autoridade. **YÁgile**, 08 nov. 2017. Disponível em: <http://yagile.com.br/7-niveis-de-autoridade/>. Acesso em: 21 jun. 2019.

Índice Remissivo

A

adaptação 12, 14, 172, 173, 183, 202, 222
Agile Scrum Master 25
Análise de custo-benefício 121, 122
auto-organização 36, 100, 114, 118, 178, 244, 248, 278, 280, 289

B

bugs/defeitos 172, 181, 182, 183, 199, 204, 208, 210, 214, 236, 256
burndown 107, 173, 180, 187, 188, 207, 208, 276, 277, 285
burnup 107, 187, 189

C

CMMI 199, 247, 273, 274, 285, 288
coaching 9, 11, 12, 13, 26, 32, 39, 59, 72, 81, 82, 87, 89, 93, 102, 103, 104, 112, 115, 118, 119, 130, 219, 279
commitement-driven 169
Comunicação osmótica 109, 266
Conhecimento tácito 109
contrato 45, 106, 149, 233, 234, 235, 236, 237, 238, 239, 240, 243, 246, 276, 277, 278
cost-driven 146, 147, 159
cost of delay 123, 124
Crystal 131, 247, 263, 264, 265, 266, 267, 268, 295

D

Daily Scrum 14, 171, 172, 173, 174, 211, 216, 217, 219, 220, 222, 224, 232, 242, 245, 265, 277

date-driven 146, 147, 159, 233, 276, 277
definição de preparado 166, 199
definição de pronto 92, 93, 166, 168, 169, 180, 185, 186, 189, 193, 194, 203, 209, 210, 216
DevOps 40, 232, 247, 272, 273, 282
DSDM 247, 270, 271, 285, 288, 295

E

elevator statement 130, 132, 289
Equipe de Desenvolvimento 14, 24, 29, 30, 31, 32, 33, 35, 36, 37, 38, 39, 40, 41, 42, 43, 45, 51, 53, 57, 58, 59, 60, 66, 68, 69, 70, 72, 74, 77, 78, 87, 88, 89, 90, 91, 92, 93, 94, 98, 100, 101, 102, 105, 113, 115, 116, 117, 150, 151, 152, 153, 157, 158, 159, 160, 165, 166, 167, 169, 172, 175, 176, 177, 178, 179, 180, 181, 182, 186, 188, 189, 190, 191, 193, 203, 204, 205, 206, 207, 208, 217, 218, 221, 223, 224, 225, 234, 236, 239, 240, 241, 248, 252, 253, 254, 262, 265, 267, 273, 277
escritório de gerenciamento de projetos 32, 179, 202, 218, 278, 287, 289
Escuta ativa 82, 83, 113
espaço da equipe 107
exploração 360° 131, 132
Extreme Programming 5, 8, 88, 116, 199, 247, 252, 285, 286, 288

F

fator de ajuste 157, 158, 159, 234, 235
FDD 76, 247, 268, 269
feature-driven 146, 159, 233, 276, 277
fornecedor 13, 45, 130, 149, 152, 233, 234, 235, 236, 237, 238, 239, 240, 241, 243, 246, 296

G

Gerente de Projeto 5, 10, 32, 33, 34, 41, 56, 58, 59, 69, 73, 114, 139, 169, 179, 202, 203, 218, 267
grooming 183

H

horas ideais 41, 137, 150, 151, 169, 187, 189, 191, 194, 205, 206

I

Inception enxuta 128, 132
Informação irradiada 108
inspeção 12, 156, 172, 183, 200, 202, 222
Inteligência emocional 82, 85
ITIL 10, 247, 281, 289, 297

K

Kanban 101, 107, 171, 172, 173, 177, 180, 181, 230, 267, 276, 277

L

LeSS 223, 224, 225, 226, 244, 245, 246
liderança situacional 101, 102, 118

M

Manifesto Ágil 236
melhoria contínua 63, 64, 65, 68, 81, 202, 225, 232, 280, 286
mentoring 39, 87, 119, 130, 147, 277
mindset ágil 2, 152, 259
modelos híbridos 144, 247
MVP 58, 106, 120, 132, 134, 135, 136, 139, 140, 160, 161, 234, 246, 275, 293

N

Nexus 219, 220, 221, 222, 225, 244, 245, 246, 297

P

payback 123
planejamento da Sprint 59, 68, 105, 120, 165, 166, 169, 203, 205, 212, 214, 220, 221, 224, 253, 272, 286
PMBOK® Guide 5, 34, 40, 51, 76, 128, 138, 219, 247, 249, 267, 274, 275, 296, 297
PMO 10, 76, 179, 202, 218, 247, 278, 279, 280
pontos de função 27, 71, 137, 151, 153, 169, 187, 189, 191, 287
press release 130
previsibilidade 22, 23, 67, 147
Product Backlog 13, 32, 33, 36, 46, 48, 50, 58, 59, 92, 105, 108, 113, 117, 120, 136, 137, 138, 139, 140, 143, 144, 152, 156, 160, 166, 167, 169, 170, 171, 172, 181, 183, 184, 185, 203, 204, 205, 208, 211, 212, 216, 220, 221, 224, 226, 227, 228, 232, 234, 236, 237, 240, 242, 243, 245, 246, 248, 250, 274, 275, 276, 277, 279, 281, 282, 283, 285, 288, 289, 293, 294
Product Owner 10, 14, 23, 28, 29, 30, 31, 32, 33, 35, 41, 43, 45, 46, 48, 52, 53, 54, 55, 56, 58, 59, 60, 66, 68, 72, 73, 77, 89, 92, 97, 98, 134, 145, 146, 147, 156, 165, 166, 167, 179, 181, 183, 185, 186, 189, 193, 194, 199, 203, 204, 205, 207, 208, 209, 210, 211, 214, 216, 217, 218, 220, 221, 223, 224, 225, 226, 227, 228, 231, 239, 240, 241, 242, 243, 245, 249, 252, 253, 254, 266, 276, 277, 281, 283, 286, 289
Project Model Canvas 129, 296

R

retrospectiva da Sprint 53, 58, 65, 66, 115, 172, 185, 186, 198, 200, 202, 209, 220, 222, 225, 265, 273, 282
revisão da Sprint 28, 46, 138, 172, 185, 186, 203, 220, 222, 225, 244, 246

S

SAFe 5, 228, 230, 232, 242, 245
Scrum escalado 78, 215, 219, 223, 246
Scrum Master 1, 2, 5, 14, 23, 25, 26, 29, 30, 31, 33, 34, 35, 36, 39, 41, 43, 45, 46, 53, 56, 57, 58, 59, 60, 68, 69, 72, 73, 74, 78, 79,

80, 82, 83, 85, 87, 88, 89, 90, 91, 92, 95, 96, 99, 100, 101, 102, 103, 105, 108, 113, 114, 115, 116, 117, 118, 119, 129, 130, 131, 133, 166, 167, 168, 174, 176, 177, 179, 180, 199, 200, 201, 202, 203, 205, 206, 207, 209, 212, 216, 217, 218, 220, 221, 223, 232, 239, 240, 241, 242, 244, 245, 253, 266, 267, 276, 277, 290, 291
Scrum Of Scrums 217, 218, 219, 224, 232, 242, 245
Shu-Ha-Ri 63, 72, 128, 149, 265
Sprint Backlog 113, 165, 166, 167, 170, 171, 204, 210, 221, 222, 275, 276, 286
story points 27, 71, 137, 149, 151, 152, 153, 169, 187, 188, 189, 190, 191, 192, 206, 207, 208, 213, 237, 286, 287

T

Técnicas de negociação 82, 91, 168, 210
Técnicas de resolução de conflitos 82, 95
termo de abertura do projeto 5, 128, 129
testes 8, 12, 28, 30, 37, 39, 42, 53, 59, 65, 66, 72, 78, 92, 93, 94, 104, 107, 178, 182, 183, 185, 186, 203, 204, 209, 210, 236, 248, 249, 250, 251, 254, 260, 261, 262, 263, 274, 276, 277, 278, 279, 282, 285, 287
transparência 183
treinamento 9, 12, 13, 26, 77, 113, 114, 118, 268, 279

U

user stories 65, 70, 141, 143, 144, 165, 204, 243, 275, 285

V

valor presente líquido 122
velocidade 12, 27, 45, 57, 58, 59, 65, 71, 88, 105, 107, 116, 145, 146, 147, 149, 150, 151, 152, 153, 154, 157, 160, 162, 169, 188, 189, 190, 191, 206, 207, 212, 213, 237, 238, 274, 275, 277, 279, 285, 287
velocity-driven 169
versão de entrega/release 68, 105, 106, 107, 108, 113, 120, 145, 146, 147, 152, 153, 156, 159, 161, 162, 163, 165, 172, 187, 188, 189, 190, 191, 192, 194, 199, 200, 205, 206, 207, 211, 213, 231, 232, 233, 234, 246, 264, 265, 266, 274, 276, 277, 278, 282, 286, 294
visão/inception 120, 125, 132, 133, 275
vision box 128

W

Waterfall 42, 69, 76, 88, 233, 247, 249, 250, 251, 273, 275, 285, 288

EXIN | AGILE SCRUM

Parabéns!

Voucher desconto para realizar seus exames através do EXIN Anywhere.

Boa Sorte!

Acesse https://www.exin.com/br/pt/certifications/exin-agile-scrum-master-exam e confira:

- ✓ Vídeos instrucionais – saiba o que fazer (e não fazer) durante seu exame
- ✓ Passo a passo para registro e pagamento
- ✓ Exame em casa com monitoramento remoto
- ✓ Teste de configuração

CÓDIGO
B5D6.5279.8052

Atenção:

- ✓ Desconto de **6%** para qualquer exame EXIN
- ✓ Válido até **31/12/2019** (consulte o EXIN após este prazo)
- ✓ Válido apenas para resgate no **EXIN Anywhere**
- ✓ Ao resgatar seu Voucher e efetuar o pagamento, você tem até **21 dias** para realizar seu exame.

Nota: para realizar este exame é obrigatória a participação em treinamento oficial.

EXIN ANYWHERE EXAMS ONLINE

O **EXIN** (www.exin.com) é um instituto global independente de certificação para profissionais de TI. Com mais de 1000 centros de parceiros de treinamentos e exames credenciados, o **EXIN** fornece certificações de TI e avaliação de competência para profissionais e departamentos de RH em mais de 165 países e 20 idiomas. O **EXIN** é coiniciador do e-Competence Framework, que foi criado para fornecer princípios de medição inequívocos para certificações de TI no mundo inteiro. Consulte nossos programas de qualificação disponíveis para alavancar sua carreira. https://www.exin.com/BR/pt/exames/

Acompanhe a BRASPORT nas redes sociais e receba regularmente informações sobre atualizações, promoções e lançamentos.

@Brasport

/brasporteditora

/editorabrasport

/editoraBrasport

Sua sugestão será bem-vinda!

Envie uma mensagem para **marketing@brasport.com.br** informando se deseja receber nossas newsletters através do seu e-mail.